KB098604

"프로젝트
수업으로
배움에
답을하다"

"프로젝트
수업으로
배움에
답을하다"

발행일 2019년 3월 29일 초판 1쇄 발행
지은이 김일, 조한상, 김지연
발행인 방득일
편 집 신윤철, 박현주, 문지영
디자인 강수경
마케팅 김지훈

발행처 맘에드림
주 소 서울시 도봉구 노해로 379 대성빌딩 902호
전 화 02-2269-0425
팩 스 02-2269-0426
e-mail momdreampub@naver.com

ISBN 979-11-89404-13-0 93370

※ 책값은 뒤표지에 있습니다.
※ 잘못된 책은 구입처에서 교환하여 드립니다.
※ 이 책은 저작권법에 의하여 보호를 받는 저작물이므로 무단 전재와 무단 복제를 금합니다.

선생님이 제안하고, 아이들이 기획하는 프로젝트 수업

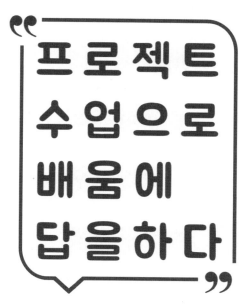

프로젝트 수업으로 배움에 답을 하다

김일 · 조한상 · 김지연 지음

맘에드림

수업을 잘하는 것이 무엇일까?

학생들을 잘 가르치고 좋은 대학에 많이 보내는 것이 전부라고 생각했다. 하지만 시간이 흐를수록 수업은 무미건조해졌고 반복되는 일상이 되어 수업에 재미를 잃어갔다. 행복하고 즐거운 수업에 대해 고민을 하던 중 프로젝트 수업을 만나게 되었다.

연구회에 들어가 프로젝트 수업을 배우고 이를 학생들과 함께 실천하면서 수업이 변하기 시작하였다. 가르치기보다는 함께하고 학생들의 소리에 귀를 기울이면서 점차 생동감이 넘치는 즐거운 수업으로 변하게 된 것이다.

수업의 변화를 함께하고자 평택프로젝트학습교육연구회를 만들어 프로젝트 수업을 실천하면서 연구회 선생님들과 나누었던 '누구나 쉽게 하는 프로젝트 수업', '즐거운 수업'에 대한 고민을 이 책에 담았다.

프로젝트 수업은 어렵다?

대부분 프로젝트 수업을 어렵다고 생각하는데 그렇지 않다. 우리는 생활 속에서 언제나 프로젝트를 하고 있다. 여행을 가고, 결혼을 하고, 다이어트를 하고, 아니면 그 무엇인가를 하고자 할 때 프로젝트의 과정을 거치게 된다. 해야 할 목표를 세우면(주제 선정) 이를 위한 정보 검색을 통해 제일 나은 방법을 찾아 실행(조사 및 탐구)한다. 그리고 그 결과(결과물 산출)를 주위의 사람과 나누는데(공유 및 피드백) 이 모든 것이 프로젝트의 과정인 것이다. 이처럼 우리 주변의 모든 것들이 프로젝트의 소재가 되듯이 수업의 좋은 주제가 되어 활동한 사례를 담았다.

프로젝트 수업을 통해 배우다.

제4차 산업혁명 시대에 인재를 키우는 방법은 무엇일까? 많은 학자는 미래의

1부

"
프로젝트
수업의
주춧돌
"

1장

프로젝트
학습이란?

01

프로젝트 학습의 기원

"프로젝트(project)"의 어원은 라틴어인 'proicere(앞으로 던지다)'이다. 일반적으로 어떤 목표를 달성하기 위하여 계획을 세우고 실천하는 과정이 포함된 과제를 뜻한다.

프로젝트 학습의 선구자는 듀이라고 말할 수 있다. 그는, 지식은 절대적·불변적이고 영원한 것이 아니라 새로운 증거들이 나타나면 새로운 것이 지식이 될 수 있다는, 지식의 상대성을 받아들였다. 그리고 민주적 해결 접근법의 필요성을 주장하였으며, 진보적인 교육운동의 선구자로서 학교가 사회를 반영해야 한다고 주장했다.

학교에서 배우는 주제가 학습자들의 삶과 분리될 수 없다는 듀이의 사상을 제자이자 동료였던 킬패트릭은 교육적인 접근법으로 발전시켰다. 그는 '구안법(The Project Method)'이라는 글에서 유의미한 맥락에서 가르치고 경험적인 지식을 배양하는 것이 개인의 성장을 이루는 중요한 수단이라고 주장하였다.

그는 교사가 주도하는 기존의 암기식 교과 내용 중심 지도법에서 탈피하여 학생의 생활, 그 자체를 교육으로 간주하는 교육 원리를 통해 학습자의 자발적인 참여를 강조하였다. 이를 위한 학습법은 목표 설정, 계획, 실행, 평가의 네 단계로 구성된다.

먼저 학교 교육 계획과 관련이 있으며 흥미를 느낄 수 있는 적당한 목표를 학생이 설정한다. 이것은 학생의 흥미를 유발해 학생 자신의 문제제기를 통한 계획으로 나아간다. 수업에서 학생이 스스로 수립한 계획에 따른 학습활동이 실행된다. 그리고 이 과정에서 학생이 자신을 스스로 평가하고 다른 학생들을 서로 평가한다. 이러한 과정을 통해 발전하는 것으로, 학생의 흥미와 욕구가 중심이 된 자발적이고 협동적인 활동을 강조하는 것이 프로젝트 학습 지도법이다.

그는 경험적이고 민주적인 학급에서는 여러 가지 학습법들을 적절히 이용할 수 있음은 물론 사회 윤리적 행동을 필수조건으로 하는 바탕이 마련되어 있어야 한다고 주장하였다. 이런 공동체 위주의 학습으로 프로젝트 방식을 도입하였다. 이후 많은 진보주의 교육자들이 이를 계승하였는데 초기에는 주로 의학 분야에서 활발히 사용되었고 점차 그 영역이 확대되어 교육 기법으로 자리를 잡게 되었다.

프로젝트 학습은 구성주의에 입각한 학습으로 학습자 중심의 교육 환경을 구현하는 학습이다. 지식을 습득하고 기억할 대상, 절대적이고 객관적인 진리가 아니라 상대적인 가치를 가지고 맥락과 상황에 따라 끊임없이 구성되고 창조되는 것으로 인식한다. 또한, 지식과 현실에 대한 상황성, 독특성 그리고 다양성을 강조하고 개인이 현실을 살아가는 데 의미 있고 타당한 것을 진리와 지식으로 본다.

이런 구성주의 관점은 학습에서도 이전과는 구별된다.

구성주의 학습에서 학생은 적극적이고 능동적인 존재로 책임 있는 교수-학습의 주체가 되고, 교사는 학생의 학습을 도와주는 안내자, 조언자, 촉진자의 역할을 하게 된다. 또한 학생은 상황과 맥락 속에서 실제적인 과제를 수행하게 된다. 구성주의 학습의 대표적인 방법이 바로 프로젝트 학습이다.

02

프로젝트 학습의 정의

실제로 프로젝트 학습이 아닌 것을 설명하기는 쉽지만, 프로젝트 학습을 한 문장으로 정의하기는 어렵다. 그 이유는 매우 포괄적이기 때문이다. 개별적이면서 전체적이고, 복합적이고 변화무쌍한 박물관과 같은 수업이기 때문이다. 그런데도 다양한 프로젝트 학습의 정의 중 의미 있는 정의를 제시한다면 다음과 같다.

프로젝트 학습이란 학습자가 스스로 문제를 찾아내고 해결 방안을 기획하며 협력적인 조사 탐구를 통해 과제를 해결하고 결과를 공유하는 일련의 과정에서 배움이 일어나는 수업 형태이다. 프로젝트 학습에서 교사는 교육과정을 구성하고 수업을 기획함으로써 학습자를 조력할 뿐 아니라 학습자와 상호작용하여 역동적 배움의 장을 형성하는 것이다.[1]

프로젝트 학습이 가지는 요소들을 살펴보면, 프로젝트 학습의 정의에 도달할 수 있으리라 생각된다.

프로젝트 학습은 ① 학생 스스로가 중심이 되어 ② 소집단 혹은 전체를 이루어 ③ 서로 협력하여 ④ 자기 주도적으로 ⑤ 실생활과 접목된 ⑥ 특정 주제 또는 해결 과제 ⑦ 질문과 문제 상황을 ⑧ 창의성과 ⑨ 비판적이고 논리적인 사고력으로 ⑪ 지속적인 탐구와 ⑫ 심층적인 연구를 통해 ⑬ 해결해 가는 일련의 학습 과정으로 ⑭ 결과물을 프레젠테이션을 통해 ⑮ 공유하여 ⑯ 배움의 장을 형성하고 ⑰ 나아가 사회적 파급력(사회 참여)을 발휘하는 학습이다.

03

프로젝트 수업과 전통적인 수업의 비교

전통적인 수업에서 학생은 교사의 주도 아래 지식을 습득하는 수동적인 존재로 나타난다. 또한, 문서화된 교육과정과 교과서가 중심이 되는 전통적인 수업

---

1. 이성대 외, 《프로젝트 수업, 교육과정을 만나다》, 행복한미래, 2015, 20쪽.

방식은 프로젝트 수업과 상당한 차이를 보인다. 프로젝트 수업의 기본 원칙은 학생 중심, 자기 주도 학습을 기반으로 하고 있다. 학생은 능동적이고 적극적인 존재로, 교사는 조력자, 안내자, 촉진자로 역할을 하며 이를 통한 상호작용으로 학생의 앎을 찾아가는 수업 방식이 프로젝트 수업이다.

전통적 수업과 프로젝트 수업의 비교

	전통적 수업	프로젝트 수업
아동관	수동적, 소극적 존재	능동적, 적극적 존재
목적	교과 지식의 습득	아동의 전인적 성장
교육과정	문서화된 국가 수준의 교육과정	교육과정 재구성과 통합화
교육과정 편성	체계화된 단원 중심	흥미에 따른 주제 중심
학습활동 영역	교실 내 교사 중심	삶 및 아동 중심
학습활동 방법	주입식	상호작용, 자기 주도적 탐색
동기 유발	외적 동기 유발	내적 동기 유발
교사 역할	지시자, 설명자	관찰자, 조력자, 안내자, 보조자

04

프로젝트 수업에서 교사와 학생의 역할

프로젝트 수업은 앞에서 언급한 것과 같이 구성주의에 입각한 학생 중심 수업의 형태이다. 이것은 전통적인 교사와 학생의 수직 구조를 수평적 구조로 바꾸게 하였다. 또한, 수업의 주도성을 교사에서 학생에게로 넘겨주어, 학생은 수업의 주도자로 자기 주도적 학습을 한다. 반면에 교사는 조언자, 촉매자, 안내자, 학습 조력자의 역할을 수행한다. 또한, 수업을 기획하고 관리하는 학생들의 문제를 해결해주는 문제해결자로, 학생과 동등한 협력적 학습자의 역할을 수행한다.

프로젝트 수업에서 학생들은 주어진 주제에 대하여 전체적인 진행 과정에 대한 계획을 수립한다. 이때 교사는 내비게이션과 같이 안내를 해주고 질문과 대화를 통해 학생들이 생각하지 못한 것들을 떠올릴 수 있도록 도와주고 관련 자료나 보조 자료를 제공함으로써 원활한 프로젝트 활동이 되도록 도와준다.

학생들이 학습목표와 학습 질문을 설정할 때에도 교사는 부족하거나 미진한 부분을 알려주고 고민하게 하며 힌트를 주어 학생들의 계획을 수정, 보완하게 하며 수업 구성을 구체화하도록 도와주어야 한다.

즉, 교사는 프로젝트 수업에서 소통하기(communieation), 대화하기(talk), 안내하기(guide), 지켜보기(look), 힌트주기(hint), 도와주기(help), 질문하기(question), 대답하기(answer) 등의 방법을 사용하는 것이 좋다. 추가로 수업의 원활한 진행을 위해 예산 확보와 학습 자료 및 환경을 제공해주어야 하며 때로는 수업을 통제해야 하는 역할도 수행해야 한다.

05

프로젝트 수업의 효과

프로젝트 학습 역시 학습 기법의 하나이다. 그러다 보니 학습의 장단점을 분명히 가지고 있다. 그런데도 프로젝트 학습의 장단점을 분석해보면 프로젝트 수업이 왜 필요한지 알게 될 것이다.

먼저 단점을 보면, 수업의 기획부터 공유의 단계까지 지속해서 이루어져야 하며 여건과 상황에 영향을 받기 때문에 많은 시간과 노력이 필요하다. 프로젝트 학습은 전통적인 수업과 같은 일회적 수업이 아니다. 교사의 수업 기획 능력이 부족한 경우 수업의 진행에 어려움을 초래할 수 있으며, 학습 환경의 영향을 받는데 교육 기자재나 예산의 부족으로 때문에 수업에서 어려움을 겪는 경우를 종종 볼 수 있다.

프로젝트 학습이라고 하면 늘 제기되는 문제가 있는데 학생의 무임승차 문제와 평가의 객관화 문제를 들 수 있다. 모둠의 협업을 강조하는 프로젝트 수업의 특성상 모둠이 협력하지 않으면 특정 학생에 의해 일방적으로 진행되거나 모둠 활동을 포기하는 경우가 발생할 수 있다. 평가에서는 객관적인 평가의 어려움이 있다고 말한다. 하지만 다양한 평가 방법들이 제시되고 있으며, 과정 평가의 도입은 평가의 다양화를 더해 주었다. 그래도 프로젝트 학습의 평가는 교사의 영원한 숙제이다.

이러한 단점들을 가지고 있음에도 불구하고 프로젝트 학습은 큰 효과와 장점을 제공한다. 동기 유발, 정보 활용 능력 신장, 문제해결력 증진, 협업 능력 신장, 자기 주도 학습의 실현, 원만한 의사소통, 비판적 사고 배양, 고차원적인 학습 촉진 등 큰 효과를 얻을 수 있다. 이런 효과는 학교를 졸업한 후에도 직무와 관련된 경험을 준비할 수 있게 한다.

06

프로젝트 학습의 과정

프로젝트 학습의 과정과 형태는 매우 다양하나 일반적으로 2가지 형태로 진행된다.

첫 번째로 학습자가 주제 선정에서 공유의 단계까지 프로젝트 전 과정을 운영하는 방식으로 교사는 조력자의 역할을 하는 형태이다. 이는 프로젝트 학습이 추구하는 기본적인 형태이나, 현실적으로 어렵다. 학생들의 프로젝트 학습의 경험과 이해가 부족한 경우, 프로젝트 학습의 전 과정을 학생 스스로 운영하기 어렵다. 그래서 초기 단계에 교사가 수업의 방향이나 활동에 제한을 두어 프로젝트 학습의 진행 과정의 이해와 학생의 역량을 키워주기도 한다.

두 번째는 교사가 수업 기획을 통해 수업을 디자인하고 학생들에게 큰 틀의 주제(대주제)를 제시하면 학생들은 학습 질문(목표)을 선정하여 활동 계획을 수립하고 프로젝트를 수행하는 과정이다. 이 형태는 교육과정 내에서 운영되는 형태로 교육 현장에서 일반적으로 사용하는 방식이다. 이 교육과정 내 프로젝트의 궁극적인 목적은 학습자 스스로 구성하고 진행하는 프로젝트 학습의 형태로 나아가도록 하는 데 있다.

교육과정 내 프로젝트 학습의 진행 과정은 교사의 수업 기획과 대주제를 선정하는 기획 단계, 모둠을 구성하고 학생들이 프로젝트 주제를 선정하여 학습 질문(목표)을 선정하고 프로젝트 활동의 계획을 수립하는 준비 단계, 조사 및 탐구 활동을 실시하는 실행 단계, 결과물 산출 및 제작, 발표하는 결과물 처리 단계, 평가와 Feedback 및 공유를 하는 마무리 단계로 진행된다.

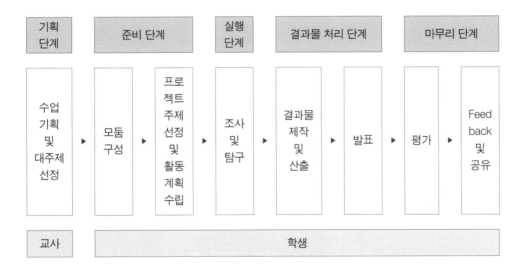

07

프로젝트 학습의 유형

프로젝트 학습 절차는 대부분 동일하다. 하지만 내용, 범위, 방법 등에 따라 차이를 보이기도 한다.

기간과 범위를 기준으로 프로젝트 유형을 소규모 프로젝트와 대규모 프로젝트로 나누기도 한다. 소규모 프로젝트는 진행 기간이 5~10일로 단일의 주제와 기준으로 학교를 기반으로 하고, 대규모 프로젝트는 한 학기 또는 한 학년 이상 다양한 교과들을 포괄하며 다양한 기준으로 지역사회를 기반으로 한다.

전통적 수업과 프로젝트 수업의 비교

	소규모 프로젝트	대규모 프로젝트
진행 기간	5~10일	한 학기 또는 한 학년
폭	단일 주제 단일 기준	다양한 교과 다양한 기준
테그놀로지	제함된	제한 없음
영역	교실 기반	지역사회 기반
파트너십	교사 1인	다수 교사와 지역사회 일원들
청중	학급 또는 학교	전문가 패널

Thom Markham · John Larmer,《프로젝트기반학습 입문서》, 노선숙 · 김민경 옮김, 교육과학사, 2007. 35쪽.

프로젝트 실행 단계의 활동 방법에 따라 나누기도 하는데, 실험 프로젝트(experiment), 조사 프로젝트(research), 시범 프로젝트(demonstration)로 나눈다.

실험 프로젝트(experiment)는 문제에 대한 가설을 설정하여, 그 가설을 검증하기 위한 실험을 설계하고, 결과 데이터를 얻는 방식으로 보통 2~3가지의 가설을 설정하여 실험을 수행하는 방식이다.

조사 프로젝트(research)는 더 많은 자료를 얻기 위해 인터넷 검색, 도서관을 활용하여 전문 서적에서 자료를 찾고, 과학관과 박물관 등을 찾아가는 활동을 한다. 전문가를 찾아가 인터뷰를 하기도 한다. 더 심화한 자료를 얻기 위해 국회도서관의 논문 검색 시스템을 이용하거나 대학별 논문 검색 시스템을 활용하여 전문적이고 깊이 있는 자료를 얻는 방식이다.

시범 프로젝트(demonstrations)는 과학적 원리나 이론을 쉽게 설명할 수 있는 장치를 제작하는 과정이다. 장치에 대한 설명서를 포함한 설계도를 그리고, 설계도에 맞게 장치를 만드는 방식이다.[2]

교육과정과 교육목표를 중심으로 교육과정을 재구성하고 주제를 추출하는 내용과 범위 그리고 규모에 따라 소주제(Subject) 유형, 대주제(Theme) 유형, 교육목표(Purpose) 유형으로 구분하기도 한다.

소주제(Subject) 유형은 교과 내 몇 개의 단원을 통합한 문제해결형으로 단기간 소규모의 프로젝트를 말한다. 소규모 주제를 순차적으로 해결해가는 방법이다.

대주제(Theme) 유형은 몇 개의 단원이나 여러 교과의 통합성이라는 큰 틀에서 다각도로 접근하고 창의성을 요구하는 유형이다.

교육목표(Purpose) 유형은 교육과정 및 문제해결 능력의 통합성을 바탕으로 장기간, 한 학기, 한 학년, 전 학년, 범교과적으로 진행하는 유형이다.

더 나아가 프로젝트 유형을 규모와 내용의 범위에 따라서 Subject, Theme, Purpose 유형으로 나누고, 프로젝트에서 다루게 되는 지식을 사실 확인 및 실험형, 탐구형, 사고 확장형으로 구분했다.[3]

---

2. 김경원, 김연진 외 1명, 《〈리얼!! 프로젝트 학습〉》(행복한 가르침과 배움이 있는, 교사.학생.학부모를 위한 프로젝트 학습 가이드), 상상채널, 2012, 209쪽.

3. 이성대 외, 《프로젝트 수업, 교육과정을 만나다》, 행복한미래, 2015, 45쪽.

주제를 추출하는 내용, 범위, 규모에 따른 분류

	사실 확인 및 실험형	탐구형	사고확장형
Purpose형	제한적으로 다루어져야 함. 사전 학습에서 다루도록 할 수 있음	프로젝트의 중심이 되는 지식	Purpose형 프로젝트의 핵심적 목표
Theme형	기초가 되는 지식. 사전 학습으로 다루도록 할 수 있음	수업의 목표가 되는 지식, 핵심적 지식	중요한 지식의 요소
Subject형	Subject형의 중심이 되는 일반적인 지식의 유형	일부 포함될 수 있는 지식	가능할 수 있음

이 책은 프로젝트 학습의 과정에서 중심이 되는 학습활동을 기준으로 유형을 구분하였는데, 주제 중심 프로젝트, 과제 중심 프로젝트, 문제 중심 프로젝트, 교과-융합 프로젝트로 구분하였다.

주제 중심 프로젝트는 일반적인 프로젝트 학습이라고 할 수 있다. 교사의 수업 기획에 의해 제시된 대주제를 바탕으로 학생들이 학습 질문(목표)을 선정하여 프로젝트 학습을 통해 해결하는 방법으로 주제에 대한 다양한 접근과 확산적 사고가 가능하다. 주제에 대한 해결 과제 및 질문을 통해 탐구하는 과정의 프로젝트 유형이다. 이때 주제는 광범위하고 통합적인 것이어야 한다.

과제 중심 프로젝트는 교사의 수업 기획에 의해 해결할 학습 과제 또는 결과물을 중심으로 탐구하는 방법으로 정해진 결과물 제작 중심으로 다양한 주제와 방법으로 접근한다. 이 프로젝트는 결과물을 중심으로 진행되는 프로젝트로 결과물의 형식은 동일하다. 하지만 학생들은 선호하는 주제를 선택할 수 있고, 다양한 방식의 표현이 가능하다.

독도를 학습주제(대주제)로 한 교과별 학습내용들

학습주제 (대주제)	관련 교과	학습내용
독도	국어	홍보문 작성, 시나리오 작성
	역사	독도의 역사, 동북아시아의 갈등
	사회	독도의 지리적 환경, 독도의 경제적 가치 독도의 관광자원
	수학	독도의 면적 구하기
	과학	메탄하이드레이트의 화학적 구성 메탄하이드레이트의 에너지 효율성
	영어	영어로 말하기
	정보	UCC 제작

탈놀이를 학습주제(대주제)로 한 교과별 학습내용들

학습주제 (대주제)	관련 교과	학습내용
탈놀이	국어	비판하여 읽기, 비평하기, 시나리오 작성
	역사	조선 후기 사회-문화의 변화(풍자, 비판, 해학)
	미술	탈 제작
	음악	전통 악기 연주
	체육	표현하기

문제 중심 프로젝트는 교사의 수업 기획에 의해 제시된 학습 문제를 탐구하고 해결하는 방식으로 가설을 설정하고 증명하는 과정의 학습으로 수학, 과학 등에서 많이 사용하는 방식이다. 프로젝트 학습활동 단계 중 활동 주제를 선정하지 않는 대신 주어진 문제를 선정하는데, 보통의 경우 상황을 포함한 문제를 주로 제시한다.

교과-융합 프로젝트는 주어지는 주제를 교육과정을 중심으로 여러 교과의 시각으로 바라보고 탐구하는 방식이다. 일반적으로 주제 중심 프로젝트로 진행되는 경우가 많지만 과제 중심 프로젝트나 문제 중심 프로젝트로도 가능하다. 교과-융합 프로젝트는 다양한 교과의 내용으로 프로젝트 수업을 진행하기 때문에 장기간의 프로젝트나 자유학기제에 활용하는 경우가 많다.

특히 교사가 수업 기획 시 반드시 다양한 관련 교과의 학습내용을 탐색하는 과정을 거쳐야만 교과-융합이 가능하다. 또한, 관련 교과의 탐색이 많을수록 프로젝트 학습의 양과 질이 풍성해진다. 그 예를 살펴보면 다음과 같다.

앞에서 살펴본 학습활동에 따른 프로젝트 유형의 탐구 과제와 실행 방법을 정리하면 아래와 같다.

학습활동에 따른 유형 분류

	주제 중심	과제 중심	문제 중심	교과-융합
탐구 과제	제시된 주제	해결할 과제 또는 결과물	주어진 문제	주제, 과제, 문제
실행 방법	질문을 통해 탐구	결과물에 대한 다양한 접근	가설 설정과 검증	교육과정을 바탕으로 여러 교과로 접근

08

유사한 개념의 구별

(1) 프로젝트 학습과 프로젝트 수업

우리는 프로젝트 학습과 프로젝트 수업을 혼용해서 사용하는데 프로젝트 학습은 프로젝트 기반 학습을 말한다. 프로젝트 수업은 프로젝트 학습을 기반으로 한 수업을 말한다. 즉 교사의 입장에서는 프로젝트 학습, 학생의 입장에서는 프로젝트 수업이 더 편하게 느껴질 것이다. 그래서 의식적으로 나눈다는 것은 무의미할 것이다.

(2) 프로젝트 학습과 문제 중심 학습

프로젝트 학습(Project Based Learning)을 줄여 PBL이라고 하는데 문제 중심 학습(Problem Based Learning) 역시 PBL로 불린다. 그래서 혼란스럽다.

문제 중심 학습은 실생활에서 접하는 실제적인 문제를 학습자가 필요한 지식과 정보를 스스로 탐구하여 해결책을 찾아가는 과정의 학습 형태이다.

프로젝트 학습과 문제 중심 학습은 학생 중심 탐구 활동으로 실생활의 문제를 학생 스스로가 해결한다는 데 공통점이 있다. 하지만 프로젝트 학습은 학습자가 목표를 설정하고 계획하고 실행하는 반면 문제 중심 학습은 주어진 문제를 해결하는 데 목적을 두고 있다. 즉 프로젝트 학습은 학습자의 선택과 활동이 중심이 되고 해결된 과제를 공유하는 모습이 강한 반면에 문제 중심 학습은 문제에 집중하여 학습자에게 선택의 자유가 없다.

(3) 프로젝트 학습과 문제 중심 학습과 협동학습

프로젝트 학습과 문제 중심 학습과 협동학습에 어떤 공통점과 차이점이 있을까? 세 학습의 공통점은 협동학습을 기반으로 한다는 점이다. 하지만 협동학습은 자기 주도 학습이 약하지만 프로젝트 학습과 문제 중심 학습은 자기 주도 학습이 강한 수업 형태이다.

문제 중심 학습과 프로젝트 학습은 자기 주도 학습의 형태가 강하지만 문제 중심 학습은 일회성이 강한 반면 프로젝트 학습은 지속성을 가지고 있으며 공유와 나눔의 성격이 강하다. 또한, 문제 중심 학습은 프로젝트 학습의 하나의 유형이다.

09

교육 속에서의 프로젝트 학습

교육이라는 큰 틀에서 프로젝트 학습을 어떻게 바라볼 것인가? 이에 대한 다양한 시각이 있다. 프로젝트 학습을 진행하면서 늘 고민하게 되는 과제이기도 하다. 그 다양한 시각에 대하여 깊은 성찰이 필요할 때이다.

우선 일반적으로 교육이라는 큰 틀에서 프로젝트 학습을 하나의 교육 기법으로 바라보는 시각이 있다. 이는 프로젝트 학습의 특성을 이해하지 못한 시각이라 할 수 있다. 프로젝트 학습의 특성은 학습자 중심의 다양한 탐구 활동으로 학습자가 학습을 구성하고 다양한 교육 기법들을 사용하여 주어진 과제를 해결해 가는 과정이기 때문에 하나의 교육 기법으로 한정을 짓는다면 학습자의 학습활동을 제한하고 학습목표에 도달하는 것을 방해할 수 있다.

두 번째 시각은 프로젝트 학습은 다양한 여러 교육 기법을 활용하여 학습하는 방법이라는 인식으로 프로젝트 학습의 개방적인 성격을 인정한 것이다. 하지만 이 역시 프로젝트 학습은 교육 기법이라는 전제조건을 가지고 있으며 다양한 교육 기법의 활용은 학습활동에 국한하는 한계를 가지고 있다. 또한, 수업의 주체를 교사로 인식하여 학습자의 자기 주도성을 간과하고 있다.

이 두 시각을 넘어서 프로젝트 학습을 포괄적이고 개방적으로 바라보아야 할 것이다. 프로젝트 학습은 교육 기법 중 하나의 방법이라는 것은 부인할 수 없다. 프로젝트 학습은 학생 스스로가 다양한 교육 기법을 활용하여 탐구하는 방법이라는 것도 인정해야 한다. 교육과 프로젝트 학습은 개별적일 수 없다. 그래서 교육이라는 큰 틀에서 프로젝트 학습의 위상을 바로 세우는 것이다.

즉, 프로젝트 학습은 교육이라는 큰 틀에서 다양한 교육 기법과 유기적인 상호작용을 통해 학습을 확대하고 학습자에게 학습의 본질을 바라보게 하는 것이다. 프로젝트 학습은 개방적이고 유연하며 복합적인 학습 방법으로 변화와 다양성을 인정하는 학습 방법이기 때문이다. 더 나아가 변화와 다양성의 인정은 학습의 활동 범위를 확대시키고 학생들에게는 자기주도적인 학습 방법을 제공하는 것이기 때문이다.

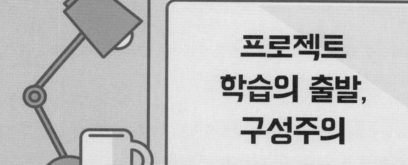

2장

프로젝트
학습의 출발,
구성주의

01

구성주의란?

구성주의를 쉽게 이해하려면 "~~을 구성하다."라고 생각하면 쉽다. "지식을 구성하다.", "학습을 구성하다.", "교육을 구성하다."로 볼 수 있듯이 구성의 주체는 '내가' 되는 것이다. 그렇기 때문에 진리는 절대적인 것이 아닌, 개인의 구성에 따라 이루어질 수 있는 상대적이라는 의미를 담고 있다.

구성주의는 객관적이고 절대적이며 보편적인 진리와 법칙을 강조하는 모더니즘(근대주의)을 벗어나, 20세기 중후반부터 나타나는 사회의 다원화와 급변을 배경으로 주관적이고 상대적인 진리와 법칙을 주장하는 포스트모더니즘(탈근대주의)의 등장으로 나타나는 이론 중의 하나이다.

구성주의는 원래 '인식의 대상은 무엇인가?(What is known)', '인식은 어떻게 성립하는가?(How it is known)'의 물음에 대하여 설명하려는 존재론과 인식론에 근거를 둔 사상이라 할 수 있다. 구성주의는 지식을 절대적인 것, 인식자와 분리된 것, 외적 실체와 일치하는 것으로 보는 전통적인 지식 이론과는 다르게, 개인이 자신의 경험을 통해서 자주적으로 아는 것을 구성되는 것이라고 본다.

그러므로 지식의 구성은 학습자의 마음속에 존재하고, 학습자는 그의 경험에 바탕을 두어 실제를 구성하며, 각 개인의 경험이 다르듯이 구성된 실제의 모습이나 의미도 다르게 형성된다. 이러한 맥락에서 지식이 학습자들의 새로운 경험을 통하여 구성되거나, 이미 알고 있는 지식의 새로운 개념으로 변화되거나 확장함으로써 습득된다[4]. 즉 '절대적 지식' 혹은 '절대적 진리'란 존재하지 않으며 지식이란 개인의 사회적 경험에 따라 구축되는 개별적인 인지 작용의 결과로서, 이것은 개인의 사회적 참여를 통하여 지속해서 검증받으면서 구성과 재구성을 반복해 나간다. 결국 구성주의는 '앎의 이론', '알아가기 이론', '의미 만들기 이론'이라 할 수 있다.

구성주의와 대비되는 객관주의는 보편적으로 적용할 수 있는 진리와 법칙이 존재하고 있다고 보고, 지식을 인식 주체의 외부에 존재하는 것으로 고정되어 있다고 보았다. 객관주의와 구성주의에 대한 인식론의 차이점을 표로 요약하면 다음과 같다.[5]

객관주의와 구성주의의 인식론적 차이

	객관주의	구성주의
지식	고정적이고 확인할 수 있는 대상	사회 구성원으로서의 개인의 인지적 작용을 통해 구성
지식의 특징	초역사적, 초공간적, 범우주적인 성격	특정 사회, 문화, 역사적 상황적 성격
현실	규칙으로 규명 가능하며 통제와 예측이 가능함	불확실하며, 복잡하고, 독특함을 지니며 예측이 불가능함
최종 목표	모든 상황적, 역사적, 문화적인 것을 초월해 적용할 수 있는 절대적 진리 추구	개인에게 의미 있고 타당하고 적합한 것이면 모두가 진리이며 지식
주요 용어	발견(discovery/find) 일치(correspondence)	창조(creation) 구성(construction)

---

4. 이태정, 〈구성주의 학습이론에 기초한 조형 활동 중심 프로젝트 수업 방법 연구〉, 이화여자대학교 교육대학원 석사학위 논문, 2004, 4쪽.

5. 이태정, 같은 글, 5쪽.

02

인지적 구성주의와 사회적 구성주의

구성주의 교육 이론은 지식의 인식 과정의 접근 방법에 따라 피아제를 중심으로 하는 인지적 구성주의와 비고츠키를 중심으로 하는 사회적 구성주의로 나누어 볼 수 있다.

인지적 구성주의는 지식의 형성 과정에서 개인의 인지 작용을 발달의 근거로 제시한다. 인지적 구성주의에서의 지식이란, 외부 환경에 존재하는 정보와의 접촉을 통해 개인이 동화와 조절을 통해 지식의 평형을 구성하는 것이다. 여기서 동화란 새로운 정보나 새로운 경험을 접할 때 발생하는데 이미 가지고 있는 지식과의 불균형 상태를 다시 평형 상태로 만들기 위해 인지 도식을 통해 적용하고 해석하려는 일련의 과정을 의미하고, 조절은 새로운 정보나 새로운 경험을 인식하기 위해 기존의 도식을 수정하는 것을 의미한다.

사회적 구성주의는 인간의 인지 발달이 개인의 인지적 작용과 더불어 사회적 상호작용에 의해 맥락화된 지식 즉, '사회적 상호작용의 내면화'를 통해 인지의 변화를 추구한다고 보았다. 사회적 구성주의에서는 인간이 상호작용을 통해 성장한다고 보고 있다.

발달의 근원으로서 인간 성장은 반드시 학습자가 속한 사회와 구성원들 간의 상호작용을 전제로 하고 있다. 이러한 특성은 사고의 경험이란 그것이 나타나는 맥락과 불가분의 관계를 맺고 있다는 맥락주의(Contextualism)와도 유사하다.

사회적 구성주의의 대표 학자인 비고츠키는 발달심리이론에 기초를 두고 학습에 영향을 미치는 사회적 요소에 관심을 둔다. 인지적 발달을 개인 스스로 능동적 활동이라 보는 피아제와 달리 비고츠키는 학습자의 사회적 상호작용을 중시한다. 학습자는 성인 또는 앞선 동료와의 사회적 상호작용을 통해 논리적 사고, 문제해결 등의 고차원적인 인지 기능을 획득한다고 본다.

그래서 학습자의 인지 성장에 있어 '근접발달영역'(Zone of Proximal Development)을 제시하였는데, 이것은 학습자가 혼자서 과제를 해결할 수 있는 수준인 실제 발달 수준과 성인이나 앞선 동료와의 도움과 협력 즉, 사회적 상호작용을 통한 인지 발달수준의 차이를 의미한다. 여기서 학습적 도움을 비계라 하는데 비계란 근접발달영역 내에서의 효과적 학습을 위해 교사나 앞선 동료가 학습자와의 상호작용 중 도움을 적절히 조절하여 제공하는 것을 의미한다.

인지적 구성주의와 사회적 구성주의 비교

	인지적 구성주의	사회적 구성주의
인지적 발달	개인의 머릿속	사회관계에 참여하는 개인
학습이란	적극적인 인지적 구조의 재편성	관련 공동체에서 문화적 동화
최종 목표	개인 경험의 사회 문화적 타당성 검증	개인들 간의 활발한 상호작용에 의한 사회 - 문화적 관습 습득
이론적 관심	개인의 인지적 발달 과정	사회 문화적 동화의 과정
분석 내용	사회적 상황에 의거한 인지적 재구성 과정	관련 공동체에 참여를 통한 사회 문화적 행동 양식 습득 및 동화의 과정
수업 환경	교사와 학생 간에 형성되는 문화를 조사	공동체 문화를 반영하는 학습 교육 실태조사
그룹 환경	상이성 강조	동질성 강조

이진형, 〈구성주의 문제중심 학습을 기반으로 한 미술 감상 지도안 연구〉 중앙대학교 교육대학원 석사학위논문, 2014, 13-18쪽

03

구성주의의 핵심 내용

구성주의의 핵심 내용은 첫째, 학습자 중심의 학습이론이라는 것이다. 학습의 주체는 외부 지식 전달자인 교사가 아니라 학생으로 자율적이고 능동적인 모습을 보이는데, 이것은 지식을 형성하고 습득하는 것을 개인적인 인지적 작용의 결과로 보는 것이다.

둘째, 선(先)지식의 중요성을 강조한다. 학습의 주체가 이미 지니고 있는 지식, 경험, 이해를 바탕으로 새로운 지식이 유입되면 인지적 혼란을 동화와 조절을 통해 평형의 과정으로 지식을 변화시킨다고 보기 때문에 교사의 역할을 중재와 새로운 지식 구성의 출발점으로 보고 있다.

셋째, 검증된 개별적 지식 구성이다. 개별성을 강조하는 동시에 사회 공동체의 중요성 역시 강조하여 그룹 속에서 학습이 진행되고 자신의 지식을 검증받는다는 것이다. 이것은 근접발달영역(ZPD) 이론으로 다른 사람과의 상호작용을 통해 더 높은 발달 수준에 도달할 수 있다고 보고 있다.

넷째, 맥락성으로 실제 맥락을 바탕으로 문제의 해결 과정을 통한 비판 및 창의적 사고력 증진을 강조한다. 주어진 문제를 그대로 받아들이지 않고 비판적 사고를 통해 조사와 탐구, 학습 경험과 자기 성찰을 통해 일반화하는 학습을 말하고 있는 것이다.[6]

---

6. 최미라나 외, 《프로젝트학습으로 배움을 두드리다》, 맘에드림, 2018, 28쪽.

04

구성주의 교수-학습 원칙

구성주의 교수-학습 원리를 다음의 여섯 가지로 정리할 수 있다.

첫째, 학습자의 학습에 대한 주인 의식(ownership)이 있어야 한다.

지식은 주체로서의 학습자의 주관적인 인지 작용과 학습자의 사회-문화적 배경과의 상호작용을 통해 형성되고 구성된다. 그렇기 때문에 학습자는 적극적이며 자율적인 지식의 형성자인 것이다.

둘째, 자아 성찰적 실천(reflective practice)이다.

자아 성찰적 실천이란 지금까지 당연하게 받아들이던 모든 것에 대하여 질문을 던지고 분석해 보고 그 대안을 구하는 것이다. 그래서 학습자는 새로운 시각으로 주변을 바라보고 자신의 생각을 논리적이며 설득력 있게 제시하고 판단을 실천한다. 즉, 메타인지(학습하는 방법을 배우는 것)의 습득 및 활용이 가능한 환경으로 학습자의 기존 지식과 개념을 활용할 수 있는 학습 환경을 요구한다. 그래서 주어진 과제 해결을 위한 깊은 사고와 탐색을 하는 것이다.

셋째, 협동학습(collaborative learning) 환경의 활용이다.

지식은 개인이 구성하는 것이 아니라 반드시 사회-문화와의 상호작용을 통해 이루어진다. 그래서 학교는 학생과 학생, 학생과 교사의 상호작용과 협동학습을 통해 이루어진다. 이런 협동학습 환경의 활용은 자신의 생각을 논리적이고 설득력 있게 제시하고, 자연스럽게 토론과 협상을 통해 지식을 구성하게 돕는다. 즉, 학습자들이 서로 지식을 구성하고 공유할 수 있고 개념과 내용에 대하여 다양한 관점과 시각이 자유롭게 제시되고 받아들여져 토론, 대화 상호작용을 통해 성찰적 학습 기회가 촉진되는 것이다.

넷째, 교사의 역할이다. 구성주의에서는 교사를 학습자의 학습을 돕는 조언자이며, 배움을 같이하는 동료 학습자로 제시하고 있다. 교사는 학습자를 자극하고, 시연을 통해 개념의 틀을 제공하며, 여러 자료와 과제를 제시하는 역할을 한다. 이를 통해 학습자를 능동적이고 적극적인 주체로 만든다. 또한, 과정 중심적 평가를 통해 오답과 실수에 관대하고 인내를 가지며 학습 지도에서는 인지적 측면과 정서적 측면을 동시에 고려해야 한다.

다섯째, 구체적 상황을 배경으로 한 실제적 성격의 과제를 가르쳐야 한다. 구성주의는 상황성과 실제성을 강조한다. 상황성이 중요한 이유는 학습이 언제나 구체적 상황을 전제로 이루어지기 때문이다. 암기하는 것이 아니라 이를 구체적 상황에 대입하여 판단하고 이해하는 것이 올바른 지식이다. 실제성은 학습자가 학습 과정을 통해 학습목표에 달성하고 이것이 얼마나 관계가 있는가를 보여준다. 학습자가 다양한 연구 방법을 통해 방법을 익히는 과정이 바로 실제적인 학습이다. 그래서 통합교과적인 성격의 과제, 특정 상황을 기반으로 하는 과제를 평가할 경우 실제 과제의 성격 및 해결안을 평가해야 한다.

여섯째, 체험학습을 강조한다. 학습자가 주도적으로 학습목표, 내용 전개 및 평가에 참여하고 지식을 구성하며 공유할 수 있는 학습 환경을 제공해야 한다. 학습자가 전체적으로 학습 환경의 통제권을 지니고 있기 때문이다.[7]

앞에서 살펴본 구성주의 교수-학습 원칙에 실천하기 적합한 학습법이라면 협동학습, 문제 중심 학습, 프로젝트 학습을 들 수 있다. 이 중 프로젝트 학습이 구성주의 교수-학습을 실천하는 데 적합하다고 하겠다.

---

7. 강인애 · 정준환 외, 《PBL의 실천적 이해》, 문음사, 2007, 25쪽; 이태정, 〈구성주의 학습이론에 기초한 조형 활동 중심 프로젝트 수업 방법 연구〉, 이화여자대학교 교육대학원 석사학위 논문, 2004, 14-15쪽.

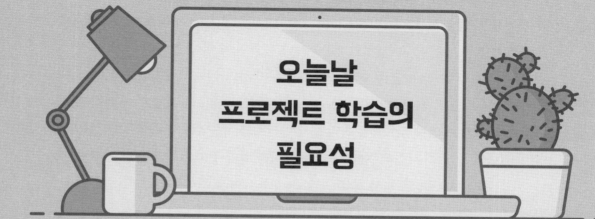

3장

오늘날
프로젝트 학습의
필요성

01

수업의 변화 요구

시대는 교육 환경의 변화를 요구하고 있고 학교 현장도 이에 발맞추어 변화하고 있다.

그 변화의 출발은 수업의 변화이다.

'수업'이라고 하면 생각나는 것들이 무엇일까? 교사가 칠판 앞에 서서 강의와 필기를 하면 학생들은 책상에 앉아서 노트에 필기하는 것이 떠오를 것이다.

이런 모습은 강의식 수업으로 대변되는 전통적인 수업의 형태인 교사 중심 수업이다. 교사 중심 수업은 수업의 주도권을 교사가 가지고 있고, 교사는 가르치는 자(지식 전달자), 학생은 배우는 자(지식 습득자)의 모습으로 교사와 학생과의 관계는 일방적으로 수직적일 수밖에 없다. 수업의 결과에 대해서는 양적 평가를 하는데, 시험을 통해 사실과 지식을 얼마나 암기하였는지 그 결과를 두고 평가한다. 이런 교사 중심 수업은 수동적이고 피동적이며 경직될 수밖에 없다. 그래서 지식은 있으나 배움이 없는 수업이라 하겠다.

변화에 발맞추고 전통적인 수업을 탈피하는 수업이 제시되었는데 바로 학생 중심 수업이다. 학생 중심 수업은 학생이 학습의 주체가 되어 스스로 학습하는 자기 주도적 학습 형태로, 교사는 학습의 보조자, 조언자, 안내자의 역할을 하게 된다. 교사와 학생의 관계 역시 일방적인 관계에서 상호작용하는 수평적인 관계로 전환된다. 학습 과정에서 변화하고 성장하였는지를 관찰과 성찰을 통해 평가하고 기록하는 질적 평가가 이루어진다. 이런 학생 중심 수업은 적극적이고 능동적이며 가르침과 배움이 발생하는 수업이라 하겠다. 아쉬운 것은 전통적인 수업에 익숙한 사람들이 생각하는 교실은 조용해야 하기 때문에 학생 중심 수업의 역동성을 교실이 시끄럽고 놀고 있는 것으로 치부한다는 것이다.

교사 중심 수업과 학생 중심 수업의 비교

	교사 중심 수업	학생 중심 수업
형태	수동적, 피동적	능동적, 적극적, 역동적
교사	지식 전달자	학습의 보조자, 조언자, 안내자
학생	지식 습득자	학습의 주체
교사와 학생의 관계	일방적인 수직적 관계	상호작용의 수평적 관계
학습 형태	강의식 수업	자기 주도적 학습
수업의 주도	교사	학생
평가 형태	결과 중심(양적 평가)	과정 중심(질적 평가)
평가 방법	시험	성찰 및 기록
평가 내용	사실, 지식, 논리	맥락, 성장과정, 변화

다음으로 자유학기제의 시행이다.

자유학기제가 어떤 제도이냐고 물으면 대부분의 사람들은 시험이 없는 제도라고 말할 것이다. 하지만 이런 대답은 겉모습만을 이야기하는 것이다.

2016년부터 전면 시행된 자유학기제(자유학년제)는 중학교 과정 중 한 학기 또는 1년 동안 지식·경쟁 중심에서 벗어나 학생 참여형 수업을 실시하고 학생의 소질과 적성을 키울 수 있는 다양한 체험활동을 중심으로 교육과정을 운영하는 제도이다. 경기도교육청의 경우 두 학기 이상 자유학기제를 실시하는 연계자유학기제를 운영하고 있다. 이를 통해 학생들이 시험 부담에서 벗어나 행복한 학교생활 속에서 자신의 꿈과 끼를 찾고, 창의성·인성·자기주도 학습능력 등 사회에 필요한 핵심 역량을 함양하는 것을 목표로 하고 있다. 오전에는 교과 수업을 하고, 오후에는 진로 탐색, 주제 선택, 예술·체육, 동아리 활동 등을 한다.

자유학기제는 시험을 치르지는 않지만 활동에 대한 내용을 생활기록부에 기록한다. 기록 내용은 수치로 정량화된 것이 아니라 학생의 변화, 활동 과정, 진로 탐색 등 유의미한 것이다. 이것은 평가의 방법을 양적 평가에서 질적 평가로, 결과 중심에서 과정 중심으로, 시험에서 성장과 성찰로의 변화를 가져오게 하였다. 특히 주제 선택의 경우 수업의 진행에 적합한 학습 방법으로 프로젝트 학습을 제시하고 있다. 이에 프로젝트 수업 사례의 보급과 사례 나눔을 통해 프로젝트 학습의 필요성을 강조하고 있다.

마지막으로 2015 개정 교육과정의 시행이다. 2015 개정 교육과정은 2017년 초등학교 1, 2학년으로부터 시작하여 2020년에 전 학교급으로 확대 시행된다. 미래 사회는 지식을 많이 습득하는 것보다 학습한 내용을 바탕으로 새로운 환경과 상황 속에서 선택, 조정, 통합하여 문제를 해결하고 새로운 가치를 생성할 수 있는 창의-융합형 인재를 필요로 한다. 이러한 필요 때문에 '지식 위주의 암기식 교육'에서 '배움을 즐기는 행복 교육'으로 전환하여 핵심 개념 · 원리 중심으로 학습내용 적정화, 학생 중심 교실 수업 개선을 하도록 하고 있다.

기본 방향을
- 미래 사회를 살아가는 데 필요한 능력 함양을 위해 핵심 역량을 반영하여 교육과정을 개선
- 인문 · 사회 · 과학기술 소양을 기르고, 인성교육을 강화
- 배움을 즐기는 행복 교육이 가능하도록 교과 학습량의 적정화
- 교수-학습 및 평가 방법을 개선하고 교실 수업 혁신

으로 설정하고, 이를 실천하기 위해 학교교육을 통해 누구나 길러야 할 기본적이고 보편적인 공통 능력을 핵심 역량으로 제시하고 교과의 특성에 맞는 교육과정을 운영하도록 하고 있다.

핵심 역량은 자기 관리 역량, 지식 정보 처리 역량, 창의적 사고 역량, 심미적 감성 역량, 의사소통 역량, 공동체 역량으로 제시하였고 이를 바탕으로 교과별로 교육과정에 맞는 핵심 역량을 제시하였다.[8]

특히 교수-학습 및 평가 방법을 개선하고 교실 수업 혁신의 방안으로 교육과정-수업-평가-기록의 일체화를 제시하였는데, 교육과정, 수업, 평가를 하나의 연속된 교육 활동으로 바라보며 이를 유기적이고 통합적으로 운영하여 세 요소 중 일치하지 않는 요소를 최소화하고, 학생을 교육과정, 수업, 평가의 중심

---

8. 교육부 〈2015 개정교육과정 총론 해설〉.

에 두어 삶의 주체로 성장시키는 교육 활동으로 교사가 재구성한 교육과정을 기반으로 한다. 쉽게 정리하면 교사가 성취기준과 실정에 맞도록 교육과정을 재구성하고, 이를 바탕으로 활동 중심 수업, 프로젝트 학습, 토의 토론 수업 등 학생 중심 수업을 진행하고, 과정 평가를 통해 학생 성장을 성찰하여, 핵심 역량을 바탕으로 생활기록부에 기록하는 방법이라 하겠다.

〈교육과정-수업-평가-기록의 일체화〉

교육과정 재구성	학생 중심 수업	과정 중심 평가	생활기록부 기록
- 성취기준 중심 - 교과 재구성	- 활동 중심 수업 - 프로젝트 학습 - 토의 토론 수업 - 협동학습	- 학생의 성장 - 관찰 - 과정 중심의 평가	- 학업 역량 확인 - 세부능력 및 특기 사항 기록

02

지식과 학습에 대한 관점의 변화

학생들은 얼마나 효율적으로 학습하고 있는가?

책상에 오래 앉아 있는데 학업성취가 높지 않는 학생을 심심치 않게 볼 수 있다. 예를 들어 한 학생에게 "○○아! 너는 하루에 얼마나 공부하니?"라고 물어보면, "학교에서 7교시까지 수업을 들으면서 공부하고 집에 가서 저녁 먹고 학원 가서 3시간 공부해요. 아마도 하루에 10시간 공부해요."라고 말한다. 이것은 시간을 단위로 한 양적인 평가로 10시간 공부한다는 이야기이다.

하지만 이는 질적으로 평가하여 실제 공부한 시간, 공부에 집중한 효율성을 계산하지 않은 것이다. 아픈 이야기지만 성적과 대학, 직업으로 대변되는 한국 사회의 교육은, 부모의 두려움이 학생들을 일방적으로 학원으로 내몰고, 학생들이 학교와 학원 책상에 앉아있으니 공부를 하고 있다고 자기 위안을 하고 있지 않은지 되돌아봐야 할 것이다.

그래서 학습을 되돌아봐야 한다. 이를 위해 메타인지(meta-cognition)를 살펴보아야 하는데, 메타인지는 1970년대 발달심리학자인 존 플라벨(J. H. Flavell)에 의해 만들어진 개념으로 '자신의 생각에 대해 판단하는 능력'을 의미한다. 즉, '인지함을 인지하는 것 또는 알고 있음을 아는 것', '아는 것과 모르는 것을 인지하는 것'을 의미한다.

메타인지에는 세 가지 요소가 있다.

1. 선언 지식: 자신이 학습하는 부분에 대해서 얼마만큼 지식과 능력을 가지고 있는지 아는 것
2. 절차 지식: 어떤 일을 하는 데 얼마만큼 노력과 시간이 들어갈지 아는 것
3. 전략 지식: 지식을 습득할 때 어떤 방법을 선택해야 할지 아는 것

탁월한 메타인지 능력을 가졌다면 자신과 상황을 객관화하여 적절한 시기에 도전을 하며, 학습 속도를 향상시킬 수 있다.

그렇다면 어떤 학습 방법이 좋을까?

미국의 행동과학연구소(NTL, National Training Laboratory)는 인간의 행동과 태도의 변화를 위해 가장 효과적인 교육방법을 찾아내기 위한 연구를 진행했고 이 중 기억률을 기준으로 학습 효율성이 높은 학습 방법을 분석하는 실험

수동형 학습 방법	5%	강의 듣기
	10%	읽기
	20%	시청각 교육
	30%	시연(시범 · 현장 견학)
집단 토의	50%	참여형 학습방법
체험(직접 해보기)	75%	
서로 가르치기	90%	

을 했다. 실험은 각기 다른 교수 방법에 따라 학습을 진행한 실험자들이 24시간 후에 배운 내용을 얼마나 기억해 내는지 측정하는 방식으로 진행되었고, 그 결과를 바탕으로 학습 피라미드가 만들어졌다.

이 실험 결과는 우리에게 학습을 되돌아보게 하는데 전통적인 수업인 강의식 수업의 학습 효율성이 최하위로 나타난다. 기억률만으로 학습 효과를 단정지을 수 없지만 책 읽기나 동영상 시청보다도 낮게 나오는 것을 볼 수 있다. 반면에 학생들이 직접 참여하는 참여형 학습 방법의 효율성이 매우 높은 것을 보여주고 있다. 특히 서로 가르쳐주기의 효율성이 가르치는 학생, 배우는 학생 모두 학습 효율성이 높다는 것을 보여준다.

지식은 배우는 것일까? 활용하는 것일까?

오늘날 우리들은 지식 정보화 시대에 살고 있다. 과거에는 지식과 정보를 가진 사람이 권력을 장악하였지만, 오늘날 우리는 정보의 홍수에 살고 있다. 누구나 컴퓨터나 스마트폰으로 지식과 정보를 얻을 수 있기 때문에 지식의 패러다임이 변하고 있다.

블룸(Benjamin S. Bloom)은 인지적 영역에서 교육목표를 '지식→이해→적용→분석→종합→평가'로 분류하였다. 이러한 분류는 상위로 갈수록 지식의 활용과 고차원적인 사고가 요구된다는 것을 보여준다.

지식 정보화 시대에는 지식을 얼마나 많이 가지고 있느냐가 중요한 것이 아니라 다양한 지식을 얼마나 신속하게 얼마나 정확히 활용하느냐가 중요하다. 다시 말하면 주어진 정보를 이해하고, 적용하고, 분석하고, 종합하고, 평가

고차원적인 사고

평가		
종합		TO DO
분석	할 수 있다.	TO USE
적용		
이해	알고 있다.	
지식		TO KNOW

하는 고차원적인 사고가 중요하게 된 것이다. 그래서 지식의 패러다임도 TO KNOW(알고 있는 것)에서 TO USE, TO DO(사용하고 할 수 있는 것)으로 변하고 있다.

03

21세기에 필요한 인재

교육에 있어 21세기 인재들은 어떤 역량을 가져야 하나?

찰스 파델은 그의 책 《21세기 핵심 역량(21st Century Skills)》(2012, 학지사)에서 21세기 미래 핵심 역량(4C)으로, 창의력(Creativity), 의사소통(Communication), 비판적 사고(Critical thinking), 협업(Collaboration)을 제안하였다.

이후 로베스타 골린코프는 그의 책 《최고의 교육》(2018, 예문아카키브)에서 미래 인재의 조건으로 21세기 미래 핵심 역량(6C) 즉, '협력(Collaboration)', '의사소통(Communication)', '콘텐츠(Contents)', '비판적 사고(Critical Thinking)', '창의적 혁신(Creative Innovation)', '자신감(Confidence)'을 제시하여 찰스 파델의 21세기 미래 핵심 역량(4C)를 더욱 발전시켰다.

우리 교육에 필요한 미래 핵심 역량으로서 6C는 모든 역량의 기초가 된다. 가장 핵심적인 능력인 협업 능력(Collaboration), 협력을 촉진시키는 동시에 협력을 기반으로 구축하는 의사소통(Communication), 지식 습득과 관련돼 있으며 결국 의사소통 능력을 통해 거두게 되는 결과인 콘텐츠(Contents), 수많은 정보가 폭발하는 빅데이터의 시대에 필요한 능력인 비판적 사고(Critical Thinking), 콘텐츠와 비판적 사고에서 탄생되는 창의적인 혁신(Creative Innovation), 의지와 끈기를 지속하게 하는 자신감(Confidence)은 21세기에 반드시 필요한 핵심 역량이다. 이 6C는 21세기에 걸맞은 경쟁력을 지닌 인재를 키우는 데 교육의 변화를 요구하고 있다.

이런 변화의 요구와 역량을 키울 수 있는 학습법이 바로 프로젝트 학습이다. 프로젝트 학습은 모둠 활동을 이룰 수 있고, 협업 능력과 의사소통 능력을 키울 수 있으며, 학습을 위해 다양한 컨텐츠를 사용하고, 정보를 비판적으로 사고함으로써 학습자 중심의 자기 주도 학습을 실천하며 창의적인 혁신과 발전을 통해 자신감을 키울 수 있기 때문이다.

2부

"

프로젝트
수업 과정
기획

"

1장

프로젝트
기획 단계

01

프로젝트 수업의 첫발은 교사의 프로젝트 기획

프로젝트 수업은 교사의 기획에서 출발한다. 프로젝트 기획은 어떤 프로젝트 하나를 이루는 각각의 구체적인 수업을 모두 아우르는 프로젝트 학습을 위한 큰 틀을 디자인하는 것이다. 프로젝트 수업도 다른 종류의 수업과 마찬가지로 교육과정을 바탕으로 해야 하며, 이 과정에서 프로젝트 수업의 진행 방향을 결정하는 것이 교사의 프로젝트 기획이다.

프로젝트 수업을 기획하기 위해서 반드시 고려해야 할 사안들이 있다.

첫째로 프로젝트 수업에 대한 전체적인 구상이 필요하다. 수업은 몇 차시로 진행할지, 학습할 단원과 학습내용은 무엇인지, 교육과정은 어떻게 재구성할지, 프로젝트를 위해 어떤 자료를 제공할지, 예상되는 문제점은 무엇인지, 어떻게 평가할지, 예상되는 학습 질문들이 무엇인지, 예상되는 결과물이 무엇인지 등을 바라보아야 한다.

둘째로 프로젝트 수업을 기획할 때는 구체적으로 기획해야 하고 교사가 학생의 입장이 되어 시뮬레이션을 통해 기획한 내용을 되돌아봐야 한다. 이런 과정을 통해 프로젝트 수업이 목표에 도달할 수 있는지, 결과물 산출이 가능한지, 프로젝트 과정 중에 나타나는 문제점이 무엇인지를 예상하여 안내자, 촉매자, 조력자로서 교사 역할을 준비하는 것이다.

시뮬레이션으로 기획한 수업 과정을 역으로 거슬러 파악하는 방식이 좋다. 결과물을 산출하지 못하고 목표에 달성하지 못하는 것을 가정하여 문제점들을 찾아내고, 야기될 수 있는 문제점에 대한 개입 시점, 적절한 질문과 대화, 지원 계획 등을 준비한다면 학생들에게 유의미한 프로젝트 수업이 될 것이다.

셋째로 프로젝트 수업의 성공을 맨 밑바탕에 깔고 시작해야 하는데, 이때 수업의 성공이란 결과물의 완성이 아니라 학생들이 프로젝트를 진행하는 과정에서 일어나는 성장이 되어야 한다.

프로젝트 수업은 학생들이 스스로 수업을 구성하고 탐색하고 결과를 도출해 내는 과정이다. 그러나 학생 중심의 활동을 추구하는 교사의 기획과 상반되는 결과가 나오거나 다른 결과가 도출되기도 한다. 아무 결과도 얻지 못하는 경우도 있다. 이는 여러 가지 이유가 있다.

먼저 교사가 학생의 수준을 파악하지 못하고 너무 높게 설정하였거나 교사의 의도에 따라서만 프로젝트가 진행되거나 교사의 전문성이 부족한 경우이다. 예를 들어 인포그래픽[1]을 활용하여 결과물을 산출하고자 하는 경우 정보의 구조화와 창의적 사고가 부족한 저학년에서 실시한다면 결과물 산출이 어렵게 된다.

학생들이 프로젝트 경험과 정보 활용 능력, 배경지식이 부족하거나 프로젝트를 수행하면서 지식의 습득보다는 결과물의 형식이나 기술적인 측면을 강조하는 경우이다. 예를 들면 결과물을 동영상으로 제작하는 경우 영상의 효과나 디자인에 치중하여 습득된 지식을 제대로 전달하지 못하는 경우이다. 이런 경우 교사의 적절한 안내와 개입을 통해 결과에 도달할 수 있게 해야 한다.

그렇다고 해서 프로젝트 과제의 실패가 프로젝트 수업의 실패는 아니다. 학생들에게는 프로젝트 학습을 진행하는 과정에서 저마다의 배움이 일어난다. 예를 들면 결과의 도출을 이루어내지는 못했지만 정보 활용 능력을 학습하거나 결과물 제작 방법을 학습하거나 활동을 통해 교우 관계가 개선될 수 있다. 이런 모든 것들이 프로젝트 수업 과정에서 학습하는 것들이다. 중요한 것은 결과에 도달하지 못했을 경우 피드백을 통해 문제점을 찾아보고 과정을 수정하여 다시 실행하도록 하는 것이다. 프로젝트의 결과가 도출되지 않았다고 해서 프로젝트 수업이 실패한 것이 아니라 결과가 도출되지 않았다고 포기하는

---

1. 인포그래픽(Info-graphic)은 Infomation(정보)와 Graphic(그래픽)의 합성어로 정보의 시각화라는 의미를 가지고 있다. 광고 기법을 교육에 적용하여 빅데이터, 스토리텔링, 디자인을 활용하여 학습한 내용 또는 정보를 그림, 도형, 문자 등을 활용하여 한 장으로 함축하여 이야기를 넣어 제작하는 방법이다.

프로젝트 수업 과정 한눈에 보기

단계	과정	세부 내용
기획 단계	교사의 프로젝트 기획	- 단원 설정 - 교육과정 재구성 - 대주제 선정 - 수업계획서 작성(교사)
준비 단계	학생들에게 대주제 제시	- 오리엔테이션 - 대주제 제시
준비 단계	모둠 구성	- 모둠 구성
준비 단계	학생의 계획 수립	- 프로젝트 주제 선정 - 학습 질문(목표) 수립 - 자료 수집 - 활동계획서 작성(학생)
실행 단계	탐구 활동	- 조사 및 탐구 활동
결과물 처리 단계	결과물 산출 및 제작	- 결과물 산출 - 결과물 제작
결과물 처리 단계	발표	
마무리 단계	평가	
마무리 단계	피드백(feedback)	- 반성 - 공유 - 나눔

것이 프로젝트 수업의 실패인 것이다.

넷째로, 어려운 문제나 과제, 질문이 필요하다. 이러한 요소들이 학생에게 학습동기를 부여하고 지속적인 탐구를 가능하게 만들기 때문이다. 또한 실제적이어야 하는데, 그 소재들은 현실에서 찾아내어 성찰을 통해 해결할 방안을 찾을 수 있는 것이 좋다.

마지막으로 학생들의 의사와 선택권이 보장되어야 한다. 프로젝트 학습은 구성주의를 기반으로 하고 있다. 학습자 스스로 수업을 구성하여 탐구하는 과정이다. 교육과정 내 프로젝트 수업으로 교사의 기획이 큰 틀을 제공할지라도 학생들은 프로젝트 주제와 학습 질문(목표) 그리고 결과물을 스스로 결정하고 탐구 과정이나 방법을 스스로 구성하고 진행한다. 교사가 안내자, 보조자의 역할이 아니라 지나친 개입으로 수업을 주도한다면 학생들의 의사와 선택권이 제한될 수밖에 없다. 그렇게 되면 학생 스스로 문제를 찾아내고 해결 방안을 모색하고 탐구 과정을 통해 해결해 나아가야 하는 일련의 과정에서 학생이 학습 주체로서의 모습을 잃게 되어 수동적이고 피동적인 수업이 전개된다.

02

프로젝트 활동을 위한 주제 찾기: 대주제 선정

모든 학습에는 학습 주제가 필요하다. 프로젝트 수업 역시 주제가 있어야 학생들에게 다양한 활동과 접근을 제공할 수 있다. 그래서 주제를 선정할 때 고려해야 할 것들이 있다.

학생의 흥미와 관심을 고려해야 한다. 관심 없는 분야를 학습하는 것은 학습에 부정적 영향을 미칠 수 있으며 활동의 지속성을 떨어뜨릴 수 있다. 그래서 실생활, 자기 주변의 일들, 이슈, 지역이나 사회의 문제점을 제시하는 것이 좋고, 이때 주제는 구체적이어야 한다. 또한, 학습 환경도 고려해야 한다. 가령 학습 기자재가 비치되지 않았는데 활용을 계획한 경우, 예상 비용이 높은데 확보된 예산이 없는 경우, 활동 장소가 멀어 불가능한 경우가 발생하지 않도록 준비하는 것이 필요하다. 주제를 선정할 때에는 결과물로부터 주제에 접근하는 방법으로 주제를 선정해야 한다.

교육과정 측면에서 고려할 것들도 있다. 교육과정은 학습과 밀접하기 때문에 진행할 단원을 중심으로 학습 주제를 선정해야 한다. 그러기 위해 학습 주제는 단원을 포괄하는 주제어로 선정해야 한다. 또한, 학습과 학생들에게 유의미한지, 다양한 질문이 가능한지, 다양한 활동이 가능한지, 다양한 과제를 제시할 수 있는지, 다양한 결과물이 도출될 수 있는지 등을 고려해야 한다.

국어에서는 문학작품 자체가 대주제가 될 수 있으며, 매체, 비평, 감상, 의사소통 등 학습 요소를 활용한 다양한 대주제를 만들 수 있다. 역사에서는 고조선, 고구려, 백제, 신라, 가야, 고려, 조선의 국가가 대주제가 되거나 묘청의 서경천도운동, 임진왜란 등과 같은 사건이 대주제가 될 수 있다. 또한, 역사를 반영한 지역, 인물, 문화재, 표지석과 같은 상징물 등이 대주제가 될 수 있다. 수학이나 과학에서는 확률, 수, 연산, 유리수, 무리수, 운동 법칙, 반응, 역학 등 학습 영역이 프로젝트 주제가 되거나 이를 활용하여 문제를 제시하고 증명해 내는 과정이 대주제가 될 수 있다.

03

프로젝트 수업을 위한 교육과정 재구성

교육과정 내에서 진행되는 프로젝트 수업은 교육과정과 학습 진도, 학습내용 틀 속에서 진행되기 때문에 교사는 원활한 수업을 위해 교육과정을 반드시 재구성해야 한다.

프로젝트 수업에서 수업 시수를 확보하는 것은 중요하다. 대부분의 프로젝트 수업이 짧게는 4개 차시로, 길게는 한 학기로 진행되기 때문에 프로젝트 수업의 시기와 내용을 고려해야 한다. 또한, 프로젝트 수업은 교과 내의 학습내용만으로 진행되지 않는다. 그렇기 때문에 기획 단계에서 교사는 시뮬레이션을 통해 예상되는 활동 주제를 판단하여 관련 교과의 진도와 학습내용을 고려하고 수업의 배치와 역할을 정하여 학습 과정의 일관성을 확보해야 한다.

교육과정 재구성이라는 것은 한마디로 국가 교육과정에 따라 교사가 교육과정을 만들어 가는 것이다. 전통적인 강의식 수업을 탈피하고 배움 중심 수업을 위해 다양한 교육방법을 사용해야 한다. 교사는 교과, 학생, 수업, 교육 현장 등을 고려하여 표준화된 교과서를 따르지 않고 국가 수준의 교육과정 성취기준을 중심으로 학생들에게 유의미한 교육 활동과 배움이 일어나도록 수업을 설계해야 한다. 학생들에게 교육과정이라는 큰 틀을 제공하고 학생 스스로 배울 수 있도록 학습을 구성하고 탐구하도록 하는 것이다.

교사는 교과서의 내용을 더하기, 빼기, 곱하기, 나누기를 하여 교육과정을 재구성한다.

＋(더하기)는 교과서 내용이 부족한 단원을 교과서 외 교육 자료로 보충하는 것이다.

－(빼기)는 교과서에 불필요하게 포함된 단원을 과감하게 제외하는 것이다.

×(곱하기)는 매우 중요한 단원에 시간을 더 편성해서 깊이 있게 가르치는 것이다.

÷(나누기)는 중요하지 않지만 짚고 가야 하는 단원의 시간을 축소하여 핵심 내용만 가르치는 것이다.

이를 위해서는 교육과정 전체를 살펴보고 교육내용을 추출하여 학생에게 유의미한 내용을 찾고 적절한 교육 기법을 활용하며 평가의 방법과 내용 등 다양한 측면을 고려해야 한다. 다른 교과와의 융합이 가능한 경우 시기와 학습 내용의 유사성 등을 고려할 수 있으며, 교과 내, 교과 간, 통합교과, 학문 간 등 다양하게 접근할 수 있다. 이를 위해서는 교과 협의회와 학년 협의회를 통해 동료 교사들과 함께하는 것이 필요하다.

교육과정 재구성은 내용 전개의 순서 변경, 내용 추가, 내용 대체, 내용 생략, 내용 축약, 다른 교과와의 융합의 방법으로 할 수 있다.[2]

---

2. 경기도교육청 교육과정 정책과(2017). 2017학년도 함께 만들어 가는 학생중심 학교 교육과정.

(1) 내용 전개의 순서 변경

교과 내용의 특성, 단원의 연계성, 수업 시수의 부족 등을 고려하여 단원의 순서를 바꾸고 재구성하는 것이다.

예를 들어 역사 교과의 경우 교육과정에 한국사, 세계사가 시대 순으로 구성되어 있는데, 이를 ① 한국사→서양사→동양사의 순으로 재구성하거나, ② 한국사를 분류사로 재구성한다. 이것은 정치, 경제, 사회, 문화 순으로 재구성하는 것이다.

내용 전개의 순서 변경 사례

역사 1 교육과정		역사 1 한국사 교육과정	
기존	재구성	기존	재구성
한국고대사	한국 고대 중세사	한국고대사	한국고대중세 정치사
서양고대사			
중국고대사	중국 고대 중세사		한국고대중세 경제사
기타 민족 고대사			
한국중세사	서양 고대 중세사	한국중세사	한국고대중세 사회사
서양중세사			
중국중세사	기타 민족 고대 중세사		한국고대중세 문화사문화사
기타민족 중세사			
① 지정학적으로 재구성		② 한국사를 분류사로 재구성	

또 다른 예를 들면 세계사의 경우 시대별로 구분된 각 국가의 역사를 중심으로 순서를 변경하여 미국의 역사, 일본의 역사 등으로 수업을 구성하여 진행하는 방법도 있다.

(2) 내용 추가

단원 내용의 특성과 학생의 수준, 지역 및 학교의 특성을 고려하여 내용을 추가하는 것이다.

예를 들어 역사의 경우 지역의 역사적 인물이나 유적을 교육과정에 추가하는 방법, 국어의 경우 교과서에 수록되지 않은 작품을 추가하는 방법이 있다.

내용 추가 사례

국어				
기존			재구성	
조선 후기	홍길동전 심청전		홍길동전 심청전 허생전	
일제강점기	동백꽃 운수 좋은 날		동백꽃 운수 좋은 날 감자	
해방 이후	수난이대		수난이대 꺼삐딴 리	

(3) 내용 대체

학생의 수준이나 흥미, 실생활과의 연계성 등을 고려하여 단원 내용의 일부가 부적합하다고 판단되는 경우 이를 교과서에 없는 다른 내용으로 대체하는 것이다.

예를 들어 국어 교과의 경우 문학작품을 학생의 정서와 이해도 측면을 고려하여 교과서 이외의 작품으로 대체하여 학습을 진행할 수 있다.

내용 대체 사례

국어			
기존		재구성	
일제강점기	동백꽃 운수 좋은 날	소나기 운수 좋은 날	

(4) 내용 생략

학습목표를 고려하거나 학생의 수준에 맞추기 위하여, 혹은 교과 전문지식이 부족하거나 실기 및 실험 시설이 미비하여 단원이나 단원의 일부 내용 혹은 종목을 생략하는 것이다.

예를 들어 역사 교과의 경우 시수의 부족이나 전문 지식이 부족한 경우가 많다. 그래서 기타 민족사에서 근현대사 부분은 제국주의 침략과 식민지 지배와 연관되어 있어 과감히 기타 민족의 고대사와 중세사를 생략한다.

내용 생략 사례

역사 1 교육과정		
기존		재구성
한국고대사	▶	한국고대사
서양고대사		서양고대사
중국고대사		
기타 민족 고대사		중국고대사
한국중세사		
서양중세사		한국중세사
중국중세사		서양중세사
기타민족 중세사		중국중세사

미술 교과에서는 저학년인 경우 판화 수업에서 조각을 학습해야 할 때 조각칼을 사용하게 되기 때문에 안전 문제가 발생할 수 있어 그 내용을 생략할 수 있다.

(5) 내용 축약

자신의 전공 영역이 아니어서 전문 지식이 부족한 단원에서 일부 내용만을 보다 충실히 구성하거나, 혹은 전체 영역을 다루기에는 시수가 부족하여 일부 단원의 내용을 축약하는 것이다.

예를 들어 사회 교과의 경우 정치, 경제, 법, 사회, 문화의 일반사회와 지리로 구성되어 있다. 여기서 일반사회 전공 교사가 지리 영역을 가르칠 때 핵심 내용 위주로 축약하여 가르칠 수 있다. 지리 전공 교사가 일반사회 영역 중 자신이 어려워하는 특정 분야를 가르칠 때 핵심 내용 위주로 축약하여 가르칠 수도 있다.

(6) 다른 교과와 융합

학습 주제와 관련되는 여러 교과 내용을 통합적으로 구성하는 것이다.

예를 들어 국어 교과의 근대소설과 역사 교과의 근대사를 통합하는 것이다. 이때 시대 배경은 역사 교과에서, 근대소설은 국어 교과에서 수업을 진행하도록 하는 방법이다.

다른 교과와 융합 사례

국어					
기존			재구성		
역사	국어		역사	국어	
국권침탈과정과 개항	시	▶	국권침탈과정과 개항	시	
일제강점기	비문학		일제강점기	근대소설	
	문법				
대한민국의 발전	근대소설		대한민국의 발전	현대소설	
	현대소설			문법	

미술 교과에서 예술품 감상을 학습할 때 문화재에 대한 자료를 수집하고 사진을 찍어 가져오게 하고, 역사 교과에서 문화사 학습에 수집한 자료를 활용하여 역사적 지식과 문화유산에 대한 학습을 진행한 후 미술 교과에서 예술품 감상을 실시하는 방법이 있다.

04

수업을 위한 가이드 수업계획서 작성

앞에서 살펴본 내용은 교사가 프로젝트 전체를 어떻게 기획하는가에 대한 이야기다. 이러한 기획은 개별 수업에 대한 계획으로 구체화되어야 한다. 기획한 내용을 가지고 구체적으로 수업을 어떻게 진행할지 계획을 수립하는 것이다.

앞에서 살펴본 프로젝트 전체의 기획을 위한 단원 설정, 대주제 선정, 교육과정 재구성이 끝나면, 이를 바탕으로 수업계획서를 작성한다. 수업 계획은 앞으로 진행될 프로젝트 수업의 안내서나 방향키와 같은 역할을 한다. 그래서 수업계획서는 구체적으로 작성하는 것이 좋다.

수업계획서에 들어가야 할 내용은 프로젝트 수업 관련 정보, 학습의 성취기준과 평가 방법, 학습 지원 자료, 예상되는 문제점, 차시별 계획 등이다. 작성된 수업계획서는 진행되는 실제 수업과 비교하여 차질이 없이 진행되는지 확인하는 준거 자료로 활용해야 한다.

실제로 수업계획서 양식은 많다. 이를 사용하는 것도 좋다. 하지만 수업의 관점과 방법 등이 교사마다 다르기 때문에 기존 양식을 참고하여 자신만의 계획서를 만들어 사용하는 것이 바람직하다.

프로젝트 학습 수업 계획서(교사용)

1. 프로젝트 개요

2. 차시 계획

차시	활동 내용	세부 활동	비고

05

교수-학습 지원 자료 제공 계획

프로젝트 수업의 특성상 프로젝트 수업계획서를 토대로 하여 정보를 검색하고, 자료를 수집하고 정리하여 결과물 제작에 이르기까지 수업 진행 과정에서 다양한 활동을 수행하게 된다. 이런 활동들이 성공적으로 이루어지기 위해서 교사에게는 교수-학습 지원 자료, 학생에게는 학생 활동 환경이 적절히 제공되어야 한다. 이를 통해 프로젝트 수업이 풍성해지며 활용을 통해 학습자 스스로 성장하게 된다.

교수-학습 지원 프로그램은 학생들을 적절한 방향으로 안내하는 역할과 프로젝트 수업의 나아가야 할 방향을 제시해주고, 프로젝트 활동에 도움을 주며 유의미한 결과를 도출할 수 있도록 도와준다. 엄밀히 살펴보면 교수 지원 프로그램과 학습 지원 프로그램으로 나뉘는데 다음의 표와 같다.

교수-학습 지원 프로그램

학습 지원 프로그램	교수 지원 프로그램
▪ 학생의 학습 과정을 학습목표에 따라 이끌어 줄 수 있는 자료 ▪ 학생들이 스스로 학습할 수 있도록 길을 안내해 주는 역할 ▪ 문서, 서식, 양식, 워크시트 등	▪ 교사의 관점에서 프레젠테이션, 발행물, 웹사이트를 이용하여 교수 활동에 활용하기 위해 만드는 자료 ▪ 교사가 학생들에게 프로젝트 수업에 대하여 설명하고 절차나 내용을 안내하는 등의 역할 ▪ 프로젝트 소개, 평가 도구, 참고자료, 다양한 아이디어 등

학생 활동 환경은 학생에게 제공되는 다양한 프로그램들로 프로젝트 수업 단계에 따라 적절히 활용한다면 프로젝트 수업의 목표를 달성하는 데 중요한 역할을 할 것이다.

01

프로젝트 수업 안내(오리엔테이션)

프로젝트 수업의 첫걸음이 바로 오리엔테이션이다. 오리엔테이션은 수업을 안내하고 방향을 제시하는 시간이다. 그렇기 때문에 자세히 설명해주어야 한다. 그러기 위해서는 교사가 작성한 수업계획서를 바탕으로 설명해주는 것이 좋다.

오리엔테이션에서는 학생들에게 수업이 어떻게 진행되는지의 절차와 과정을 설명하고, 대주제를 제시하고 이에 따른 프로젝트 수업의 목적과 의도 그리고 기대 효과를 밝히고 모둠 구성의 방식 등을 자세히 설명해야 한다. 또한, 학생들에게 학생들이 작성할 학습계획서를 바탕으로 어떻게 모둠을 구성하고 학습목표와 계획을 세우고 진행할 것인지와 학습 질문을 만들고 어떤 결과물을 산출할지 자세히 설명해야 한다.

그밖에도 교사의 교수-학습 지원 방법, 평가 방법 등도 설명하는데, 프로젝트 학습을 처음 접하는 학생들에게는 프로젝트 학습에 대한 전반적인 절차와 내용을 안내해주는 것이 좋다.

02

모둠 구성

프로젝트 수업을 성공적으로 수행하기 위해서는 모둠원들이 학습활동에 적극적으로 참여해야 한다. 그래서 어떻게 모둠 구성을 하고 친밀감을 높이고 유지하는지 고민해야 한다. 같은 반이라도 요즘 아이들의 특성상 어색해하는 경우가 많다.

모둠 구성은 다양한 방식으로 이루어진다. 먼저, 모둠의 크기에 따라 개인(1인), 짝 모둠(2인), 소모둠(3~6인), 중모둠(10~15인), 전체 학급으로 구성할 수 있는데 대부분 프로젝트 수업에서는 소모둠이 주를 이룬다.

프로젝트 수업에서뿐만 아니라 모둠 수업을 진행할 때 모든 선생님의 영원한 숙제는 모둠을 어떻게 구성해야 할지에 대한 것이다. 모둠 구성의 방식은 다양하며 구성의 주도성이 교사인지 학생인지에 따라 장단점이 있다.

교사가 주도하여 일방적으로 모둠을 구성하는 경우 활동 시간을 효과적으로 운영하고 시간을 절약할 수 있으며 학생 간의 다툼이나 감정 소모를 줄일 수 있다. 또한, 교사의 조정이 가능하여 학생의 성장과 효과적인 프로젝트가 되도록 운영할 수 있는 장점을 가진다. 하지만 학생 간에 불만이 있는 경우, 모둠 운영에 어려움을 겪을 수 있으며 주인 의식이나 공동체 의식, 협업 능력과 조정 능력에 문제를 일으킬 수 있다.

교사가 결정하되 학생의 의견을 반영하는 경우 불필요한 다툼과 감정 소모를 줄일 수 있으며, 교사의 조정이 가능하여 학생 성장과 효과적인 프로젝트가 되도록 운영할 수 있다. 학생들은 모둠 활동을 통해 주인 의식과 공동체 의식, 협업 능력과 조정 능력을 배울 수 있는 장점이 있다. 하지만 모둠에 대한 학생들의 불만이 생길 수 있고 모든 학생의 기호와 의견을 반영하기 어려우며, 교사 입장에서 시간이 더 걸린다는 단점이 있다.

학생이 주도하여 학생이 결정하고 교사는 과정을 관리하는 경우 학생의 불만이 거의 없고, 모둠 운영, 협업 능력, 조정 능력, 공동체 의식이 길러지는 매우 좋은 장점이 있다. 하지만 모둠원의 선택 과정과 시간이 오래 걸리고, 모둠 운영에 효과성이 떨어진다. 특히 모둠 구성에 소외된 학생들로만 모둠이 구성되는 경우가 종종 발생하고 반대로 학급을 주도하는 학생들이 모둠 하나를 구성하여 패거리 문제를 일으킬 경우 마음을 다치는 학생이 발생할 수 있어 올바른 교실 문화와 교사의 신중한 선택이 필요하다.

모둠 구성 방식의 장단점

모둠 구성 방식	장점	단점
교사가 일방적으로 결정하는 방식	- 시간이 절약된다. - 불필요한 다툼과 감정 소모가 없다. - 학생의 성장 및 가장 효과적인 프로젝트를 위한 교사의 조정이 가능하다. - 실제성을 확보할 수 있다. 현실에서는 자신이 속할 모둠을 고를 수 없는 경우가 대부분이기 때문이다.	- 자신의 모둠에 불만을 품는 학생이 있을 수 있다. - 학생의 주인 의식이나 동의를 기대하기 어렵다. - 현명하게 모둠을 구성하는 법을 배울 수 없다.
교사가 결정하되 학생의 의견을 반영하는 방식	- 불필요한 다툼과 감정 소모를 줄일 수 있다. - 학생의 성장 및 가장 효과적인 프로젝트를 위한 교사의 조정이 여전히 가능하다. - 학생들이 어느 정도 주인 의식을 갖게 되며 학생의 동의를 얻을 수 있다. - 학생들이 현명하게 모둠을 구성하는 법을 배울 기회를 가질 수 있다.	- 교사 입장에서 시간이 더 걸린다. - 모든 학생의 기호를 반영하기 어렵다. - 자신의 모둠에 불만을 품는 학생이 여전히 생길 수 있다.
학생이 결정하고 교사는 그 과정을 관리하는 방식	- 학생의 불만이 거의 없다. - 학생들이 주인 의식을 갖게 되고 학생의 전적인 동의를 얻는다. - 학생들이 현명하게 모둠을 구성하는 법을 배운다.	- 모둠원을 선택하는 법을 배우려면 시간이 많이 걸릴 수도 있다. - 패거리 및 따돌림 문제를 방지하려면 올바른 교실 문화가 우선적으로 필요하다. - 마음을 다치는 학생이 있을 수 있다. - 어린 학생들에게는 적합하지 않다. - 모둠이 효과적으로 운영되기 위해 어떤 능력이 필요한지 학생들이 잘 모를 수 있다.

존 라머·존 머겐달러 외 1명, 《프로젝트 수업 어떻게 할 것인가?》, 지식프레임, 2017, 253쪽.

모둠 구성 시 모둠의 친밀도를 높이기 위해 아이스브레이킹 등 다양한 거리 좁히기 프로그램을 시행하는 것이 좋다. 모둠 구성이 끝나면 모둠서약서를 작성하는 것도 좋은 방법이다. 학생들이 서약서를 작성하게 되면 책임감을 가지게 되기 때문이다.

모둠서약서

프로젝트 팀 계약서
프로젝트 이름:
팀 이름:

우리의 약속
- 우리는 모두 존중하는 마음으로 서로의 아이디어를 경청합니다.
- 우리는 모두 최선을 다하여 활동할 것을 약속합니다.
- 우리는 모두 필요할 경우 도움을 요청할 것을 약속합니다.
- 우리는 모두   을(를) 약속합니다.

만약 우리 팀에서 누군가 약속을 어길 경우, 팀원들이 모여서 회의를 하고 그 사람에게 약속을 따라 줄 것을 요청할 것이다. 그 학생이 그래도 계속 약속을 지키지 않는다면 우리는 선생님께 문제를 해결할 수 있도록 도움을 요청할 것이다.

날짜:

팀원 서명:

Sara Hallermann, John Larmer, John R. Mergendolle, 《프로젝트 학습: 초등교사를 위한 안내》, 설양환·박한숙·이수영·황윤한 옮김, 아카데미프레스, 2014, 168쪽.

03

질문이 곧 학습으로

학습은 질문에서 시작된다. 질문을 통해 문제를 바라보게 되고, 문제는 프로젝트 활동의 근거가 된다. 즉 질문이 프로젝트 주제가 되고 문제해결을 위한 학습 목표가 되는 것이다. 이를 위해서는 질문을 위한 문제가 있어야 한다. 여기에는 구조화된 문제와 비구조화된 문제가 있다. 프로젝트 수업에는 비구조화된 문제가 좋다. 이 두 가지 문제를 비교하면, 다음 표와 같이 쉽게 이해할 수 있다.

구조화된 문제와 비구조화된 문제 비교

구조화된 문제	비구조화된 문제
▪ 문제 파악이 쉽고 분명하다. ▪ 문제해결을 위해 고려해야 할 조건, 제한점이 매우 단순하다. ▪ 문제해결 방법이 별로 많지 않다. ▪ 주어진 상황과 상관없이 일반적인 규칙, 개념을 적용하여 풀 수 있다. ▪ 한 가지 정답만이 존재한다. ▪ 모든 사람의 정답이 일치한다.	▪ 문제 파악이 쉽지 않고 문제해결 과정에서 새로운 조건이나 제한점이 발견된다. ▪ 문제해결을 위한 접근 방법이 다양하다. ▪ 매우 구체적이고, 복잡하며, 불확실한 특정 상황을 기반으로 한다. ▪ 문제를 풀기 위해 여러 조건과 제한점을 고려해야 한다. ▪ 학습자마다 해결안(정답)이 다르다.

강인애·정준환 외 2명, 《프로젝트 학습》, 상상채널, 2011, 175쪽

프로젝트 수업에서는 질문이 문제를 만드는 가장 기본적인 수단이다. 이때 질문은 활동하며 실생활의 문제에서 출발하는 도전적이고 개방적이어야 한다. 그래야 학생들이 학습에 흥미를 느끼고 학습내용을 구체화할 수 있다. 또한 질문은 프로젝트 교육과정의 기준과 틀에 부합되고 교과의 내용과 주제에 일치해야 한다.

질문이 부합되는지 확인하는 방법이 있다. 그것은 "WHY NOT!"이다. 자신

의 질문에 "WHY NOT!(왜 안 돼!)"했는데, 질문이 가능하다면 그 질문은 부합된 질문이다. 또, 탐구를 위한 질문을 구체화하기 위해서 질문의 틀이 있는데, "우리가 (어떤 역할)로서, (목적과 대상)을 위하여 (해야 하는 과업이나 만들어야 할 결과)를 어떻게 만들 수 있을까?"[3]라는 문장을 만들어 구체화하는 방법도 좋다.

학습 질문 예시

대주제	학습 질문
돌	돌은 어떻게 생성되었을까?(과학) 돌로 제작할 수 있는 것은 무엇일까?(역사, 기술 · 가정) 머리가 나쁜 사람을 돌대가리라고 할까?(국어, 사회)
신문	신문 기사는 믿을 수 있을까?(국어) 신뢰도는 어떻게 측정할 수 있을까?(수학, 사회)
전쟁	전쟁은 왜 일어날까?(사회) 전쟁을 피할 수 있는 방법은 무엇일까?(도덕)
문화	올바른 청소년문화는 무엇일까?(도덕) 우리 지역에 문화 시설은 어떤 것들이 있을까?(사회) 잘못된 청소년문화가 무엇이고 어떻게 바꿀까?(도덕)
안전	우리 지역의 안전 시설에는 어떤 것들이 있을까?(안전) 안전을 위해 우리가 할 수 있는 일은 무엇일까?(도덕)

04

프로젝트 활동에 도움이 되는 다양한 차트(자료 수집)

학생들이 프로젝트 활동을 계획하고 진행 방향을 설정하기 위해서 지식의 수준, 학습 욕구, 내적 상태 등을 파악하는 것이 중요하다. 그래서 학습 전 다양

---

3. Sara Hallermann, John Larmer, John R. Mergendolle, 앞의 책, 56쪽

한 차트를 활용하여 파악하는 것이 좋다. 이를 통해 학습을 위한 배경지식을 파악하고 필요한 정보가 무엇인지, 수집할 자료가 무엇인지, 어떻게 자료를 수집할 것인지 등을 구체적으로 판단하는 것이다. 대표적으로 K-W-L-H 차트, IFLA 차트, SWOT 차트가 많이 활용되고 있다.

K-W-L-H 차트는 초기 K-W-L 차트로 사용하였다가 한 단계 발전한 차트로 프로젝트 학습과정에서 다양하게 사용할 수 있다. 이 차트는

K(Knowledge) ― 알고 있는 지식(확인하기)

W(Wonder) ― 궁금한 점(질문하기)

L(Learn) ― 알고 싶은 것(알아보기)

H(How) ― 배우는 방법(정하기)의

첫 자를 따서 만들어진 차트로 프로젝트 학습을 시작할 때 학생의 지식을 확인하고, 학습에 질문하고, 알고 싶은 것과 학습 방법을 기록하여 학생들의 배경지식을 확인하고 프로젝트의 계획을 수립하는 도구로 활용할 수 있다.

또한, 활동 중에는

K(Knowledge) ― 알고 있는 지식(확인하기)

W(Wonder) ― 궁금한 점(질문하기)

L(Learn) ― 알게 된 것(습득 지식 기록하기)

H(How) ― 알게 된 방법(지식 습득 방법)으로

활동 과정에서 습득된 지식과 방법을 확인하고 프로젝트 학습의 진행 방향을 확인하는 데 사용할 수 있다.

마지막으로 활동 후에는

K(Knowledge) ― 알게 된 지식(확인하기)

W(Wonder) ― 궁금한 점(다시 질문하기)

L(Learn) ― 더 알고 싶은 것(더 알아보기)

H(How) ― 하고 싶은 활동(활동 계획)으로

프로젝트 학습을 통해 얻은 지식을 확인하고, 활동을 통해 생긴 궁금증을 다

시 질문하고, 더 알고 싶은 것과 앞으로의 활동 계획을 작성한다. 활동 과정에서 작성된 차트들을 비교하면 프로젝트 학습이 가져다준 학생의 변화를 확인할 수 있다. 추가적인 활동이나 파생되는 활동을 계획하여 학습자에게 지속적인 프로젝트 활동을 제공할 수 있는데, 추가 활동은 사회 파급력을 지닌 사회 참여 활동으로 구성하도록 하는 것이 좋다. 자료 수집 전 단계에서도 활용할 수 있는데 활동을 위한 사전 조사의 도구로 활용하기도 한다.

K-W-L-H 챠트

주제 : _____

☐ 활동 전   ☐ 활동 중   ☐ 활동 후

K-W-L-H 차트	Knowledge	
	Wonder	
	Learn	
	How	

〈 작성방법 〉

	학습 전 활용	학습 중 활용	학습 후 활용
K (Knowledge)	알고 있는 지식 (확인하기)	알고 있는 지식 (확인하기)	알게 된 지식 (확인하기)
W (Wonder)	궁금한 점 (질문하기)	궁금한 점 (질문하기)	궁금한 점 (다시 질문하기)
L (Learn)	알고 싶은 것 (알아보기)	알게 된 것 (습득 지식 기록하기)	더 알고 싶은 것 (더 알아보기)
H (How)	배우는 방법 (정하기)	알게 된 방법 (지식 습득 방법)	하고 싶은 활동 (활동 계획)

IFLA 차트는 생각(ideas), 사실(facts), 학습 과제(learning issues), 실천 계획 (action plans)을 확인하는 차트이다. 생각(ideas)은 문제를 이해하고 가설을 세우고 해결 방안을 제시하고, 사실(facts)은 이미 알고 있는 사실을 확인하고, 학습 과제(learning issues)는 더 알아야 할 것, 즉 학습 과제를 선정하게 하고, 실천 계획(action plans)은 학습 계획을 작성하게 한다. 이 차트는 가설 설정과 문제해결에 초점이 맞춰져 있다.[4]

생각(ideas) 가설/해결방안	사실(facts) 이미 알고 있는 사실	학습 과제 (learning issues) 더 알아야 할 것	실천 계획 (action plans)
문제를 이해하고, 문제의 원인, 결과, 가능한 해결안에 대한 학습자의 가설이나 추측을 검토한다.	문제에 제시된 사실과 이미 학습자가 알고 있는 문제 해결과 관련된 사실을 확인한다.	문제를 해결하기 위해 학습자가 학습해야 할 내용을 선정한다.	문제를 해결하기 위해 학습자가 이후에 해야 하는 일 또는 실천계획을 수립한다.

SWOT 차트는 '강점(Strength)', '약점(Weakness)', '기회(Opportunity)', '위협(Threat)'의 첫 자를 따서 만든 차트로 회사에서부터 개인에 이르기까지 다양하게 사용된다. 강점(S)과 약점(W)은 주변과 상관없이 오로지 '나' 자신의 문제이며, 기회(O)와 위협(T)은 '나'를 둘러싼 환경의 문제이다. 이를 통해 학생은 자신을 확인할 수 있다.[5]

---

4. 최정임·장경원, 《PBL로 수업하기》, 학지사, 2015, 112쪽.

SWOT 차트에 '강점(Strength)', '약점(Weakness)', '기회(Opportunity)', '위협(Threat)'요소를 작성하세요. 강점과 약점은 주변과 상관없이 오로지 '나' 자신의 문제이며, 기회와 위협은 '나'를 둘러싼 환경에 초점을 맞춰 작성하세요.

S   O

W   T

05

프로젝트 활동의 계획 수립(활동계획서 작성)

활동계획서 작성은 학생들의 본격적인 프로젝트 학습의 출발을 의미한다. 활동계획서는 나침반과 같은 역할을 한다. 학생들이 자기 주도적으로 프로젝트 학습을 수행하려면 계획서를 작성하고 이를 실천하도록 지도해야 한다.

활동계획서는 구체적으로 작성하는 것이 좋다. 만약에 활동이 변경된다면 유연하게 수정할 수 있도록 한다. 수행 과정 중에 변수가 나타날 수 있기 때문이다.

활동계획서에는 모둠원의 역할을 반드시 기록하여 수행하도록 해야 하며, 학습에 대한 질문, 활동 방법, 탐구 및 조사 방법, 결과물, 수업 진행 과정 등이 담겨야 한다.

---

5. 정준환, 《셀프 프로젝트 학습》(잼공 노트북 Lv.1), 상상채널, 2018. 49쪽.

교사는 학생들이 작성한 활동계획서를 바탕으로 교수-학습 지원 자료의 제공 시기, 활동에 대한 개입 시기를 확인하고, 활동 과정이 계획대로 진행되는지를 확인할 수 있다.

프로젝트 학습활동 계획서(학생용)

학습자 정보	팀명			
	역할 분담	역할	학번/성명	활동 내용
		모둠장		
		모둠원		
학습 목적	① ② ③			
학습 개요	① ② ③			
학습활동 질문 (WHY)	① ② ③			
학습 산출물				
활동 방법	① ② ③			
활용 자료	인쇄 자료			
	물류 자료			
	검색 자료			
	기타 자료			
수업 진행 과정	단계	활동 내용		
	준비하기			
	계획하기			
	실행하기			
	결과물 산출			
	평가하기			

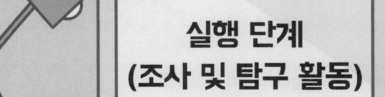

3장

실행 단계
(조사 및 탐구 활동)

01

탐구하지 않으면 결과도 없다

탐구 활동은 결과물 산출과 제작을 위한 다양한 활동들을 말한다.

탐구 활동이 없는 프로젝트는 지식 습득도 어렵다. 즉 탐구 방법이 다양해야 활동이 풍성해지고 내실 있는 결과를 얻을 수 있다. 특히 프로젝트 학습에서는 지식의 활용 방법이 중요하기 때문에 지식 습득도 반드시 확인해야 한다.

프로젝트 학습에서의 탐구 활동 방법에는 어떤 것들이 있을까? 표로 정리해 보았다.

프로젝트 학습에서 탐구 활동 방법

탐구 영역	탐구 방법
정보 검색	도서관 활용, 웹 검색, 스마트폰 검색, 전문 자료 검색, 영상 자료 검색
연구 활동	실험, 조사, 관찰, 시연
견학 활동	박물관, 미술관, 전시관 견학
설문 조사	설문지, 설문 보드
대면 조사	인터뷰, 전문가 초청, 채록
교육 기법 활용	모의 재판, 토의-토론, 디베이트, 하브루타 등
자료 정리	맵 활용(서클맵, 마인드맵, 인물관계도, 만다라트 등)

02

정보 검색

정보 검색은 탐구 활동의 가장 기본이 되는 활동으로 프로젝트 활동에 필요한 정보를 검색하여 활용하는 방법이다. 여기에는 도서관 활용, 웹 검색, 스마트폰 검색, 전문 자료 검색, 영상 자료 검색 등이 포함된다.

도서관을 이용하여 소장 도서, 백과사전과 같은 출간 자료, 신문, 잡지와 같은 정기간행물, 학위논문, DB검색, 학술지와 같은 전문 자료 등의 문헌 자료와 다큐멘터리, 시사프로그램, 공익광고 등의 영상 문헌 자료를 검색한다. 특히 더 전문적인 자료를 구하기 위해서 국회도서관(https://www.nanet.go.kr)이나 대학 도서관, 한국교육학술정보원(http://www.riss.kr), 에듀넷-티클리어(http://www.edunet.net) 등 신뢰도가 높은 기관을 통해 정보를 수집하여 활용하도록 지도하는 것이 좋다.

웹 검색이나 스마트폰 검색은 검색 엔진에 검색어를 입력하여 검색하는 방식으로 인터넷 공간에 떠다니는 정보를 찾아 활용하는 방법이다. 검색 시 주의할 점은 인터넷 공간의 정보가 모두 정확하고 신뢰할 만한 정보는 아니라는 것이다. 그래서 정보의 정확성을 확보하기 위해서 같은 주제어로 여러 번의 검색을 통해 정보를 비교하여 정보의 신뢰성을 높여야 한다. 특히 컴퓨터 시설이 갖추어지지 않은 경우 수업 진행이 곤란할 수 있어 교육 환경을 고려해야 하며, 스마트폰 검색 시 학생들이 정보 검색을 하지 않고 개인적인 사용을 하거나 수업이 소란스러울 수도 있기 때문에 각별한 주의가 필요하다.

03

연구 활동

연구 활동으로 실험, 조사, 관찰, 시연 등을 실시할 수 있는데, 대부분 사회, 과학 분야에서 많이 하는 활동으로 연구 활동이 곧 결과물이 되기도 한다.

실험은 문제에 대한 가설을 검증하거나 증명하는 과정에서 많이 사용되고 있다. 이 과정에서 가설이 틀렸다고 해서 실망할 필요는 없다. 가설이 오류임를 밝혀내는 것 역시 하나의 검증이기 때문이다. 가설이 오류로 나왔다면, 피드백(feedback)을 통해 어디에서 오류가 있었는지 다시 확인하고 다시 검증하도록 교사가 지도하는 것이 좋다.

조사는 정보 검색, 견학, 인터뷰, 설문 등 다양한 방법으로 자료를 수집하여 결과를 도출해내는 방법이다. 해결안을 모색하고 검증하는 방법으로 정보 검색의 양과 방법이 다양할수록 결과의 정확성과 신뢰성이 높아진다. 이를 위해 교사는 조사의 방법을 학생들에게 제시해주는 것이 좋다.

관찰은 가설이나 해결안을 위해 장기간 관찰을 통해 결과를 도출해내는 과정이다. 관찰자(학생)의 주관적 판단이 개입되면 관찰 결과에 오류가 발생할 수 있으며 시간이 오래 걸린다는 단점이 있다. 하지만 관찰을 통해 관찰자(학생)는 학습에 대한 인내와 모둠원 간의 다양한 논의를 통해 협업 능력을 키울 수 있는 장점이 있다.

시연은 과학적 원리나 이론을 쉽게 설명할 수 있는 장치나 도구를 제작하고 실행하는 과정을 말하는데, 이를 위해 설계도와 설명서를 먼저 작성하고 제작해야 한다.

04

견학 활동

견학 활동은 박물관, 미술관, 전시관 등을 직접 방문하여 증명된 전문 자료나 지식을 직접 체험하고 경험하며 생생한 정보를 얻는 방법이다. 예를 들어, 어떤 미술 작품과 관련된 내용이 프로젝트에 들어간다면 학생들이 관련 전시물을 직접 찾아가 보는 것이 남다른 의미를 줄 수도 있다. 단순히 교과서나 책 속의 사진만으로는 실제 작품에 대한 느낌을 살릴 수 없기 때문이다.

프로젝트 활동에 대한 충분한 예산과 시간이 확보되지 않으면 견학을 실시하지 못하는 경우가 발생한다. 또는, 상황에 따라 어떤 작품을 직접 견학하는 경우가 불가능할 때도 많다.

이런 경우 사이버 공간의 박물관, 미술관, 전시관 등을 활용하는 방법도 있다. 요즘에는 VR(가상현실)을 활용하여 실제 가보지 않고도 모양을 볼 수 있는데 이미 모델하우스 등에서 접목하여 활용되고 있다. 또한, 구글 어스 등의 애플리케이션을 활용하면 각 나라의 대표적인 랜드마크인 에펠탑, 런던아이 등을 가보지 않고도 볼 수 있다.

견학 활동은 계획적으로 운영하는 것이 중요한데, 우선은 언제 가야 할지 시기를 결정하고, 프로젝트 내용에 부합하는 곳, 먼 거리보다는 가까운 거리에 있는 곳을 선정하다. 꼭 필요한 활동인지 확인하고 무엇을 견학할 것인지, 얻어야 할 정보는 무엇인지 등의 리스트를 미리 정해 두고 활동을 시작하여야 한다. K-W-L-H 차트를 활용하여 지금 하고 있는 프로젝트에서 필요한 내용이 무엇인지 염두에 두어야 한다. 그리고 학생들끼리 견학을 갈 때는 반드시 안전사고에 유의하여 활동하여야 한다.

05

설문 조사

설문 조사는 설문지를 작성하여 활용하거나 설문 보드를 제작하여 스티커를 붙여 반응 빈도를 알아보거나 포스트잇을 활용하여 생각이나 제안의 내용을 작성하도록 하는 방법이다.

설문지의 경우 의도된 결과를 도출하기 위해 설문지 문항을 제작할 시 부적절한 표현을 사용할 수도 있기 때문에 설문의 신뢰성을 확보하기 위해 교사 또는 전문가의 도움이 필요하다. 교사는 설문 조사를 위해서 성별, 연령 직업 등 설문 대상을 구체적으로 설정하여 작성하도록 지도해야 한다.

설문 보드의 경우 설문 내용이 제한적이기 때문에 핵심적인 내용을 설문하도록 지도가 필요하다. 이 설문 방법은 기본적으로 직접 사람들을 만나서 작성하거나 조사를 하는 대면 방식으로 장소와 시간의 제약을 많이 받는 단점이 있다.

이를 보완하기 위하여 온라인 설문지를 제작하여 스마트폰이나 SNS를 통해 배포하고 결과를 집계하여 활용할 수 있다. 대표적으로 구글 설문지와 네이버 폼을 활용한다. 온라인 설문을 활용하면 설문 조사, 주소 조사, 퀴즈, 인기투표 등 통계를 위한 기초 자료를 손쉽게 정리할 수 있어 과제 조사에서 활용도가 매우 높다. 네이버 폼을 활용하는 경우 네이버 오피스에 접속하여 [폼]을 선택하여 내용을 입력한 후 네이버 클라우드에 저장한다. [폼 보내기]를 눌러 문자, 카카오톡, 밴드 등 다양한 경로로 공유할 수 있으며, URL을 복사하여 외부에서도 이용할 수 있다.

06

대면 조사

대면 조사로는 전문가 인터뷰, 전문가 초청 강연, 채록을 들 수 있다.

전문가 인터뷰는 전문가를 직접 만나 생생한 정보를 얻을 수 있으며 궁금한 내용을 심도 있게 파악할 수 있는 장점이 있다. 인터뷰를 위해서 먼저 프로젝트 활동의 주제에 적합한 전문가를 검색하여 연락을 통해 인터뷰의 목적과 이유를 밝혀야 한다. 전문가가 승낙할 경우 인터뷰를 위해 장소와 시간을 정하고 인터뷰에 임한다. 인터뷰 전에 어떤 질문을 할 것인지 사전 질문지를 작성하고, 필요할 경우에는 전문가에게 미리 질문지를 보내어 필요한 정보를 들을 수 있도록 준비하는 것도 좋은 방법이다. 인터뷰를 진행할 때는 대화를 통해 진행하는 것이 좋고 전문가의 동의를 얻어 녹음이나 촬영을 하는 방법도 좋은 방법이다.

전문가 초청 강연은 교사와 상의하여 해당 분야의 전문가를 학교 또는 강연장에서 대면하는 방법이다. 이 경우 많은 학생들이 강연을 듣기 때문에 사전에 질문 내용을 준비하는 것이 좋다. 강연 후 질문을 통해 필요한 정보나 설명을 듣도록 한다. 장소가 부적합하고 예산이 부족한 경우 전문가 초청 강연을 진행할 수 없는 단점이 있다.

채록은 역사 교과에서 주로 사용하는 방법으로 주제와 관련된 다수의 경험자를 만나 이야기를 들으며 녹음이나 촬영을 통해 자료를 모으는 방법이다. 다수의 경험자를 채록하기 때문에 이야기의 내용이 주관적이고 내용이 다를 수 있다. 그러므로 채록한 내용은 반드시 분석 작업을 거쳐야 한다.

07

교육 기법 활용

다양한 교육 기법들을 활용하는 탐구 활동도 있다. 수집한 자료를 바탕으로 모둠 내 또는 모둠 간의 모의 재판이나 논제에 대해 근거를 뒷받침하여 찬성과 반대의 견해를 전개하는 토론 활동인 디베이트, 짝을 지어 학습 내용에 대해 대화하고 질문하여 토론과 논쟁을 하는 하브루타의 방식이 있다. 서로 논의를 통해 자신의 견해를 구체화하고 타인의 생각을 수용하고 과정이나 실행 단계에서 미처 생각하지 못한 부분을 파악할 수 있는 교육 기법으로 활동을 통해 자기 주도 학습을 실현하는 방법이다.

또한, 요즘에는 거꾸로 교실 수업 방식을 많이 사용하고 있다. 수업 내용을 미리 영상으로 만들어 SNS에 공유해서 학생들이 배울 내용을 가정에서 미리 학습해오고 교실 현장에서는 여러 가지 활동을 하는 방법이 거꾸로 교실 수업 방식이다. 이 방법을 통해 이론 강의에 들어가는 시간을 절약하여 프로젝트에 필요한 활동 시간을 확보하기에 용이해진다. 수학이나 과학 같은 단원이 활용하기 더 용이한 편이나 다른 교과도 적절히 단원을 선정한다면 내용을 정리해서 영상을 찍을 수 있어 전 교과에 적용이 가능하다.

이런 교육 기법들은 전문적이기 때문에 전문가의 도움이 필수적이지만, 그 역할을 교사들이 할 수 있어야 한다. 다행히 학교 자체적으로 전문적 학습공동체를 통한다거나 현장 연수, 원격 연수 등을 통해 필요한 교육방법을 배울 수 있을 것이다. 그리고 배운 내용을 토대로 필요한 교육방법을 교사는 잘 활용하고 학생들에게 적용한다면 프로젝트 수업을 성공적으로 이끌 수 있을 것이다.

08

자료 정리 활동

탐구 활동에서 끝나는 것이 아니라 기록하고 정보를 정리하고 분류하는 과정을 지속해서 실행해야 한다. 그러기 위해 서클맵, 마인드맵, 인물관계도, 만다라트 등의 맵을 활용하는 것이 좋다. 맵을 활용하면 정보를 시각화하고 구조화할 수 있고, 프로젝트 활동의 모든 단계에서 활용할 수 있는 장점이 있다. 하지만 맵 작성 시 교사가 작성 방법에 제한을 둔다면 학생의 개성과 창의성을 막을 수 있다.

추가적으로 맵을 활용할 때 메타포 기법을 활용하여 "나에게 ○○○은 ○○○이다. 왜냐하면 ○○○이기 때문이다."의 문장에 답하게 하여 정리하면 학습한 내용을 정의하고 구조화할 수 있으며, 학생의 관점을 파악할 수 있다.

(1) 서클맵

학습 주제에 대해 알고 있거나 생각나는 것(글이나 그림)을 원 안에 적는 방식으로, 학습 주제에 대해 정의를 내리거나 사실관계를 나타내는 활동에 활용할 수 있다.

서클맵은 크게 세 부분으로 나누어 기재한다. 가운데 원 안에는 핵심 개념을 적고 바깥 원에는 핵심 개념을 표현하는 내용을 그림으로 표현한다. 나머지 여백 부분에는 원 안의 내용에 대한 설명을 기재하고 색칠 도구를 활용하여 자유롭게 디자인하여 마무리한다.

[그림 1] 조합의 개념을 서클맵으로 정리

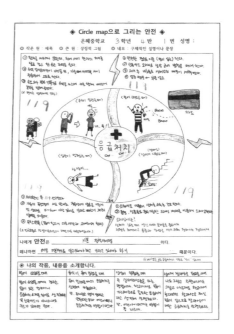

[그림 2] 응급처치의 방법을
서클맵으로 정리

(2) 마인드맵

정보 검색을 통해 수집된 정보를 정리하거나 브레인스토밍 후 제시된 생각이나 정보를 여러 항목으로 분류하는 데 유용하다.

일반적으로 가운데에 핵심 주제어를 쓰고 그것을 중심으로 가지를 뻗어 나가면서 그리며, 그림과 문자를 활용하여 표현한다. 핵심 주제어에 가까울수록 두꺼운 선으로, 멀어질수록 얇은 선으로 표시하며 개념이 여럿 있을 경우 개념별로 색깔을 다르게 그린다. 컴퓨터나 스마트폰을 통해 마인드맵을 편리하게 활용할 수 있는데, 대표적인 마인드맵 프로그램으로는 알마인드, Freemind, 씽크와이즈, Okmindmap, Mind42 등이 있다.

브레인스토밍을 한 경우에는 먼저 같은 종류의 내용을 묶어서 소주제를 정해주는 것이 좋다. 그리고 이를 통해 구체적인 마인드맵을 그릴 수 있다. 또한

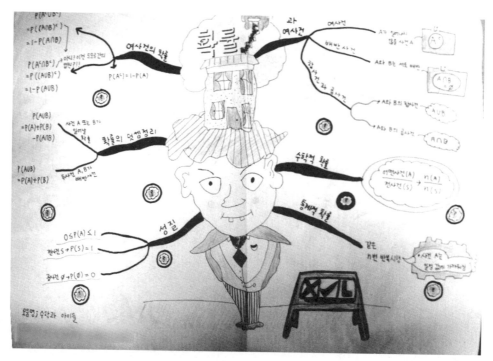

[그림 3] 확률에 대한 개념을 마인드맵으로 정리

단순히 글만 적는 것보다 이미지를 함께 활용하면 완성도 높은 마인드맵을 작성할 수 있다.

(3) 인물관계도 그리기

등장인물 간의 관계를 분석하여 그림으로 표현하는 활동으로, 문학작품에 나오는 인물 간 관계를 분석할 수 있으며, 학급 구성원 간의 관계를 파악하는 데도 활용할 수 있다. 인물관계도를 활용하면 등장인물의 성격 및 행동을 자세히 분석할 수 있으며 인물 간 관계를 통해 핵심 갈등을 파악하여 주제를 파악하는 데 도움을 얻을 수 있다.

국어 교과 소설 수업에서 내용을 정리함과 동시에 핵심 갈등을 파악하기 위하여 인물관계도를 그리는 활동을 진행할 때 객관적인 분석뿐만 아니라 각 인

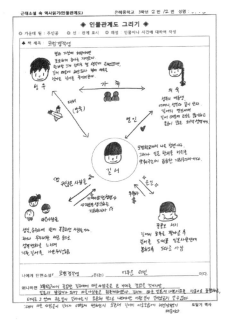

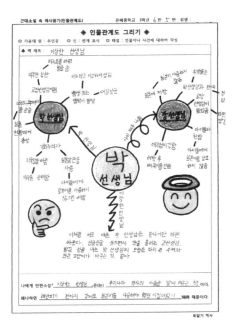

[그림 4] 근대소설 〈모범경작생〉의 인물관계도

[그림 5] 근대소설 〈이상한 선생님〉의 인물관계도

물에 대한 개인적인 가치 판단도 함께 분석해보도록 지도하는 것이 좋은 방법이다.

(4) 만다라트(Mandal-Art)

일본의 디자이너 이마이즈미 히로아키가 개발한 발상 기법으로, '목적을 달성하다'와 '목적을 달성하는 틀'로 해석할 수 있다. 가장 큰 주제를 세우고 이에 대한 해결점, 아이디어, 생각을 확산해 나가는 형태이다. 대주제에서 소주제로 내용을 계열화하기에 적합하여 문제해결을 위한 아이디어를 정리할 때 효율적이다. 또한, 학습한 내용을 세분화하여 요약하고 정리하기에 효과적이다.

3×3칸으로 구성된 총 9개의 정사각형을 배치하고, 중앙에 있는 정사각형에 주제를 적는다. 주제가 적힌 칸의 주변 8칸은 주제와 연관된 아이디어나 생각,

예를 들어 주제를 실현하기 위한 소주제 등으로 채운다. 중앙 정사각형이 모두 채워지면 나머지 8개의 정사각형을 채워나간다. 이때, 앞서 채운 8칸의 아이디어들이 나머지 8개 정사각형의 각 주제가 된다. 2~3단계와 같이 주제(중심 칸)와 관련된 아이디어를 자유롭게 기재한다. 모든 칸을 다 채우면 중심 주제 1개와 소주제 8개, 주변 아이디어 64개가 완성된다.

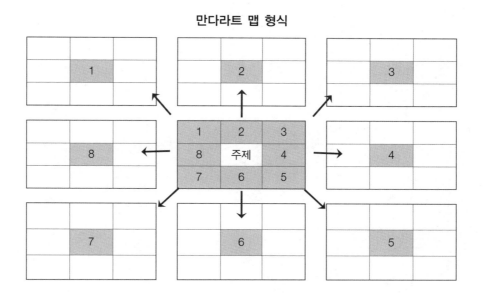

만다라트 맵 형식

	발전 시킬 방법		5대 짱뽕	미스진,리 햄버거	당면 순대볶이	아산만의	제목은 예쁜 ...편이랑...	경기도 최남단
	발전 시킬 방법		록 키즈 버거	먹거리	부대 찌개	여행천과 ... 옮김	자연 환경	서해상의 영향을 ...
			부대앞 치킨	평택 배,쌀	폐계 닭	겨울에도 경기도 ... 따뜻함	여름은 경기도 ... 제고기온	해발고도는 낮음
통북시장	평택로 마안산 물타예슬 축제	슈퍼 평택 국제평화 축제	발전 시킬 방법	먹거리	자연 환경	만기사 와 수도사	옷다리 문화촌	바람새 마을
평택 전통 문화축제& 흥바 축제	전통	소사벌 한마당 축제	전통	평택	볼거리	국제로 앙시장	볼거리	지위정 시 교육윌지
평택 농악 경기대회	지평리 착경 연대기 및 지평긱 예슬레	평택 향교문화제	교류 도식	발전 요소	역사	빗머리 전망대	외국언 관광	평택로 관광지
산..시 삼남구 삼남의 동관 관료 위치	마쳔 야마시 일본 시로구메봉 ... 동북쪽 위치	아로모리시 일본훈 슈 최 북단 위치	평택항	아산만	미군부대	평택 농악	평택 민요	대동법 시행 기녕비
산동산쿠도시 산동반도 남부 위치	교류 도시	알라바마 ... 미국 단 중앙부 위치	평택: 송탄통합	발전 요소	화력 발전소	삼봉집 목판	역사	삼봉사 석장비로가나 불 좌낭
길림 수원쿠시 중로통부지역 북부 위치	..세산쿠시 중국 튼보지역 남부 ...	랄동살안도시 중국 랑통살 동남부 위치	평택 쌀	평택평야	대추리 시위	이익종	안재홍	충의각

[그림 6] 평택에 대한 학습 정보를 만다라트로 정리

4장

결과물
처리 단계

01

탐구 활동의 결과

다양한 탐구 활동은 다양한 결과물을 산출하게 한다. 그 산출물은 프로젝트 활동의 결과가 성공이든 실패이든 모두가 유의미하다. 산출물은 탐구 활동의 과정을 설명하고 결과를 도출하고 앞으로의 계획을 나타내는 것이기 때문이다.

결과물은 크게 산출물과 발표로 나눌 수 있는데 산출물에는 보고서, 도서 등의 인쇄 매체와 영상 매체, 종합 결과물인 포트폴리오가 있다. 발표에는 파워포인트, 프레지 등으로 제작하여 발표하는 프레젠테이션, 프로젝트 활동을 일목요연하게 보여주는 전시 보드와 전시물, 역할극·연극·뮤지컬·노래·춤 등의 문화-예술적 표현이 있다.

결과물의 종류

산출물	인쇄 매체	보고서, 도서
	영상 매체	동영상
	종합 결과물	포트폴리오
발표	프레젠테이션	파워포인트, 프레지
	전시물	전시 보드, 활동 작품
	문화-예술적 표현	역할극, 연극, 뮤지컬, 노래, 춤, 광고

02

산출물

산출물에는 인쇄 매체 형식으로 제작되는 보고서, 책 등이 있다. 보고서는 다시 연구 보고서와 활동 보고서로 나눌 수 있다. 연구 보고서는 실험, 관찰 등 연구 내용을 기록한 것으로 실험 일지, 관찰 일지 등을 통해 가설을 검증하고, 해결안을 도출하는 일련의 과정과 결과를 기록한다. 활동 보고서는 프로젝트 활동을 통해 얻은 결과를 기록한다. 이를 책의 형식으로 제작하면 도서물이 된다.

인쇄 매체를 확장하여 준비-계획-실행-결과의 프로젝트 활동 전 과정을 담은 것을 포트폴리오라고 한다. 포트폴리오는 교사가 제공하는 활동지를 작성하여 모아 제작하는 것이 일반적이다.

글과 문서로 제작하지 않고 영상 매체인 동영상으로 제작할 수도 있다. 제작과 읽기 과정에 많은 시간이 소요되는 인쇄 매체와 달리, 동영상은 실시간으로 프로젝트 과정을 기록하여 제작 시간이 짧고, 이해하는 속도도 빠르다. QR코드를 제작하면 스마트폰으로 언제든지 어디서든지 볼 수 있는 장점이 있다.

영상 제작을 위해 교사가 학생들에게 시나리오, 시놉시스, 콘티의 작성을 교육하고 작성의 기준(레이아웃)을 정해주면 동영상 제작에 큰 도움이 된다. 또한, 컴퓨터나 스마트폰을 활용하여 제작할 수 있는 다양한 프로그램을 안내해 주는 것이 좋다.

교사는 산출물 제작에 반드시 저작권 교육을 함께 해야 한다. 인쇄물의 경우 타인의 자료를 사용한 경우 출처를 반드시 밝히도록 지도해야 한다. 영상물을 제작할 때는 무료 음원을 사용하게 하고 사진이나 이미지의 경우 저작권에 적용을 받지 않는 퍼블릭 도메인을 활용하도록 지도해야 한다.

유튜브의 오디오 라이브러리에서 무료 음원을 다운받아 사용할 수 있다. 이미지는 프리픽(https://www.freepik.com), 픽사베이(https://pixabay.com) 등에서 다운받아 사용할 수 있다.

03

발표

프로젝트 학습의 꽃은 발표라 할 수 있다. 그래서 프로젝트 학습에 발표가 반드시 있어야 한다. 발표물은 파워포인트 또는 프레지 등을 활용하여 제작하고 발표자가 나와 프레젠테이션을 하는 것이 일반적이다. 학생들은 발표의 경험이 적어 발표에 대한 두려움을 가지고 있다. 그래서 발표물 구성, 제작 방법, 발표 자세, 청중으로서의 자세 등을 교육하는 것이 필요하다.

프레젠테이션이 돋보이려면 제작할 때 큐시트를 먼저 작성하여 구성하는 것이 좋다. 작성할 때는 문장을 전부 입력하는 것이 아니라 개조식으로 작성하고 슬라이드 한 장에 하나의 주제를 담아 글자 크기를 크게 작성하는 것이 좋다. 글보다 사진, 동영상, 그래프 등 이미지를 활용하는 것이 좋다. 그렇다고 지나친 애니메이션 효과를 사용하는 것은 지양한다. 발표할 때는 1인이 프레젠테이션을 하는 것을 원칙으로 하고, 대본 없이 슬라이드의 개조식으로 작성된 내용을 바탕으로 유연하게 하는 것이 좋다.

역할극, 연극, 뮤지컬, 노래 등 문화-예술적 표현으로 발표를 할 수 있는데 모둠원 전체가 참여하는 것을 원칙으로 한다. 이 방식은 준비 과정에 많은 시간과 노력이 필요하지만, 프로젝트 활동을 축제의 장으로 만드는 장점이 있다. 학생들에게는 문화-예술적 표현 경험이 적어 단계적으로 적용하는 것이 좋다. 연극을 하는 경우, 처음에는 변사와 대사 없이 여러 배우들이 표현하는 것으로, 좀 더 발전하면 변사 한 명과 배우 한 명이 표현하는 것으로, 이후에는 여러 배우들이 대사를 표현하도록 구성한다. 더욱 발전한다면 춤, 노래, 대사가 있는 뮤지컬 형식으로 발전하여 구성하는 것이 좋은 사례라 하겠다.

전시물로는 전시 보드와 활동 작품이 있는데 전시 보드는 각종 보드나 전지를 활용하여 전시물을 제작하는 활동으로 전시물 제작에 가장 많이 사용되는 방식이다. 제작은 손 글씨, 사진 등을 활용하여 직접 제작하는 방법과 컴퓨터를 활용하여 인쇄하는 방법이 있는데 전시 보드 제작 시 가독성을 높이도록 지도하는 것이 좋다. 활동 작품의 경우 제작자가 직접 설명하고 시연하는 것이 좋다.

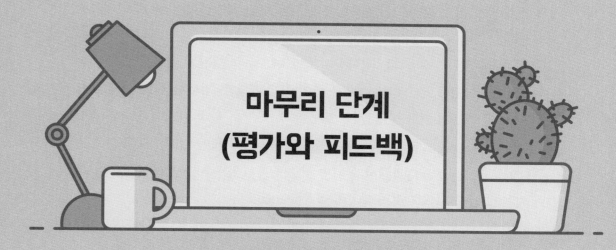

5장

마무리 단계
(평가와 피드백)

01

프로젝트 평가 계획 수립

프로젝트 수업에서 가장 큰 고민거리는 바로 평가이다. 다행히도 최근에 와서 평가에서 발생하는 문제들이 많은 연구와 사례를 통해 점차 해소되어 가고 있다.

평가는 교사의 프로젝트 기획 단계에서 계획된다. 평가의 계획 단계에서 무엇을 어떻게 어떤 방법으로 평가할 것인지를 수립하고 이에 따른 평가 척도를 작성하는 것이 좋다. 평가 척도를 작성하면 교사는 수업목표를 분명히 제시할 수 있고, 학생들을 평가하는 명확한 기준을 제공하여 일관된 평가를 실시할 수 있으며, 왜 학생들이 그러한 점수를 받았으며 더 높은 점수를 받기 위해 무엇을 더 해야 하는지 쉽게 설명할 수 있게 된다. 학생은 수행 목표와 중요한 것이 무엇인지 명확히 알 수 있게 되고 어떤 요소들을 고려해야 질적으로 우수한 결과물을 만들 수 있는지 파악하게 되며 최종 상태를 명확히 구상하여 무엇을 해야 하는지 알게 되어 자기 주도 학습을 할 수 있다.

평가 척도는 명확한 목표가 수립되어 있는지, 준거들이 구체적이고 명확하며 정의가 잘 되어 있는지, 질적 수준을 구분하는 요소가 잘 반영되었는지, 학습목표에 도달하였는지, 학습자의 역량과 잠재력이 향상되었는지 등을 고려하여 구체적으로 작성하여야 한다.

2015 개정 교육과정과 자유학기제의 시행은 평가의 시스템을 바꾸어 놓았다. 이것은 시험으로 대변되는 전통적인 결과 중심의 양적 평가에서 관찰과 성찰을 바탕으로 한 과정 중심의 질적 평가로의 확대라 말할 수 있다. 이런 평가 개선이 프로젝트 학습 평가를 풍성하게 해준다.

프로젝트 학습에서는 모든 과정이 평가의 대상이 될 수 있다. 그래서 어느 시점에 어떤 영역과 무엇을 어떻게 평가해야 할지 정해야 한다. 평가의 기준

평가 영역 선정 기준들(예시)

선정 기준	평가 역역
활동	개별 활동, 협력 활동
학습 과정	학습 계획, 모둠 활동, 자료 수집, 프레젠테이션, 결과물
결과물 관점	내용, 디자인, 창의성, 기술,
교육과정 성취 평가 척도	지식, 기능, 이해, 적용, 태도
21세기 미래 역량 4C	의사소통, 창의력, 비판적 사고력, 협업 능력
21세기 미래 역량 6C	협업 능력, 의사소통, 콘텐츠, 비판적 사고, 창의적인 혁신, 자신감
2015 핵심 역량(교육부)	창의적 사고 역량, 지식 정보 처리 역량, 의사소통 역량, 공동체 역량, 심미적 감성 역량, 자기 관리 역량
2015 핵심 역량(국어)	비판적 · 창의적 사고, 자료 · 정보 활용, 의사소통, 공동체 · 대인 관계, 문화 향유, 자기 성찰 · 계발
2015 핵심 역량(영어)	영어 의사 소통, 자기 관리, 공동체 지식 정보 처리
2015 핵심 역량(수학)	문제 해결, 추론, 창의 · 융합, 의사소통, 정보 처리, 태도 및 실천
2015 핵심 역량(과학)	과학적 사고력, 과학적 탐구 능력, 과학적 문제 해결력, 과학적 의사소통 능력, 과학적 참여와 평생 학습 능력
2015 핵심 역량(사회)	창의적 사고, 비판적 사고, 문제해결력 및 의사결정력, 의사소통 및 협업, 정보 활용
2015 핵심 역량(역사)	역사 사실 이해, 역사 자료 분석과 해석, 역가 정보 활용 및 의사소통, 역사적 판단력과 문제해결 능력, 정체성과 상호 존중
2015 핵심 역량(도덕)	자기 존중 및 관리, 도덕적 사고, 도덕적 대인 관계, 도덕적 정서, 도덕적 공동체 의식, 윤리적 성찰 및 실천적 성향
2015 핵심 역량(기술 · 가정)	실천적 문제 해결 능력, 생활 자립 능력, 관계 형성 능력, 기술적 문제 해결 능력, 기술 시스템 설계 능력, 기술 활용 능력
2015 핵심 역량(체육과)	건강 관리 능력, 신체 수련 능력, 경기 수행 능력, 신체 표현 능력
2015 핵심 역량(음악과)	음악적 감성, 음악적 창의 · 융합 사고, 음악적 소통, 문화적 공동체, 음악 정보 처리, 자기 관리
2015 핵심 역량(미술과)	미적 감수성, 시각적 소통 능력, 창의 · 융합 능력, 미술 문화 이해 능력, 자기 주도적 미술 학습 능력
GRASPS	목표, 역할, 대상, 맥락, 산출물과 수행, 수행 기준
블룸의 인지영역 6단계	지식, 이해, 적용, 분석, 종합, 평가

을 시기에 따라 나누면 수업 전, 수업 중, 완료 후로 구분하며, 평가의 산출물에 따라 나누면 계획서, 중간 보고서, 결과물, 발표로 구분할 수 있다. 이런 일련의 계획을 기준으로 평가를 진행하게 되는데 평가에서 학습의 전 시기 또는

특정 시기에 평가할지를 정해야 한다. 평가의 방법에는 체크리스트 평가, 결과물 평가, 관찰 평가, 시험형 평가가 있다.

평가 내용(예시)

주제에 대한 이해가 적절한가?

학습 계획이 잘 나타나 있는가?

프로젝트 과정이 합리적이고 세련되게 선택되었는가?

과정과 개념에 관련된 이해의 정도가 제대로 표현되었는가?

각종 자료를 사용한 출처를 잘 밝히고 있는가?

발표물 제작을 위한 필요한 탐구 방법을 잘 알고 적절하게 실천하였는가?

전달하려는 내용이 충실히 담겨 있는가?

선택한 주제의 핵심을 정확하게 파악하였는가?

질문을 충실히 다루고 있는 내용인가?

탐구 주제를 해결하기 위한 내용이 포함되어 있는가?

결과물이 다양하고 현실성이 있는가?

정보 공유와 토론은 충분히 이루어졌는가?

조사, 실험, 인터넷 검색 등 다양한 자료를 활용하여 분석, 종합한 내용인가?

사용한 자료의 정확한 출처를 밝히고 있는가?

과제 해결을 위한 기간, 방법, 준비물 등 계획이 치밀하게 수립되어 있는가?

과제 해결을 위해 전원이 참여했는가?

계획 단계에서 모둠원 모두가 참여하여 브레인스토밍이 활발하게 이루어졌는가?

다른 사람의 의견을 존중하고 역할 분담을 할 때 모두가 만족할 수 있도록 하였는가?

진행 단계에서 모둠원들이 능동적으로 활동에 참여하였는가?

결과물 정리 및 제작에 모둠원들이 적극적으로 참여하였는가?

전달하려는 바를 잘 설명하고 있는가?

다른 사람의 발표 시 얼마나 유심히 듣고 있는가?

02

체크리스트 평가

체크리스트는 평가 항목을 정해 표시하여 평가하는 방법이다. 체크리스트를 통해 자기평가, 동료평가, 모둠평가, 교사평가 등을 할 수 있다.

체크리스트는 평가 영역과 평가 내용으로 구성되어 있는데 체크리스트 평가를 작성하는 데 중요한 것은 평가 영역이다. 평가 영역이 정해지면 평가 영역을 기준으로 몇 개의 평가 내용을 작성할 것인지, 부여 점수는 얼마인지를 정한다.

체크리스트 작성(예시)

평가 영역		평가 내용(기준)	배점
21세기 미래 역량 6C	협업 능력	서로 도와가며 활동을 진행했는가?	3 / 2 / 1
	의사소통	모둠에서 무임승차가 있었는가?	3 / 2 / 1
	콘텐츠	결과물이 역사적인가?	3 / 2 / 1
	비판적 사고	정보를 잘 활용하였는가?	3 / 2 / 1
	창의적인 혁신	활동을 통해 학습 능력이 향상되었는가?	3 / 2 / 1
	자신감	활동으로 자신이 변화하였는가?	3 / 2 / 1
점수 합계			

평가 영역		평가 내용(기준)	배점
2015 핵심 역량	창의적 사고 역량	참신한 아이디어를 사용하여 구성하였는가?	3 / 2 / 1
	지식 정보 처리 역량	기록한 방법이 조사한 사실에 입각하여 체계적으로 작성되었는가?	3 / 2 / 1
	의사소통 역량	정보 공유와 토론은 잘 이루어졌는가?	3 / 2 / 1
	공동체 역량	모둠원들과 역할 분담을 적절히 하였는가?	3 / 2 / 1
	심미적 감성 역량	시각적으로 뛰어난가?	3 / 2 / 1
	자기 관리 역량	다른 사람의 발표 시 잘 경청하고 있는가?	3 / 2 / 1
점수 합계			

03

결과물 평가

프로젝트 학습의 진행 과정에 산출된 결과물을 평가한다. 결과물은 산출물, 프레젠테이션, 포트폴리오 등을 말하는데 체크리스트를 통해 평가하는 방법이 일반적이다. 선정 기준과 평가 영역을 활용하여 체크리스트를 작성하면 다음과 같다.

평가 영역		평가 내용(기준)	배점
결과물 평가	내용	주제에 대한 이해가 적절한가?	3 / 2/ 1
	디자인	도표나 이미지가 자료를 이해하는 데 도움을 주고 있는가?	3 / 2/ 1
	창의성	참신한 아이디어를 사용하여 구성하였는가?	3 / 2/ 1
	기술	전달하고자 하는 내용을 효과적으로 제시하였는가?	3 / 2/ 1
점수 합계			

평가 영역		평가 내용(기준)	배점
포트 폴리오 평가	학습 계획	학습 계획이 잘 나타나 있는가?	3 / 2/ 1
	모둠 활동	모둠원 친구들과 역할 분담을 적절하게 하였는가?	3 / 2/ 1
	자료 수집	다양한 방법을 활용하여 자료를 수집하고 정리하였는가?	3 / 2/ 1
	프레젠테이션	목소리의 음량은 적당한가?	3 / 2/ 1
	결과물	질문에 대한 답을 포함하고 있는가?	3 / 2/ 1
점수 합계			

04

관찰 평가

관찰 평가는 프로젝트 학습 과정에서 학생의 성장을 바라보고 유의미한 일들을 관찰하여 그 내용을 생활기록부에 기록하는 것으로 기록 시 구체적으로 작성해야 하며 교사는 관찰 일지 또는 관찰 보고서를 작성하는 것이 좋다.

관찰 평가는 학생이 배운 학습 결과를 평가하는 것이 아니다. 수업 활동 중 학습을 위해 학습을 평가하는 것이다. 학습 과정과 결과 모두를 평가하는 것이다. 즉, 학습 과정에서 학생의 성장과 발달을 평가하는 것이다.

하지만 교육과정 속에서 이루어지는 평가이기 때문에 성취수준을 반드시 고려해야 한다.

그렇기 때문에 관찰 평가라 할지라도 평가의 영역과 기준을 교사가 평가 계획에 넣는 것이 좋다. 관찰 평가의 일관성을 위해 앞의 체크리스트 평가에 제시한 평가 영역 선정 기준(예시)을 활용하여 평가하는 방법이 좋은 예라 하겠다.

대표적인 관찰 평가 요소들을 살펴보면, 성장, 협업 및 상호작용, 문제해결력, 창의력, 정보 처리 능력 등이 있다.

다음에 나오는 표는 평가 영역 선정 기준을 활용한 관찰 일지이다.

관찰 일지 작성 시 관찰 내용을 관찰 일시와 함께 누가 기록하는 것이 좋은 방법이다.

관찰 일지 견본

	평가 영역	일시	관찰 내용
21 세기 미래 역량 6C	협업 능력		
	의사소통		
	콘텐츠		
	비판적 사고		
	창의적인 혁신		
	자신감		

	평가 영역	일시	관찰 내용
2 0 1 5 핵심 역량	창의적 사고 역량		
	지식 정보 처리 역량		
	의사소통 역량		
	공동체 역량		
	심미적 감성 역량		
	자기 관리 역량		

05

시험형 평가

교육과정 내에서 실시한 프로젝트 학습은 교육과정과 교과의 지식 체계를 중심으로 이루어진다. 그래서 프로젝트 학습을 통해 습득한 교과 지식을 시험 문항으로 제작하여 정기 고사에 반영하거나 논술 평가 문항으로 작성하여 제시한다.

(1) 선다형

고등 과학의 'II. 생활 속의 과학 탐구 2. 힘, 균형 중력 그리고 아름다움' 단원에서 다리 모형 만들기 프로젝트 수업을 진행하였다. 프로젝트 과정 중 학습한 내용을 토대로 선다형 문항을 제작하여 평가하였다.

다리를 제작할 때 고려한 평가 항목과 평가 기준을 옳게 짝지은 것만 〈보기〉에서 있는 대로 고른 것은?

─────── 〈 보 기 〉 ───────

ㄱ. 경제성 - 실험 재료를 줄이기 위해 어떤 노력을 하였는가?
ㄴ. 심미성 - 고안한 제품이 독창적인 요소가 가미되었는가?
ㄷ. 창의성 - 주변 환경과 조화를 이룰 수 있는 디자인인가?

① ㄱ   ② ㄴ   ③ ㄷ
④ ㄱ, ㄷ   ⑤ ㄱ, ㄴ, ㄷ

---

(2) 서술, 논술형의 경우

고등 사회의 'Ⅳ. 인권 보장과 헌법' 단원에서 재판 관련 프로젝트 수업을 진행하였다. 프로젝트를 진행하기 위해 학습내용과 프로젝트 과정의 모의 재판 사례를 제시하여 평가한다.

서술형 예시

재판에서 검사와 변호인이 공통적으로 추구하는 근본적인 목적을 알맞게 서술하시오.

_____

_____

_____

_____

_____

논술형 예시

아래에 제시된 자료는 재판 과정에 제시된 증거들이다. 이를 참고하여 판결문을 작성하시오.

· A씨의 채무와 B씨의 채권 관계
· B씨의 채무 이행 지속적인 문자
· 흉기의 지문과 일치한 피고인 A씨의 지문
· 흉기의 혈흔과 일치한 피해자 B씨의 혈흔
· 다발성 자상으로 인한 사망으로 판단한 시체검안서
· A씨와 B씨가 만나는 CCTV 영상
· 사건 현장에 다시 나타난 A씨의 CCTV 영상

_____

_____

_____

_____

_____

_____

06

피드백, 공유, 나눔

프로젝트 학습이 끝났다고 모든 학습이 끝난 것은 아니다. 프로젝트 학습은 일회성으로 끝나는 것이 아니라 프로젝트를 수행한 이후 다양한 활동을 하게 된다. 성공한 사례는 공유하고 나누어야 하며, 만약 프로젝트 학습의 결과가 실패하였다면 피드백을 통해 점검하고 미진하거나 잘못된 부분을 수정하여 다시 프로젝트 학습에 도전해야 한다. 프로젝트 학습 과정에서 사회적 문제점을 발견했다면 이를 개선하기 위한 사회 참여 활동을 준비하고 전개해야 하는 것이다.

이런 프로젝트 활동 사례로 군산 프로젝트를 들 수 있다. 채만식의 〈탁류〉 연구, 군산의 일제강점기의 잔재 관련 역사 탐구, 군산의 관광, 군산의 맛집, 군산을 배경으로 한 영화와 드라마 탐구 활동을 진행하고 현장 체험 활동을 진행했다. 피드백을 통해 학생들은 "일제강점기의 흔적을 볼 수 있는 지역이 있나요?"라는 질문을 하였다. 인천과 부산에서 볼 수 있다는 교사의 대답에 학생들은 인천 프로젝트를 요구했고, 군산 프로젝트와 같은 진행 과정을 인천 차이나타운과 신포시장을 중심으로 인천 프로젝트에 적용하였다. 피드백 과정에서 "그럼 우리 고장에서 일제의 잔재를 찾을 수 있나요?"라는 질문에 평택 속의 일제 잔재를 찾는 평택 프로젝트를 진행하였다. 일제강점기 일본은 촌, 고을 등으로 불리던 조선의 마을의 명칭을 천민 집단 거주지의 의미로 '부락'으로 변경하여 불렀고 일본인 거주지를 마찌(본정통)로 부른 것을 프로젝트를 통해 확인하였다. 조사를 통해 마을 입간판에 부락으로 표기된 2곳을 발견하여 변경을 요청하였고, 1919년 만세 운동 당시 4월 1일 평택역에서 만세 운동이 크게 있었던 것을 확인하여 이것을 알리는 청소년 사회 참여 활동을 전개하였다.

사회 참여 활동 프로젝트

1차 군산 프로젝트	학생의 요구	2차 인천 프로젝트	학생의 요구	3차 평택 프로젝트
군산의 역사, 관광, 맛집, 방송에 대한 프로젝트 진행	일제강점기의 흔적을 볼 수 있는 지역이 있나요?	인천의 역사, 관광, 맛집, 방송에 대한 프로젝트 진행	그럼 우리 지역에서 일제의 흔적을 볼 수 있나요?	부락 명칭 바로잡기, 평택역 3.1운동 홍보 활동 일제 잔재 및 바로잡기 (청소년 참여 활동)

프로젝트 학습은 1회로 끝나지 않는다. 학생의 적극적인 프로젝트 학습은 지속적인 의문과 질문을 제시하게 하고 이를 바탕으로 연속적으로 프로젝트 학습이 진행되면서 '나와 우리 고장'의 문제점을 발견하고 해결하려는 노력으로 발전하게 된다.

"

3부

주제
중심
프로젝트

"

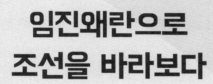

임진왜란으로
조선을 바라보다

인물로 바라본 임진왜란 전후의 사회

01

프로젝트 기획: 인물로 바라본 임진왜란 전후의 사회

조선은 성리학을 바탕으로 세워진 나라라고 말할 수 있다. 그래서 성리학을 중심으로 모든 시스템이 이루어졌다. 정치적으로 성리학적 이념을 바탕으로 한 유교 정치를 실천하고 학문을 중시하고 기술을 천시하여 경제활동이 위축되었다. 사회적으로는 반상의 논리로 엄격한 신분제도를 유지하고 과거를 통한 양반 관료 사회를 이루고 있었다. 이런 조선 사회도 변화를 겪게 되는데 그 출발이 바로 임진왜란이다. 임진왜란은 군공, 납속, 공명첩에 의해 제한적이나마 신분이동을 가져왔고, 전란 이후 조세제도는 쌀 대신에 화폐로 세금을 거두는 조세의 금납화가 이루어졌다. 경제적으로는 화폐의 유통과 상품 작물의 재배 등으로 부농이 생겨났고, 이들은 족보를 매입하며 신분이 상승했다. 반대로 가난한 양반은 족보를 파는 모습을 보이면서 신분제의 동요가 가속화되었다. 따라서 조선을 전후기로 나누는 분기점으로 임진왜란은 조선 역사를 학습하는 데 중요한 부분이다.

　일반적으로 임진왜란에 대한 강의식 수업을 진행하다 보면 임진왜란이라는 전쟁의 진행 과정이나 사건을 나열하고 암기하는 수업을 진행하는 경우가 많아 조선 사회에 미치는 영향과 변화를 충분히 다루지 못하는 경우가 발생한다. 이런 문제점을 해소하기 위해 그 시대를 살아온 인물을 중심으로 프로젝트 수업을 진행하여 진행 과정과 사건의 학습뿐만 아니라 인물에 대한 감정이입과 간접체험을 통해 사회의 변화상을 이해하고, 다양한 각도에서 임진왜란을 살펴봄으로써 사건의 전후 맥락을 파악하고, 자신의 생각을 정리하고 평가하도록 하였다. 그리고 교과서의 학습내용과 비교하고 역사의 의미를 탐구하여 역사에 대한 종합적인 사고와 통합적인 시각을 키우는 데 목적을 두었다.

이 프로젝트 수업은 중학교 2학년을 대상으로 진행하였다. 교사는 프로젝트 수업의 대주제를 '임진왜란'으로 정하고 학습을 위한 주제를 '인물로 바라본 임진왜란 전후의 사회'로 하였다. 학습내용은 임진왜란과 관련하여 조선사, 일본사, 지역사와 관련된 인물 탐구를 하도록 기획되었다.

우선 교사는 학생들이 임진왜란과 관련된 인물로 이순신, 원균, 도요토미 히데요시, 권율, 조헌, 광해군 등을 제시할 것이라고 예상하여 인물 선정에 있어 조선사, 일본사, 지역사를 골고루 반영하도록 지도 계획을 세웠다. 조선사에서는 인물이나 신분을 통해 조선 전후기의 사회 변화를 바라볼 수 있도록 하고, 일본사에서는 전국시대 종식과 통일 과정, 국제관계를 이해할 수 있도록 하였으며, 지역사에서는 우리 고장의 인물인 원균을 재조명하기 위해 '원균은 역적인가? 아닌가?'라는 질문을 중심으로 학습하도록 수업 계획을 세웠다.

학생들은 탐구 인물이 정해지면 그 가운데 관심 인물을 선택하여 모둠을 구성하고, 어떻게 학습을 진행할 것인지 계획을 세웠다. 교사는 모둠의 특성에 맞도록 인물에 대한 탐구 학습이 이루어지도록 하고 결과물을 자유롭게 선택하여 발표하도록 프로젝트를 진행했다. 결과물을 정하기 전, 경직되지 않고 재미있는 축제 분위기에서 발표가 이루어질 수 있도록 격려하면서 좋은 예로 극형식의 발표도 있음을 안내하였다. 또한 학생들의 계획서를 확인하고 이에 적절한 학습 지원 자료를 제공하였으며 발표 후 각 모둠의 학습내용을 바탕으로 수업을 진행하도록 기획하였다.

교사는 이와 더불어 프로젝트 수업의 진행 과정을 통해 학생들 스스로가 자신감을 찾고, 협업을 통해 다른 학생들을 이해하며 긍정적인 시각을 갖는 기회가 될 것이라 기대하였다.

교사는 이 수업을 4개 차시의 프로젝트 수업과 1개 차시의 강의식 수업을 합쳐 모두 5개 차시가 되도록 기획하였다. 프로젝트 수업이 진행되는 과정에서 과제 수행을 통해 자기 주도적인 학습을 하도록 요구했다. 프로젝트 수업 종료 후 1차시의 강의식 수업을 통해 프로젝트 수업 중 학습한 내용을 환기하고, 학습하지 못한 내용을 학습하도록 교육과정을 재구성하였다.

1차시	2차시	3차시	4차시	5차시
준비 단계	실행 단계	결과물 처리 단계 1	결과물 산출 단계 2	마무리 단계
-오리엔테이션 -모둠 구성 -활동 주제 및 결과물 선정 -활동 계획서 작성	-자료 조사 -시나리오 작성 -역할 선정 -교사의 시나리오 수정	-발표 준비 및 연습	-모둠별 발표 -평가서 작성	-강의식 수업 -평가 -정기 고사 시 문항 출제

이 과정에서 조선사에서 기존의 교육과정 중 임진왜란과 전후의 사회 변화와 관련된 해당 단원으로 4개 차시를 가져오고, 일본사에서 1개 차시를 가져와 모두 5개 차시 프로젝트 수업이 되도록 하였다. 이후 해당 단원에서 학습하지 않은 호란, 탕평정치, 조선의 경제제도 변화는 프로젝트 수업 이후 학습을 진행하였다.

		기존의 교육과정					재구성한 교육과정	
월	차시	단원	학습내용		월	차시	단원	학습내용
9월	2	V-4 왜란과 호란의 발발과 극복	-왜란 -호란		9월	5	V-4 왜란과 호란의 발발과 극복 VI-1 붕당정치의 전개와 탕평정치 VI-3 문화변동의 배경과 양상 IX-2 무사정권과 일본의 발전	-왜란 -붕당정치의 변질 -조선후기의 사회변화 -일본의 전국통일
	2	VI-1 붕당정치의 전개와 탕평정치	-붕당정치의 전개와 변질 -탕평정치					

1	VI-2 실학자의 개혁론과 실학의 의의	-실학
3	VI-3 문화변동의 배경과 양상	- 조선후기의 사회변화 -새로운 문화의 유입 - 서민문화의 발달
...		
11월 2	IX-2 무사정권과 일본의 발전	전국통일

▶

1	V-4 왜란과 호란의 발발과 극복	-호란
	VI-1 붕당정치의 전개와 탕평정치	-탕평정치
1	VI-2 실학자의 개혁론과 실학의 의의	-실학
2	VI-3 문화변동의 배경과 양상	-새로운 문화의 유입 - 서민문화의 발달
...		
11월 1	IX-2 무사정권과 일본의 발전	- 전국시대

02

단원별 수업 계획

단원은 기존 교육과정에 제시된 내용을 그대로 사용하였지만, 프로젝트 수업을 진행하기 때문에 학습목표는 수정하여 제시하였다.

(1) 단원

1) 대단원 : V. 조선의 성립과 발전

2) 중단원 : 4. 왜란과 호란의 발발과 극복

3) 소단원 : 1. 왜군의 침략을 물리치다

(2) 학습목표

1) 기존 교육과정의 학습목표

- 왜란과 호란이 일어나게 된 배경과 전개 과정을 설명할 수 있다.

- 두 차례의 외침을 극복할 수 있었던 요인을 말할 수 있다.

- 양난 전후의 조선 사회의 변화를 설명할 수 있다.

2) 프로젝트 수업을 위해 수정한 학습목표

- 왜란이 일어나게 된 배경과 전개 과정을 설명할 수 있다.

- 양난 전후의 조선 사회의 변화를 설명할 수 있다.

- 임진왜란을 동아시아 국제 질서의 변모라는 맥락에서 파악할 수 있다.

(3) 성취기준 및 평가기준

성취기준과 평가기준은 2015 개정 교육과정에 제시되어 있는데 일반적으로 그대로 사용해도 무방하다. 하지만 제시된 2015 개정 교육과정은 포괄적으로 제시되어 있어 교사가 학습을 위해 구체적으로 재구성하여 제시하는 것이 좋다.

임진왜란이라는 주제로 붕당정치, 일본사, 지역사, 임진왜란 전후의 사회 변화 등의 학습이 진행되므로 이에 맞도록 성취기준과 평가기준을 재구성하였다.

1) 2015 개정 교육과정의 성취기준 및 평가기준

교육과정 성취기준	평가기준	
[9역05-04]왜란과 호란의 배경을 파악하고, 외침에 맞선 다양한 국난 극복 노력을 이해한다.	상	왜란과 호란의 배경과 영향을 동아시아 국제 정세 속에서 이해하고, 외침에 맞선 다양한 국난 극복 노력에 대해 구체적 사례를 들어 설명할 수 있다.
	중	왜란과 호란의 배경을 파악하고, 외침에 맞선 다양한 국난 극복 노력을 수군과 의병의 활약을 중심으로 설명할 수 있다.
	하	왜란과 호란의 배경을 알고 외침에 맞선 다양한 국난 극복 노력을 말할 수 있다.

[9역05-05]전란 이후 조세 제도의 개편 내용을 분석하여 체제 정비 노력이 전개되었음을 이해한다.	상	전란 이후 조세 제도의 개편 내용을 분석하여 그 목적을 파악하고 그것이 체제 정비 노력의 일환이었음을 설명할 수 있다.
	중	역사 자료를 통해 전란 이후 조세 제도의 개편 내용을 분석하여 그것이 체제 정비 노력의 일환이었음을 설명할 수 있다.
	하	전란 이후 조세 제도의 개편 내용 및 그 목적을 확인할 수 있다.

2) 재구성한 성취기준 및 평가기준

교육과정 성취기준		평가기준
임진왜란의 원인, 영향을 파악하고 이로 인해 나타난 조선 사회의 변화를 이해한다.	상	임진왜란의 배경과 영향을 국제 정세 속에서 이해하고 그 결과 조선 사회의 변화를 구체적 사례를 들어 설명할 수 있다.
	중	임진왜란의 배경을 파악하고 조선 사회의 정치·경제·사회·문화 변화를 설명할 수 있다.
	하	임진왜란의 배경을 알고 조선 사회의 변화를 신분제 중심으로 말할 수 있다.

(4) 평가 계획

이 프로젝트 활동은 학기 초 평가 계획 수립 당시 수행평가에 반영하도록 하였다.

첫째, 수행평가는 체크리스트 평가(30%)와 결과물 평가(70%)로 하였다. 체크리스트 평가는 모둠별로 하고 평가지는 교사가 직접 제작하였는데 체크리스트 평가와 활동을 서술형으로 기록하도록 제작하였다. 21세기 미래 핵심 역량(6C)을 바탕으로 작성된 체크리스트 평가는 학생 스스로 작성하여 프로젝트 활동에 대한 수행 평가 도구로 활용하고, 서술형 기록은 교사의 관찰평가와 대조하여 유의미한 내용을 찾아내는 데 활용하였다. 결과물 평가는 제작한 활동지를 바탕으로 한 포트폴리오(30%)와 발표(40%)로 이루어진 체크리스트를 통해 실시되었다.

둘째, 교사는 학생들의 프로젝트 수업의 진행 과정을 관찰하여 기록한 내용과 학생들이 작성한 평가지의 내용을 참고하여 프로젝트 활동에서 보여준 학생의 장점, 변화 가능성, 수행 능력 등의 유의미한 내용을 생활기록부 교과특기사항에 기록하였다.

셋째, 학습한 내용을 종합하여 정기고사에 출제하여 시험형 평가를 실시하도록 기획하였다.

프로젝트 평가서(교사용)			
과정	평가 영역	평가 내용(기준)	배점
포트 폴리오	성실성	모둠 활동에 성실히 임하였는가?	10/8/6/4
	협업 능력	서로 도와가며 활동을 진행하였는가?	10/8/6/4
	정보 수집	정보를 정확히 찾았는가?	10/8/6/4
결과물	가능성	활동을 통해 변화 가능성을 보였는가?	10/8/6/4
	정확성	역사적인 내용이 정확한가?	10/8/6/4
	완성도	결과물이 완성도가 있는가?	10/8/6/4
	관람 태도	관람태도가 올바른가?	10/8/6/4

프로젝트 평가서(모둠용)						
평 가 영 역		내 용				비 고
활 동 제 목		임진왜란으로 조선을 바라보다.				
활 동 일 정		20○○년 ○○월 2주간				
평 가 항 목		매우 우수	우수	보통	미흡	매우 미흡
2 1 세 기 미 래 역 량 6C	(협업 능력)서로 도와가며 활동을 진행했는가?					
	(의사소통)모둠에서 무임승차가 있었는가?					
	(콘텐츠)결과물이 역사적인가?					
	(비판적 사고)정보를 잘 활용하였는가?					
	(창의적인 혁신)활동을 통해 학습능력이 향상되었는가?					
	(자신감)활동으로 자신이 변화하였는가?					
활동에 대한 평가 (개선할 점, 바라는 점, 개인평가, 개인의 역할, 동료 칭찬하기 등 자유롭게 기술)						
활 동 후 기						

(5) 수업계획서 작성

　교사는 준비 단계에서 원활한 수업의 진행을 위해 프로젝트 학습의 내용과 교수-학습지도계획의 내용을 수업계획서에 작성하였다.

　수업계획서는 수업을 위해 교사가 제작한 아래의 양식을 통해 작성되었다. 수업의 진행 과정을 한눈에 살펴볼 수 있도록 단원 및 목표, 평가 계획, 차시 계획, 학습 질문, 예상되는 문제점, 학생 활동에 필요한 지원 자료 등을 구체적으로 작성하여 학생들의 프로젝트 활동에서 나타나는 여러 가지 상황에 대비할 수 있도록 하였다. 특히 이 프로젝트에서는 인물을 통해 임진왜란과 시대상을 파악하기 때문에 인물에 대한 정보와 인물을 통해 시대를 어떻게 읽고 학습을 진행해야 하는지 교사의 역사 학습이 필요하다. 또한, 학습 질문들과 예상되는 문제점, 학생 활동에 필요한 지원 자료의 계획을 수업에 대한 시뮬레이션과 폭넓은 생각을 통해 다양하게 제시해야 한다.

프로젝트 학습 수업 계획서(교사용)

1. 프로젝트 개요

주　제	임진왜란으로 조선을 바라보다.		
유　형	☑ 주제 중심 프로젝트　　　□ 과제 중심 프로젝트 □ 문제 중심 프로젝트　　　□ 교과 융합		
관련 교과	교과	학습내용	성취기준
	역사	임진왜란 전후의 사회 변화	9역05-04, 9역05-05
기간 / 차시	4차시(프로젝트 수업) + 1차시(강의식 수업)(총 5차시)		
대　상	중학교 2학년		
목적, 의도	① 임진왜란의 과정, 전개 그리고 결과를 설명할 수 있다. ② 임진왜란 전후의 조선 사회의 변화를 설명할 수 있다. ③ 임진왜란을 동아시아 국제 질서의 변모라는 맥락에서 파악할 수 있다.		

활동 방법	① 프로젝트 수업의 과정에 따라 진행한다. ② 교사는 차시 종료 후 활동의 내용을 확인하고 오류를 수정한다.
학습 질문	① 임진왜란이 조선 사회에 어떤 영향을 미쳤을까? ② 과연 원균은 역적일까? ③ 임진왜란 전후 붕당은 어땠을까? ④ 일본의 전국통일이 동아시아에 어떤 영향을 미쳤을까?
예상 결과물	보고서, 시나리오, 역할극
평가 계획	① 보고서의 포트폴리오평가와 발표의 결과물 평가는 수행평가에 반영한다. 평가서를 작성하고 과정(관찰)평가한 내용을 생활기록부에 기록한다. ② 관찰 평가, 평가지에서 서술형 중 유의미한 내용은 생활기록부에 기록한다. ③ 학습내용을 정기고사에 문항으로 출제한다.
공유 방법	발표한 작품은 동영상으로 촬영하여 공유한다.
학습 지원 자료	① 데이터 활용 ② 시나리오 작성 예시
예상 문제점	① 모둠 활동 시 무임승차가 발생할 수 있다. ② 자료 수집 및 내용 학습에 어려움을 겪을 수 있다. ③ 시나리오의 오류가 발생할 수 있다.
기대 효과	① 임진왜란을 통해 조선 전후기의 사회 모습과 조선사, 지방사, 일본사를 학습할 수 있다. ② 극을 만들어가는 과정을 학습할 수 있다. ③ 발표를 통해 자신감을 배양할 수 있다.

2. 차시 계획

차시	활동 내용	세 부 활 동	비고
1	준비 단계	오리엔테이션(수업 안내) 모둠 구성 활동주제, 결과물 선정 활동 계획서 작성	
2	실행 단계	자료 조사 시나리오 작성 역할 선정 교사의 시나리오 수정	
3	결과물 처리 단계	발표 준비 및 연습	
4	마무리 단계	모둠별 발표 평가서 작성	
5	학습활동	강의식 수업	

03

프로젝트 수업의 실행

(1) 1차시 준비 단계: 학생 계획 수립

먼저 이 프로젝트 수업에 대해 설명하고 학생들 스스로 모둠을 구성하게 하였다. 그런 다음에 모둠별로 활동 주제를 선정하고, 활동 이후 나오게 되는 결과물의 종류를 선택하도록 했다. 이러한 내용에 따라 활동 계획서를 작성하도록 하였다. 오리엔테이션에서는 프로젝트 수업의 주제와 수업의 목적에 대하여 설명하고 모둠 구성, 학습 방법, 진행 과정 등을 설명하였다.

학생들의 배경지식을 확인하고 프로젝트 수업에 필요한 모둠 구성과 학습 주제를 선정하기 위해 브레인스토밍 기법을 활용하였다. 교사가 학생들에게 "'임진왜란' 하면 생각나는 것은?"이라는 질문을 하였고, 학생들은 "이순신 장군이요."라고 이구동성으로 대답하였다. 어떤 학생은 영화 〈명량〉의 이야기를 시작했고, 다른 학생들도 임진왜란에 대해 저마다 이야기를 시작했다. 다시 교사는 "이순신과 갈등 관계인 장군은?"이라는 질문을 했고, 학생들은 "원균이요."라고 답했다. 뒤 이어 "원균 장군 묘가 우리 고장인 평택에 있어요."라고 했다. 교사는 다른 질문을 했다. "원균은 역적일까?"라는 질문에 학생들은 저마다의 생각을 이야기하였고, 한 학생이 "그럼 원균에 대해 연구할까?" 제안하였다.

질문의 방향을 전환하여 "임진왜란을 일으킨 인물은 누구지?" 물어보았는데, 학생들은 "도요토미 히데요시"라고 대답했다. 그럼 "도요토미 히데요시에 대해 아는 사람?"이란 질문에 역사를 좋아하는 한 학생이 작은 목소리로 도요토미 히데요시에 대한 이야기를 했다. 이야기 중 "왜 도요토미 히데요시는 전쟁을 일으켰지?"라는 질문과 "도요토미 히데요시가 전국을 통일했다는데 어떻게 통일했을까?"라는 질문을 던졌다.

다시 질문의 방향을 바꾸어 "임진왜란이 일어났을 때 조선의 임금은 누굴까?"라는 질문을 던졌다. 학생들은 "선조요."라고 대답하였다. "선조가 무능한 왕일까?"라는 학생들의 의문에 한 친구가 "붕당정치 때문에 임진왜란이 일어나지 않았을까?"라고 반문하였다. 붕당정치를 알아보자는 의견이 나왔다. 또, 교사는 "선조 다음 왕은 누구일까?"라는 질문에 "광해군이요."라는 답을 하였고, 영화〈광해〉에 대한 이야기를 이어 나아갔다. 다시 질문을 던졌다. "왜 ○조나 ○종으로 하지 않고 광해군이라 하지?"라는 질문에 "쫓겨난 왕이라 그래요."는 답이 돌아왔다. 교사는 "왜 쫓겨났을까?"질문했는데, 학생들은 답을 하지 못하였다.

마지막으로 "임진왜란을 기점으로 조선은 전기와 후기로 나뉘는데 그 이유는 무엇일까?"를 질문했는데, 학생들은 답을 못하였다. 그 이유를 찾아보는 것이 어떤지 제안하였다. "변화의 모습을 잘 볼 수 있는 계층은?"이라는 질문에 학생들은 "농민이요. 세금을 내잖아요. 변화되면 세금이 줄지 않았을까요?"라고 반문하였다.

그밖에도 권율, 조헌, 승병 등에 대해 이야기를 나누었다.

이를 바탕으로 붕당정치, 도요토미 히데요시, 농민, 원균, 광해군으로 5가지 활동 주제를 선정하였다.

학생들은 관심이 있는 주제를 선택하여 모둠을 구성하였다. 모둠 구성 시 특정 주제에 몰리는 경우가 발생하여 학생들 간 합의를 통해 인원을 조절하게 하였다. 솔직히 프로젝트 수업을 위한 모둠 구성에는 언제나 소외되는 학생 또는 패거리 문제가 발생한다. 그래서 학생 간의 합의를 강조하였고, 교사는 모둠 구성을 확인하고 구성이 어려운 경우 모둠원의 양해를 구하고 설득하는 민주적인 방법을 사용하도록 지도하였다.

모둠을 구성한 이후 결과물 종류 선정을 위해 다시 학생들과 질문과 대답을 이어갔다. 교사는 학생들에게 "인물들을 잘 볼 수 있는 결과물 방법으로 어떤 것들이 있을까?"라고 질문했고, 학생들은 "연극이요."라고 대답했다. 모두

들 좋은 방법이라고 말하였고 교사는 극화 수업으로 꾸미자고 제안했고, 학생들은 찬성을 했다. 다시 교사는 학생들에게 질문을 했다. "연극을 해본 사람?"이라고 질문했는데, 대부분의 학생들이 경험을 했다고 이야기했다. 다시 교사는 학생들에게 "시나리오를 작성해본 사람?"이라고 질문을 했고, 학생들은 "1학기 국어 시간에 배웠어요."하고 대답하였다. 또 다시 교사는 "선생님 생각으로는 모두 연극을 하는 것도 좋지만 다양한 방법으로 결과물을 만들었으면 좋겠어. 어떤 형식들이 있을까?"라고 질문하였다. 한 학생이 "요즘 TV에서 토론이나 설전을 하는데 이런 형식은 어때요?"하고 질문하였고, 좋은 생각이라고 답을 해주었다. 또 다른 학생은 "독백도 극 형식으로 가능한가요?"라는 질문에 "가능해요. 그런데 독백을 하려면 감정 표현이 중요해요."라고 답하였다. 다시 학생은 "그럼 녹음해도 돼요?"라고 질문하였고 교사는 "라디오 독백도 가능한데 목소리로 감정 표현을 잘해야 돼요. 한번 해볼까? 잘할 수 있을 것 같아요."라고 격려를 해주었다.

모둠 구성과 결과물 종류 선정을 마친 후 학습목표와 학습 방법을 수립하기 위한 학습 질문을 만드는 활동을 하였다. 모둠별로 학습 주제에 대한 다양한 학습 질문들을 적어보게 하였고, 이를 다듬어 학습 질문을 완성하였다. 교사는 각 모둠을 찾아가 제시된 학습 질문에 다시 질문을 던지고 이야기를 통해 학습 질문이 구체화되도록 조력자의 역할을 수행했다.

제시된 학습 질문들을 살펴보면 '붕당이 어떻게 만들어졌을까?', '붕당에는 어떤 당이 있었을까?'라는 것이 있었다. 이러한 질문에 교사는 "이 질문은 붕당정치를 학습하는 데 도움이 될 것 같아요. 그런데 임진왜란과 관련한 붕당정치의 내용은 없을까?"라고 관련된 내용을 찾도록 독려하기도 하고, "임진왜란이 농민들에게 어떤 영향을 미쳤을까?"라는 질문에 교사는 "임진왜란에 한정하지 말고 전후를 살펴보는 것이 어떨까? 아니면 '농민' 하면 연관되는 것이 무엇이 있을까?"라는 질문을 했다. 학생들은 "토지", "세금"이라고 답을 하여 사고의 확장과 학습에 대한 관점을 넓게 바라볼 수 있었다. "과연 원균은 역적일까?"라는 질문에 원균이 역적인지 정확한 자료를 찾도록 안내하고, 오늘날의 관점으로 살펴보는 것이 어떤지 생각을 전환하도록 교사는 촉진자의 역할을 수행하였다.

이런 일련의 과정을 통해 다음 표와 같이 학습 질문을 완성하였다.

활동 주제에 따른 학습 질문

	활동 주제	제시된 학습 질문들		완성된 학습 질문
1 모 둠	붕당정치	붕당에는 어떠한 당들이 있을까? 어떻게 붕당이 만들어졌을까? 임진왜란 당시 붕당이 어떠한 영향을 미쳤을까?	▶	도요토미 히데요시의 조선 침략에 대한 붕당의 반응을 어땠을까?
2 모 둠	일본	도요토미 히데요시는 왜 임진왜란을 일으켰을까? 일본의 전국 통일 과정은 어떠했을까?	▶	일본의 전국통일 과정은 도요도미 히데요시의 조선 침략에 영향을 미쳤을까?
3 모 둠	농민	임진왜란이 농민들에게 어떤 영향을 주었을까? 임진왜란 당시 조선은 어떤 모습일까? 임진왜란 전, 중, 후 농민들은 어떻게 살았을까?	▶	임진왜란 전, 중, 후 농민들은 어떻게 살았을까?
4 모 둠	원균	과연 원균은 역적일까? 원균은 왜 삼도수군통제사가 되었을까? 원균에 대한 기록이 모두 부정적일까?	▶	원균이 살아있다면 어떤 변명을 했을까?
5 모 둠	광해군	광해군은 정치 파트너로 북인을 선택했을까? 광해군은 왜 반정을 당했을까? 임진왜란에 대한 광해군의 생각은?	▶	인조반정은 임진왜란과 관계가 있을까?

다음으로 모둠별 활동 계획서를 작성하도록 하였는데, 모든 계획에 결과물의 생산 방식을 선정하고, 모둠원들 사이의 역할 분담과 학습 계획을 수립하고, 자료 조사 방법 등을 작성하게 하였다. 활동 계획은 학생 스스로 세우도록 지도하였고, 활동 계획서는 구체적이고 자세하게 작성하도록 안내하였다. 수업 종료 후 교사는 작성된 계획서를 확인하고 첨삭을 통해 오류를 바로잡고, 학습에 도움이 되는 자료를 제시하고 미처 생각하지 못한 부분을 생각하고 반영하도록 하여 심도 있는 조사 및 탐구 활동이 되도록 지원하였다.

교사는 학생들이 작성한 활동 계획서를 확인하여 학습 지원 자료를 추가로 다음 표와 같이 제시해 주었다.

활동 주제에 따른 학습 질문

	활동주제	결과물	조사방법	교사의 학습 지원 자료 제시
1 모 둠	붕당정치	조선 침략에 대한 동·서인의 반응 (연극)	인터넷 검색) 붕당정치, 붕당의 계보	인터넷 검색) 임진왜란의 과정
2 모 둠	일본	일본 전국통일의 주역 3인의 대담 (대담극)	도서) 일본사 인터넷 검색) 도요토미 히 데요시, 오다 노부나가, 도쿠가와 이에야스, 일본 의 역사 등	인터넷 검색) 일본의 전국통일 과정
3 모 둠	농민	임진왜란 전후의 농민의 삶 (연극)	도서) 조선 시대 사람들은 어떻게 살았을까? 인터넷 검색) 조세제도, 임진왜란의 영향 등	인터넷 검색) 조선 후기 사회의 변화
4 모 둠	원균	원균과 이순신 (대화극-설전)	도서) 징비록, 원균과 이 순신, 원균을 위한 변명 인터넷 검색) 원균 등	도서) 평택시사 DB) 선조실록, 선조수정실록
5 모 둠	광해군	광해의 변명 (독백)	인터넷 검색) 광해군, 인 조반정 등 영화 : 광해. 왕이된 남자	도서) 광해군 일기

(2) 2차시 실행 단계: 조사 및 탐구 활동, 시나리오 작성

2차시는 실행 단계로 조사 및 탐구 활동을 통해 극 공연을 위한 시나리오를 작성하도록 하였다.

조사 및 탐구 활동을 위해 스마트폰과 도서관을 활용하여 소장 도서 검색, 인터넷 검색을 하도록 하였다. 교사는 수업 전에 방법을 알려주는 것이 좋다.

활동 중에 학생들은 필요한 도서가 무엇인지, 어떻게 정보를 검색해야 하는지, 검색한 정보가 정확한 정보인지 등을 물어보는 경우가 발생하는데 교사는 질문에 개별적으로 안내해 주었다.

조사 및 탐구 활동을 하다 보면 흔히 나타나는 문제가 있다. 모둠 활동이지만 각자의 활동을 진행하는 경우가 많아 학습의 분위기를 조성하기 어렵고, 스마트폰이나 컴퓨터를 사용하여 학습 이외의 활동을 하는 학생, 학습에 관련 없는 책을 읽는 학생, 놀거나 다른 행동을 하거나 방관자의 모습을 보이는 학생 등이 나타난다. 이런 행동을 줄이고 학습에 집중할 수 있도록 모둠별 서약 및 약속을 준수하도록 하고, 활동에 대한 교사의 관찰이 있음을 알려주었다.

조사 및 탐구 활동으로 검색한 정보를 바탕으로 시나리오를 작성하도록 하였다. 교사는 작성된 시나리오를 확인하여 역사적 지식이나 내용의 오류를 찾아 수정하여 정보 검색의 오류나 잘못된 지식을 바로잡아 주어야 한다.

또한, 역사에서 지역사를 학습하는 경우 지역의 인물과 지역사를 지나치게 강조하면 국가사와는 다른 결과가 나올 수 있다. 그러므로 사료를 바탕으로 객관적이고 논리적으로 판단해야 하며, 지역사를 학습한다고 할지라도 지역에 국한하지 말고 통사(通史)와 비교하여 보편성과 특수성을 가지는지 종합적으로 판단하도록 지도하였다.

원균의 경우 지역의 인물이라는 이유로 무조건 좋고, 옳다고 결론을 내리는 것은 역사적으로 큰 오류를 범할 수 있다. 이를 위해 다양한 자료를 검색하고 비교해야 한다. 그래서 원균과 관련된 자료인 도서 〈징비록〉, 〈원균과 이순신〉, 〈원균을 위한 변명〉, 〈난중일기〉와 DB자료인 〈선조실록〉, 〈선조수정실록〉에 기록된 내용을 비교하고, 원균에 대해 판단할 수 있는 근거에 따라 학생 스스로 평가하도록 지도하였다.

원균에 대한 학생들의 평가와 판단 근거를 살펴보았다. 먼저 부정적인 이미지의 근거로는 '원균은 탐욕스럽고 질투가 심했고 이순신을 모함하여 자신이 삼도수군통제사가 되었다.', '군공에 눈이 멀어 칠천량으로 들어가 조선 수군의 전력을 약화시켰다.' 등이 있었다. 긍정적인 이미지의 근거로는 '원균이 역적이라면 이순신, 권율과 함께 오늘날의 훈장인 선무공신 1등에 책록될 수 있을까?', '유성룡의 징비록은 다른 붕당인 원균을 부정적으로 썼다.', '선조실록이 2개인 것은 붕당정치의 폐해이다. 그래서 원균이 부정적으로 기록되었고 붕당정치의 피해자이다.', '이순신을 모함한 것은 일본의 승려 요시다의 짓이지 원균이 한 것이 아니다.', '원균이 칠천량에서 전사한 것은 군공에 눈이 멀어서가 아니라 왕명 때문이다.' 등이 나왔다. 시나리오 작성 시 원균에 대한 두 입장 중 하나를 선택하여 근거를 제시하도록 지도하였다.

완성된 시나리오 중

〈조정〉

해설: 선조가 왜란이 일어날지 알아보라고 어명을 내린다.

선조: 황윤길을 정사로 임명하고, 김성일을 부사로 임명할 테니 왜가 전쟁을 일으킬지 알아보고 와.

황윤길과 김성일: (동시에 서로를 가리키며) 설마 얘랑 같이 가?

해설: 그리하여 황윤길, 김성일이 일본에 건너가 상황들 살피게 된다.

〈일본〉

황윤길, 김성일이 일본을 둘러본다.

황윤길: 어라? 저기 도요토미다.

도요토미: 꼭 조선을 정복하겠어. 그리고 그 다음에는 명나라도 정복하는 거야. (기분 나쁘게 웃는다.)

황윤길, 김성일이 조선으로 돌아온다.

〈조정〉

해설: 돌아온 이들에게 선조가 상황을 물어본다.

선조: 상황이 어때? 왜가 우리 조선에 쳐들어 올 거 같아?

황윤길: 네. 도요토미의 말을 들으면 왜놈들이 반드시 쳐들어 올 것입니다.

해설: 이때, 김성일이 고민에 빠진다.

김성일을 제외한 모든 사람이 멈춘다.

김성일: (혼잣말로) 어? 쟤는 서인인데 나는 동인이잖아. 우리의 권력을 유지하려면 전쟁이 일어나지 않는다고 얘기해야겠어.

다시 모든 사람이 움직인다.

선조: 부사로서 갔다 온 김성일은 어떻게 생각해?
김성일: (황윤길에게) 야, 그 상황은 우리 조선을 쳐들어오지 않을 상황이었잖아? (선조에게) 왜놈들은 결코 우리를 쳐들어올 수 없어.
황윤길: (김성일에게) 무슨 소리야? 지금 한시 바삐 대비를 해야 할 판인데, 어째서 거짓말을 하고 있어?
김성일: 내가 거짓말을 한다니. 지금 네가 거짓말을 하고 있잖아?
선조: 서로 다른 말을 하면 나보고 어떻게 하란 거야? 우선 김성일의 말대로 왜란은 일어나지 않는 것으로 알게!

모든 사람이 멈춘다.

해설: 이러한 쓸데없는 당쟁과 선조의 판단 실수로 인해 임진왜란의 피해가 커지게 되었다.

(3) 3차시 결과물 처리 단계 1: 공연 준비 및 연습

3차시는 결과물 제작 및 처리 단계로 완성된 시나리오를 바탕으로 공연 연습을 실시하였는데, 아직 시나리오가 작성되지 못한 모둠은 시나리오를 완성하도록 하고 시나리오를 완성한 모둠은 연습을 하도록 지도하였다. 교사는 연습 과정에서 격려를 통해 학생들에게 자신감을 심어주고 연습 과정을 동영상으로 촬영하여 모둠원들과 함께 부족한 부분을 나누고 조언을 해주었다.

연극을 준비하고 진행하기 어려운 경우 변사극으로 하여 내레이션과 대사를 변사가 하고 배우는 대사를 따라하는 방법도 하나의 방법이라는 도움말을 주었고, 대사 전달과 감정 표현은 목소리와 동작에서 나타나야 한다고 설명해주었다.

프로젝트 수업 시 수업을 하고 있지 않다고 생각하는 외부의 시선이 존재하는데, 이런 문제를 해결하기 위해서는 학교 풍토가 수업을 유연하게 볼 수 있도록 변화해야 한다.

(4) 4차시 결과물 처리 단계 2: 공연

4차시에는 결과물 산출 단계로 교실에서 모둠마다 준비한 극을 공연하고 학생들은 교사가 제작한 평가서를 견본으로 각자 평가서를 작성하였다.

아직 학생들이 극 공연에 정확한 발음이나 동작을 하지 못하고 음향 장비 시설이 부족하여 내용 전달이 되지 않을 것으로 고려했다. 그래서 시나리오 대본을 출력하여 조별로 2~3부 주어 극의 내용을 이해하도록 제공하였고 공연을 시작하기 전에 관람 태도와 주의 사항을 알려주어 집중할 수 있도록 하였다.

발표나 프레젠테이션을 하다 보면 나타나는 문제점이 있는데, 바로 관람 예절인 경청의 문제이다. 다른 모둠 발표 중에 자신의 모둠 발표를 위해 대본을 읽고 준비하거나, 발표가 끝났다고 집중하지 않고 떠드는 경우가 발생하기 때문에 경청의 자세를 유지하도록 해야 한다. 이를 위해 교사가 결과물뿐만 아니라 관람 태도 역시 관찰하고 있다고 알려주었고, 좋은 관람 태도를 보여주면 수행평가 점수에 반영하고 관찰평가를 통해 생활기록부에 기록하겠다고 알려주었다. 또한, 프로젝트 수업의 내용을 바탕으로 시험형 평가 출제를 할 것이라고 알려주어 집중하도록 하였다. 학생들이 직접 모둠을 평가하여 자그마한 상품을 지급하는 방법으로 적극적인 참여를 유도하고, 경청의 자세를 유지하도록 하였다.

실제로 공연은 축제의 장에 가까웠다. 다른 모둠의 극에 집중하고 극이 끝나면 박수와 격려 그리고 칭찬을 하였다. 모든 공연이 끝나면 서로에게 박수를 치게 하였고, 친구의 이름을 부르면 "○○야 수고했어!"라고 말하였고, 틀린 친구에게는 "○○야 괜찮아! 잘했어!"라고 격려와 응원을 해주었다.

극 공연에서 몇몇 학생은 많은 학생들로부터 칭찬과 박수를 받았다. 말 수가 적고 교실에서 조용히 있던 학생의 대사와 표현, 당연히 프로젝트 활동에 참여하지 않을 것이라고 생각한 문제아 학생이 대사를 외우고 표현하는 모습에 감탄사와 칭찬이 이어졌다. 수업 이후에 학생들과 자연스레 대화하고 관계를 형성하는 모습을 보여주었다.

(5) 5차시 마무리 단계: 피드백 및 학습활동

5차시에는 극 공연에 대한 피드백과 학습활동을 진행하였다.

먼저, 교사는 진행된 프로젝트 수업에 대해 학생들이 느낀 점을 발표하게 하였다. 학생들은 평가지에 기록한 활동 후기를 읽으면서 서로에게 격려와 칭찬을 하였다. 교사는 느낀 점을 자유롭게 발표하게 하였다. 사실 손을 들고 말하는 것을 꺼리는 모습이 있어 먼저 교사가 "여러분들이 이렇게 즐겁게 수업을 해서 뿌듯해요. 서로에게 박수!"로 분위기를 유도하고 몇몇 학생을 지목하여 자신의 이야기를 하도록 하였다.

박○○ 학생은 "처음에 어떻게 해야 될지 몰랐는데 모둠이 함께해서 발표까지 한 내 모습이 자랑스럽고 어떻게 공부를 해야 하는지 조금은 알 것 같아요. 다음에 프로젝트 수업을 하면 더 잘할 것 같아요."

김○○ 학생은 "사실 우리 모둠에 친하지 않은 친구가 있었는데 같이 준비하면서 그 친구와 친해질 수 있었어요."

김○○ 학생은 "선생님이 수업 내용을 가르쳐주지 않았는데 임진왜란에 대해 설명할 수 있을 것 같아요. 아마도 내가 직접 수업해서인 것 같아요."

이○○ 학생은 "신○○이 아무것도 안 할 줄 알았는데 막상 열심히 해서 놀랐어요."

이런 학생의 대답에 교사는 "먼저 신○○ 학생에게 다시 한 번 박수!"라고 했고, 모두들 웃으며 "잘했어.", "멋있었어." 등의 말과 함께 박수를 보냈다.

또한 학생들이 작성한 활동 후기 중에 몇 개를 뽑아서 읽어주었다.

학생들과 프로젝트 수업 전체를 다시 돌아보았는데 이 역시 질문과 대화로 진행하였다.

"프로젝트 수업에서 어려운 점은 무엇이었나요?"라는 교사의 질문에 학생들은 "정보 검색이 어려웠어요."라고 대답했다. 교사는 "우선 도서 자료를 잘 찾기 위해 도서관을 많이 이용해야 하고, 책을 많이 읽는 습관을 가져야 돼요. 찾은 도서는 목차를 먼저 확인하고 필요 부분을 먼저 읽어 보고, 찾는 정보가 맞으면 관련 부분을 앞뒤로 확인하며 읽어야 돼요. 컴퓨터나 스마트폰을 이용하여 검색할 경우 한 개의 정보만 확인하는 것이 아니라 여러 번의 검색을 통해 정확한 정보를 찾아내는 방법이 좋아요. 그리고 논문이나 전문 자료를 확인하여 읽어보는 것이 제일 좋은 방법이에요."라고 안내하였다.

이어서 "또 어려웠던 것이 있었나요?"라는 질문에 학생들은 "연극하는 것이 전체적으로 어려웠어요."라고 답하였다. 교사는 "연극은 누구나 어려워요. 하지만 경험의 문제인 것 같아요. 많은 경험을 한다면 감정 표현, 대사, 성량, 몸짓 등이 자연스러워져요. 연극을 위해서는 스토리의 흐름을 파악해야 해요. 자신의 대사를 외우는 데 급급하기보다는 흐름 속에서 진행한다면 좋은 연극 공연이 될 거라고 생각해요. 중요한 것은 대사를 보고 읽는 습관을 버려야겠죠. 마지막으로 시나리오를 작성하고 극을 구성하는 것은 선생님이 전문가가 아니기 때문에 국어 시간이나 국어 선생님의 도움을 받는 것도 좋은 방법이에요."라고 안내하였다.

여기서 학생들에게 잘못한 점이 무엇인지를 묻기보다는 다음에 기회가 주어진다면 더 잘할 수 있는지를 물어 보았고, '할 수 있다'는 격려와 응원을 해주었다.

다음으로 프로젝트 수업으로 진행된 내용을 정리하며 학습하는 시간을 가졌다. 학습은 질문과 대답을 통해 이루어졌고, 부족한 부분에 대해서는 자세한 설명을 진행하였다.

"임진왜란이 언제 일어났고, 누가 일으켰죠?"라는, 교사의 질문에 학생은 "일본 도요토미 히데요시가 전국을 통일하고 1592년부터 1598년까지 일으켰어요."라고 대답하였다.

뒤이어 "임진왜란을 바라보는 붕당의 모습은 어땠나요?"라고 묻자 학생은 "일본의 침략에 대해 동인과 서인이 자기 붕당의 이익을 위해 다투기만 했어요."라고 답했다. 교사는 "이런 다툼 속에서도 율곡 이이는 십만양병설을 주장했고, 아쉽지만 정여립은 고향으로 내려가 왜란을 준비하다가 역모로 몰리기도 했어요."라고 설명해주었다.

교사는 "임진왜란의 승리 요인은 무엇이라고 생각하나요?"라고 질문했는데, 학생은 "이순신 장군이요."라고 답했다. 교사는 "그렇게 생각할 수 있지만 임진왜란은 수군과 의병의 항쟁 덕분에 승리할 수 있었어요. 민중의 승리라고 말할 수도 있어요."라고 부연했다.

"임진왜란을 기점으로 조선을 전후기로 나눌 수 있어요. 시대를 구분한다는 건 분명한 변화가 있었기 때문이겠죠? 어떤 변화가 있었을까요?"라는 교사의 질문에 학생은 "군공, 납속, 공명첩으로 인해 신분의 이동이 나타나요. 또 전쟁으로 인해 조세제도도 변화해요."라고 답했다.

교사는 "임진왜란 이후 광해군이 집권하는데 어느 붕당과 함께하죠?" 학생은 "북인과 중립외교를 펼쳐요."라고 답했고, 교사는 "이를 못마땅하게 여긴 서인이 인조반정을 일으키죠. 중국에서는 명나라가 약해지고 후금이 강해지는데, 사대의 명분을 강조하여 친명배금정책을 펴서 호란이 일어나죠. 후금이 나중에 청나라가 되죠. 이를 잘 보여주는 영화가 있는데?" 질문하니 학생은 "남한산성이요."라고 대답했다.

이처럼 질문과 대화를 통해 학습을 진행하였다.

(6) 평가

평가는 평가 계획에 의거하여 시행하였다.

첫째, 수행평가 평가기준에 의거하여 학생들이 작성한 체크리스트 평가의 합산 점수(30%)와 포트폴리오(30%)와 결과물(40%)을 가지고 평가하였다.

둘째, 교사가 프로젝트 수업의 진행 과정을 관찰하여 기록한 내용과 학생들의 평가지의 내용을 참고하여 유의미한 내용을 생활기록부 교과특기사항에 기록하였다.

〈교사의 학생 관찰 내용 중〉

신○○ 학생은 운동부 학생으로 학업에는 관심이 없고 수업 시간에 잠을 자거나 수업을 방해하는 행위를 하던 학생이다. 또한, 공격적인 성격이 자주 표출되어 대인 관계의 폭이 좁고 소위 무서운 학생으로 통했다.

본 수업을 진행하면서 교사인 나 역시 당연히 무임승차를 할 것으로 생각하여 별 기대를 하지 않았다. 그러나 나의 판단이 잘못되었다는 것을 알게 되었다. 극을 발표하는 순간 신○○ 학생은 다른 사람이었다. 너무나도 열심히 자신의 배역을 소화하였고, 학생들은 그 모습에 큰 박수를 보내주었다.

더 놀라운 것은 본 수업의 진행 이후 급우들과의 대화가 늘어났고 표정이 밝아진 것을 볼 수 있었다. 이 수업이 작은 변화의 출발점임을 느꼈다. 비록 성적이 아니지만, 인간 관계 측면에서 말이다.

〈학생의 활동 후기 중〉

송○○

다른 수업 때와 다르게 선생님들 앞에서 우리가 배우고 준비한 것들을 선보인 자체가 떨렸고, 우리나라의 대표적 전쟁 '임진왜란'에 대해서 조사하고 알아보면서 배운 것들이 많았다. 이 활동으로 인해서 이론 수업을 할 때 더 이해가 잘 갔다. 친구들과 함께 모여서 의견을 조정하는 것이 힘들었지만, 이로써 우리나라 역사 중 큰 사건을 더 자세하게 알게 되어 뿌듯했다. 처음에는 도요토미 히데요시가 누군지 발음하기도 힘들었지만

이 도요토미 히데요시를 통해 우리나라에 어떤 일이 일어났었는지, 그 목적은 또 무엇이었는지 알게 되었고, 다른 모둠의 활동을 통해서 다른 친구들은 우리 모둠과 다른 방식으로 조사를 하고 다른 방식으로 발표를 해서 색달랐다. 만약 기회가 또 온다면 이번에 미흡했던 점을 토대로 새롭게 더 발전된 모습으로 활동을 하고 싶다.

생활기록부 사례

	생활기록부(교과특기사항) 기록
송○○	'임진왜란 전후의 조선'을 주제로 실시한 프로젝트 수업에서 조장으로 대담극 '임진왜란 전후의 일본 정세'를 준비하면서 자료를 찾아 모둠원에게 제공, 학습 그리고 대담극을 만드는 데 주도적인 역할을 수행하였으며, 한국사와 세계사가 역사라는 이름으로 상호작용을 하는 것을 이해하게 되는 계기가 됨.
신○○	'임진왜란 전후의 조선'을 주제로 실시한 프로젝트 수업에서 연극 '임진왜란 전후의 농민들의 삶'을 준비하면서 모둠원과의 관계가 가까워졌으며, 능청스러운 연기로 농민의 삶을 표현하여 박수를 받았고 이를 계기로 역사 수업에 한층 집중하는 모습을 보여줌.

셋째로, 프로젝트 활동으로 학습한 내용을 보면, 임진왜란에 대한 동·서인의 갈등, 임진왜란 이후 신분제의 동요와 상품경제의 발달, 광해군이 북인과 함께한 중립 외교, 도요토미 히데요시의 전국통일과 조선 침략, 임진왜란 이후 도쿠가와 이에야스의 에도막부 성립 등이 있었다. 이를 종합하여 정기 고사 시험 문제로 출제하였다.

문항 출제 사례

> **임진왜란 전후의 상황으로 올바르지 않은 것은?**
>
> ① 일본의 조선 침략에 대한 붕당 간의 논쟁으로 동인과 서인의 갈등이 해소되었다.
> ② 임진왜란 이후 군공, 납속, 공명첩으로 인해 신분제도의 동요가 일어났다.
> ③ 임진왜란 이후 상품화폐경제의 모습이 나타났다.
> ④ 임진왜란 이후 광해군은 북인과 중립외교를 실시하였다.
> ⑤ 임진왜란 이후 일본은 도쿠가와 이에야스에 의해 에도막부가 성립되었다.

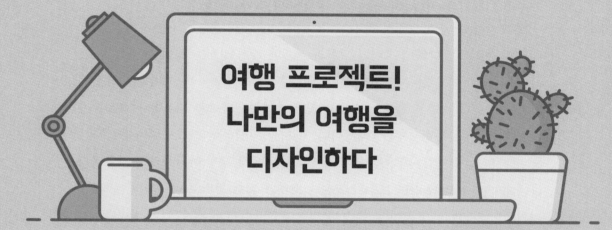

2장

여행 프로젝트!
나만의 여행을
디자인하다

01

프로젝트 기획: 나만의 여행을 디자인하다.

교사라면 언제나 수업에 대한 고민을 할 것이다. '어떻게 하면 재미있는 수업을 할 수 있을까?', '학습내용이 실생활에 적용될 수 있을까?'라는 고민을 계속할 것이다. 특히 프로젝트 수업을 진행하고자 한다면 "어떻게 하면 학생들이 프로젝트 학습을 쉽게 이해할 수 있을까?"라는 고민을 할 것이다.

그 고민의 답을 여행에서 찾았다.

문화 수준이 발달하면서 여가 생활과 여행에 관심이 커졌고 여행 관련 정보를 쉽게 얻을 수 있고 활용할 수도 있다. 여행은 학교 현장을 떠나 학업에 대한 중압감을 벗어나 다양한 학습의 소재를 찾을 수 있고, 학습한 내용을 적용하고 학습할 수 있는 학습의 장이기 때문이다. 하지만 학생들이 스스로 여행을 계획해 본 경험은 많지 않다. 이런 현실 속에서 학생들에게 직접 여행을 계획하고 실천하게 한다면 우리의 주변 모두가 학습의 소재가 되어 스스로 탐구하고 계획하고 실천하는 과정에서 프로젝트 학습 방법을 자연스럽게 배울 수 있을 것이다.

프로젝트 학습은 주제를 선정하고 프로젝트 계획을 수립하고 조사와 탐구, 실행을 통해 결과물을 산출하고 평가와 공유를 하는 과정을 거친다. 여행 과정을 살펴보면 장소와 일정을 정하고 어디서 관광하고 무엇을 먹을지 등을 검색하여 계획을 수립한다. 이를 바탕으로 여행을 실행하고 여행에 대해느낀 점을 주위 사람들과 공유하는 과정을 거친다. 이 두 과정은 매우 유사하기 때문에 이 활동을 통해 프로젝트 학습을 이해하는 데 좋은 계기가 될 것으로 판단하였다.

이 프로젝트 수업은 중학교 3학년을 대상으로 진행하였고 1학기 말 평가 이후 실시하였다. 한 학기 동안 학습한 내용을 여행에 적용하여 반복 학습의 효과를 얻고, 학기 말 평가 이후 발생하는 수업 결손 문제의 대안을 제시하였다.

특히 우리 일상의 주제인 여행을 통해 프로젝트 학습이 어려운 것이 아니고, 우리가 살아가면서 실천하고 인식하는 과정임을 설명해 주었다. 또한, 프로젝트 학습을 수행함으로써 자기 주도적 학습의 성취감을 제공하고자 하였다.

그리고 자신이 직접 디자인한 여행 계획을 바탕으로 여름 방학 중에 직접 활동한 소감을 소감문으로 작성하여 2학기 수행평가에 반영하도록 하였다. 이를 위해 학년 초에 작성한 교과 진도 계획과 평가 계획에 반영하여 프로젝트 수업이 원활히 진행하도록 하였다.

교사는 이 수업을 4개 차시의 프로젝트 수업과 여행을 실행하고 공유하고 평가하는 1개 차시로 기획하였다.

1차시	2차시	3차시	4차시	5차시
준비 단계	실행 단계	결과물 처리 단계	마무리 단계	학습활동 및 평가
-오리엔테이션 -학습내용환기 -휴가일정확인 -모둠 구성	-여행지 및 주제 선정 -K-W-L-H 차트 작성	-정보 수집 -마인드맵 작성 -여행계획서 작성	-모둠별 발표 -여행 계획 발표 및 수정	-여행 실시 -여행 정보 공유 -평가

월	주	예상 차시	단원 및 학습내용	행사
3	1	2	I-1. 세계의 다양한 문화 지역	
	2	2	I-2. 세계화에 따른 지역 문화의 변화	
	3	2	I-3 서로 다른 문화의 공존과 갈등	
	4	1	II-1. 다국적 기업과 공간 변화	
			...	
7	1	1	VI-2. 우리의 소중한 영토, 독도	○○~○○ (2차 지필평가)
	2	2	프로젝트 수업	
	3	2	프로젝트 수업	
	4	0		○○(하계방학)

교사는 학년 초에 작성하는 교과 진도 계획에 지필평가와 여름방학 사이의 수업을 프로젝트 수업으로 계획하여 수업 시수를 확보하였다. 4개 차시의 수업을 확보하기 위해 수업의 진도를 빠르게 진행하도록 계획하였다.

02

단원별 수업 계획

이 수업은 한 학기 동안 학습한 내용을 반영하여 진행되는 프로젝트 수업으로 이와 관련된 단원과 학습목표 그리고 학습내용을 추출하여 제시하였다.

(1) 관련 단원

1) 대단원 : II 글로벌 경제와 지역 변화
2) 중단원 : 3. 세계화와 경제 공간의 불균형
3) 소단원 : 3. 모두가 함께 행복한 공정 여행

1) 대단원 : III 세계화 시대의 지역화 전략
2) 중단원 : 3. 지금은 지역 브랜드 시대
3) 소단원 : 1. 성공적인 지역 브랜드의 탄생

1) 대단원 : V 환경 문제와 지속 가능한 환경
2) 중단원 : 3. 생활 속의 환경 이슈들
3) 소단원 : 2. 여행 속에서 환경을 만나볼까?

(2) 관련 학습목표 및 학습내용

1) 경제 공간의 불균형을 해결하려는 방안을 제시할 수 있다.

2) 지역에 적합한 브랜드 개발 아이디어를 제시할 수 있다.

3) 일상생활에서 경험할 수 있는 환경 관련 이슈를 파악할 수 있다.

(3) 관련 학습내용

이 프로젝트에 관련하여 반영할 학습내용은 Ⅱ단원에서 공정무역과 공정여행, Ⅲ단원에서 지역 브랜드, 지역 표시제, 지역화 전략, 장소 마케팅, Ⅴ단원에서 로컬푸드, 푸드마일리지제, 생태 여행 등이다. 그밖에도 세계문화유산을 바탕으로 단원과 학습목표를 제시하였다.

(4) 성취기준 및 평가기준

학생 스스로 학습 방법은 재구성하는 것이 프로젝트 수업의 기본 원칙이다. 하지만 교육과정 속에서 진행되는 프로젝트 수업은 학습내용, 성취기준, 평가기준이 반드시 필요하다. 또한, 여러 단원의 학습내용을 반영하기 때문에 프로젝트와 관련된 학습내용을 바탕으로 제시된 2015 개정 교육과정의 성취기준과 평가기준을 교사가 학습에 맞도록 재구성하여 제시하였다.

1) 2015 개정 교육과정의 성취기준 및 평가기준

교육과정 성취기준	평가기준	
[9사(지리)03-03] 우리나라의 세계자연유산과 매력적인 자연경관을 조사하고 그 경관 특징과 형성 과정을 탐구한다.	상	우리나라의 세계자연유산과 매력적인 자연경관을 조사하고 그 경관 특징과 형성 과정을 설명할 수 있다.
	중	우리나라의 세계자연유산과 매력적인 자연경관을 조사하고 그 경관 특징을 설명할 수 있다.
	하	우리나라의 세계자연유산과 매력적인 자연경관을 말할 수 있다.

[9사(지리)10-03] 생활 속의 환경 이슈를 둘러싼 다양한 의견을 비교하고, 환경 이슈에 대한 자신의 의견을 제시한다.	상	생활 속에서 환경 이슈가 되는 다양한 사례를 조사하고, 이를 둘러싼 다양한 의견을 비교하여 환경 이슈에 대한 자신의 의견을 제시할 수 있다.
	중	생활 속에서 환경 이슈가 되는 사례와 이를 둘러싼 다양한 의견을 조사하여 제시할 수 있다.
	하	생활 속에서 환경 이슈가 되는 사례를 제시할 수 있다.
[9사(지리)11-02]우리나라 여러 지역의 특징을 조사하고, 지역의 특색을 살리는 지역 브랜드, 장소 마케팅 등 지역화 전략을 개발한다.	상	우리나라 여러 지역의 특징을 조사하고, 특정 지역의 특색을 살리는 지역 브랜드, 장소 마케팅 등 지역화 전략을 개발하여 제안할 수 있다.
	중	우리나라에서 지역 특색을 살리는 지역 브랜드, 장소 마케팅 등 지역화 전략의 사례를 조사하여 소개할 수 있다.
	하	지역화 전략의 의미를 말할 수 있다.

2) 재구성한 성취기준 및 평가기준

교육과정 성취기준		평가기준
우리나라의 문화유산과 자연경관을 탐구하고 환경을 생각하고 여행을 통해 지역의 특색을 살린 지역브랜드를 개발한다.	상	우리나라의 다양한 문화유산과 자연경관의 특징을 설명하고 여행을 통해 환경과 지역의 특색을 살린 지역브랜드 개발과 지역화 전략을 개발하여 제안할 수 있다.
	중	우리나라의 문화유산과 자연경관을 설명하고 여행을 통해 지역의 이슈와 지역화 전략을 설명할 수 있다.
	하	우리나라의 문화유산과 여행을 통해 지역의 이슈와 지역화 전략을 말할 수 있다.

(5) 평가 계획

평가를 위해 교사는 학기별 평가 계획을 학년 초에 수립한다. 이때 2학기 수행평가에 이 프로젝트의 평가 계획을 세우고 교과 진도 계획에도 반영하였다.

이 프로젝트의 평가의 방법은 3가지로 계획서 평가, 보고서 평가, 교사의 관찰 평가를 실시하였다. 여행 계획서(15%)와 보고서(15%)를 2학기 수행평가에 반영하여 2학기 성적의 30%를 차지하도록 하였고, 교사는 학생들에 대해 프로젝트 모든 과정을 관찰하여 유의미한 내용을 찾아 생활기록부의 교과특기사항에 기록하도록 기획하였다.

평가 영역		평가내용(기준)	배점
계획서	학습내용	학습 내용이 잘 반영되었는가?	5/4/3/2/1
	계획 능력	여행의 계획이 실행 가능한가?	5/4/3/2/1
	태도	프로젝트 활동에 적극적으로 참여하였는가?	5/4/3/2/1
보고서	적합성	계획의 실천이 적합하였는가?	5/4/3/2/1
	효과성	여행을 통해 얻은 것이 있는가?	5/4/3/2/1
	평가	여행에 대한 평가가 있는가?	5/4/3/2/1
점수 합계(30점)			

(6) 수업계획서 작성

교사는 기획 단계에서 원활한 수업의 진행을 위해 기획한 프로젝트 학습의 내용과 진행 방법 등을 수업계획서에 작성하였다.

교사는 프로젝트 수업의 대주제를 '여행'으로 제시하였다. 학생들로 하여금 지역을 선정하고 각자의 상황에 맞도록 계획을 세워 발표하고 공유하게 했다. 그 다음에 계획을 수정하게 했다. 그리고 여름방학 중에 여행 계획서를 바탕으로 여행을 실시하고 보고서를 작성하여 제출하는 일련의 과정을 기획하였다. 수업 진행에 다양한 변수와 상황이 발생할 수 있어 교사는 수업계획서를 작성하면서 다양한 변수를 고민하였다. 그래서 교사는 프로젝트 수업을 이해하고 배우는 수단으로 활동지를 제작하여 제시하였다. 또한, 여행을 위해 모둠을 개인 또는 그룹으로 자유롭게 구성할 수 있도록 열어두었고, 혹시나 여행 계획이 없는 학생들에게 우리 고장을 주제로 탐방할 수 있도록 하였으며, 여행 기간 역시 자유롭게 선택하도록 기획하였다.

학생 스스로 여행의 주제를 정할 수 있도록 교사의 개입을 제한하였으며 관련 정보를 직접 제시하기보다는 해당 지역 관공서나 문화원 또는 웹 검색을 이용하도록 유도하였다. 반드시 교과 학습 내용이 반영되도록 해야 하기 때문에 다양한 상황을 수업계획서 작성 과정을 통해 파악해야 한다.

프로젝트 학습 수업 계획서(교사용)		

1. 프로젝트 개요

주　　제	여행 프로젝트! 나만의 여행을 디자인하다.		
유　　형	☑ 주제 중심 프로젝트　　　□ 과제 중심 프로젝트 □ 문제 중심 프로젝트　　　□ 교과 융합		
관 련 교 과	교과	학습내용	성취기준
	사회	II-3-3. 모두가 함께 행복한 공정 여행	9사(지리)03-03
		III-3-1. 성공적인 지역 브랜드의 탄생	9사(지리)11-02
		V-3-2. 여행 속에서 환경을 만나볼까?	9사(지리)13-03
기간 / 차시	4차시(프로젝트 수업) + 1차시(강의식 수업)(총 5차시)		
대　　상	중학교 3학년		
목적, 의도	① 프로젝트 학습을 이해하고 직접 실행할 수 있다. ② 나만의 여행을 디자인하고 실행을 통해 학습내용을 환기할 수 있다.		
활동 방법	① 활동지를 활용하여 프로젝트 수업의 과정에 따라 진행한다. ② 모둠구성, 지역, 기간은 학생들이 자유롭게 정한다. ③ 학생이 계획한 여행을 발표를 통해 실현가능성을 판단하고 수업한다. ④ 여행계획서를 바탕으로 여행을 실행하고 이를 공유하는 시간을 가진다.		

학습 질문	① OO지역을 알 수 있는 방법은 무엇일까? ② 어떤 주제로 여행을 갈까? ③ 여행을 통해 무엇을 배울 수 있을까?
예상 결과물	계획서, 보고서
평가 계획	① 계획서와 보고서는 2학기 수행평가에 30%를 반영한다. ② 관찰평가, 평가지의 서술형의 내용 중 유의미한 내용은 생활기록부에 기록한다.
공유 방법	실행한 여행을 발표를 통해 공유한다.
학습 지원 자료	① 활동지 ② 관련 기관 제시 ③ 웹 검색
예상 문제점	① 여행 계획이 없는 학생에게 지역 여행을 제시한다. ② 블로그나 방송을 바탕으로 하는 여행인 경우 비판할 수 있도록 한다. ③ 가족여행인 경우 여행일정의 일부 또는 전체를 계획할 수 있게 한다.
기대 효과	① 프로젝트 학습 방법을 배울 수 있다. ② 여행을 통해 지역을 이해하고 탐구할 수 있다. ③ 여행을 통해 비판적 사고를 키울 수 있다.

2. 차시 계획

차시	활동내용	세 부 활 동	비고
1	준비 단계	- 오리엔테이션(수업 안내) - 학습내용 환기 - 휴가일정 확인 - 모둠 구성	
2	실행 단계	- 여행지 및 주제 선정 - K-W-L-H 차트 작성	
3	결과물 처리 단계	- 정보 수집 - 마인드맵 작성 - 여행계획서 작성	
4	마무리 단계	- 모둠별 발표 - 여행 계획 발표 및 수정	
5	학습활동	- 여행 실시 - 여행 정보 공유 - 평가	

03

프로젝트 수업의 실행

(1) 1차시 준비 단계

프로젝트 수업을 위해 먼저 여행의 경험을 나누었다. 교사는 학생들에게 "기억에 남는 여행이 있나요?"라고 물었고 학생들은 저마다 여행 경험을 이야기했다. 역사에 관심이 있는 학생은 경주에 대한 이야기를 했고 대부분의 학생들은 학교에서 진행한 현장체험활동을 이야기했다.

다시 교사는 여행의 방법과 의미를 물었고, 학생들은 방송의 영향으로 "맛집 탐방이요."라는 대답이 많았다. '유명한 곳을 돌아보는 것'이라고 답하는 학생들도 있었다.

교사는 여행에는 크게 둘러보는 관광과 휴식을 취하는 휴양이 있다고 설명하였고 여행을 통해 나를 돌아보고 쉼과 배움이 함께 있어야 한다고 설명해주었다.

다음으로 한 학기 동안 배운 학습내용을 질문을 통해 답하게 하였다.

"보령의 머드 축제처럼 지역의 경쟁력을 높이는 일련의 방법을 무엇이라고 하죠?"라는 교사의 질문에 학생들은 "지역화 전략이요."하고 답하였다. 또 "나주 배, 평택 쌀, 횡성 한우, 고창 수박, 예산 사과처럼 지역의 대표적인 특산물을 무엇이라고 하죠?"라는 질문에 "지역 브랜드요."라고 답하였다. 다시 "환경을 살기 위한 방법은 무엇이 있을까요?"라는 질문에 "로컬푸드와 푸드마일리지제요."라고 답하였다. 그밖에도 세계 문화유산, 생태 여행 등을 학습한 내용에 대해 이야기를 나누었다.

여행과 학습내용을 자유롭게 이야기한 후 프로젝트 활동에 대한 안내(오리엔테이션)를 하였다.

교사는 '여행'이라는 대주제를 학생들에게 제시하였고 학생들이 직접 여행 계획서를 작성하고 이를 바탕으로 여행을 한 결과를 보고서로 작성하는 것이라고 안내하였다. 또한 수행 과정을 통해 프로젝트 학습을 이해하고 경험하는 것이며 2학기 수행평가에 반영된다고 안내하였다.

방학 중 가족 여행이 있는 경우 장소와 일시를 알아오라고 안내하여 확인하였다. 한 학생이 손을 들어 "저는 여행 계획이 없는데 어떻게 해요?"라고 물어보았고, 교사는 "여행 계획이 없다면 여행을 갈 수 있는 방법이 뭐가 있을까?"라고 물어보았다. 한 학생이 "우리 지역도 가능해요?"라고 물었고, 교사는 "당연하죠. 하루 일정도 가능해요. 주제를 정하여 여행하는 것이 중요해요."라고 답하였다.

교사는 "반드시 여행의 주제가 있어야 하고, 장소, 일정, 방법은 자유롭게 정하는 겁니다. 모둠은 개인, 짝 모둠, 소모둠 모두 가능하고 친한 친구 몇 명과 구성해도 됩니다. 또한, 상황이 변경되는 경우 자유롭게 변경할 수 있고 여행 계획이 없는 경우 우리 고장을 여행지로 정해도 돼요. 실현 가능성과 여러분 스스로 선택하고 탐구하고 실행하는 것이 중요해요."라고 학생들에게 여행 계획을 위한 규칙을 제시하였다.

실제로 방학 중 여행 계획이 없는 학생들이 생각한 것보다 많았다. 일부 학생들은 경제적인 어려움으로 여행을 가지 못하는 경우가 있었다. 이들이 수업에 소외되지 않도록 주의를 기울여야 했다. 가족 여행을 가는 경우에는 주제가 여행 일정의 전부 또는 일부에 반영되도록 안내하였다. 교사의 오리엔테이션이 끝나고 학생들은 자유롭게 모둠을 구성하였으며 여행 장소에 대한 고민을 하였다.

(2) 2차시 실행 단계

2차시는 1차시에 이어 저마다 구성한 모둠과 여행지를 확인하였고 여행지를 기준으로 모여서 활동을 할 수 있도록 자리를 이동하게 하였다. 이는 여행지가 같다면 다른 모둠이더라도 다양한 정보 수집 및 처리 활동이 가능하기 때문이었다.

교사는 학생들에게 활동 전 활동으로 K-W-L-H 차트를 작성하도록 하였다. 학생들이 여행지에 대해 자신이 알고 있는 정보, 알고 싶은 것, 하고 싶은 것, 여행 방법을 작성하게 하여 여행지를 파악하게 하였다. 이를 통해 여행지에 대한 배경지식을 확인하고 여행에 대한 욕구와 관심을 파악하게 하여 여행지에 대한 정보 검색의 틀을 제공하고 여행의 방향을 설정하도록 하였다.

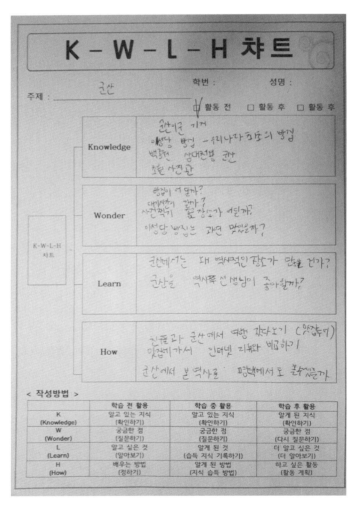

[그림 1] K-W-L-H 차트 사례

교사는 학생들에게 작성된 차트를 통해 알고 싶은 것과 배우고 싶은 것이 여행의 주제가 될 수 있으며 이를 바탕으로 여행 방법과 일정, 이동 경로를 고민하는 것이 좋다고 안내하였다.

K-W-L-H 차트가 어느 정도 작성되었을 때 여행지별로 작성된 차트를 공유할 수 있게 하였는데 학생들은 저마다 내용을 확인하고 자신이 몰랐던 정보를 알아가면서 여행 계획을 조금씩 구체화시켰다.

이때 교사는 여행 계획이 동일화되지 않도록 여행 주제를 선정하고 주제에 따라 구체적이고 다양한 방법들을 구상하도록 안내하였다. 또한 K-W-L-H 차트를 작성하면서 주제와 여행 방향이 같을 경우 모둠을 다시 구성하도록 하였다.

한 학생이 "방송이나 블로그의 일정을 따라 해도 되나요?"라고 질문을 했고 교사는 "가능해요. 그렇게 하려면 반드시 출처를 밝히고 그 내용을 비판, 평가를 해야 해요. 또 이전에 경험했던 여행을 다시 가는 것도 좋은 방법입니다. 그러면 새로운 것을 볼 수 있어요."라고 안내하였다.

수업을 마칠 무렵 다음 차시를 안내하였는데 스마트폰으로 정보를 검색하고, 관련 도서를 도서관에서 미리 빌려와야 하며 이번 차시처럼 여행지를 중심으로 모여 앉으라고 안내하였다.

(3) 3차시 결과물 처리 단계

3차시는 관련 도서 또는 스마트폰을 이용하여 자료를 검색하고 이를 바탕으로 마인드맵을 작성하도록 하였다. 교사는 마인드맵을 작성하기 위해 여행지에 대한 정보를 수집하고 나열하게 하고, 주제 또는 분야별로 분류하여 마인드맵을 작성하도록 하였다.

스마트폰을 사용하는 경우 스마트폰이 없거나 데이터 제한이 있어 정보 검색이 어려운 학생들이 있어 교사의 노트북을 활용하게 하거나 무제한으로 데이터를 사용하는 학생에게 양해를 구해 핫스팟으로 사용하게 하였다. 스마트폰을 활용하는 수업의 특성상 정보 검색 이외의 행동을 하는 경우가 있어 교사

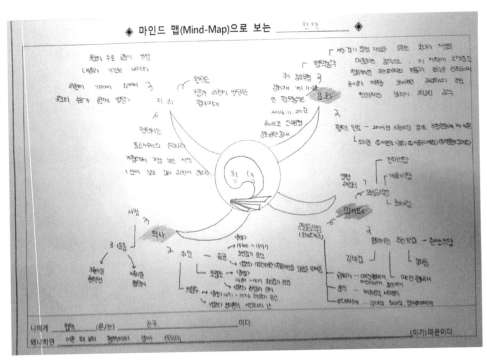

[그림 2] 마인드맵 사례

는 교실을 순회하며 학생의 활동을 확인하고 질문에 답을 해주었다.

마인드맵이 완성되어 가는 것을 확인하고 작성한 마인드맵을 바탕으로 여행 계획서를 작성하도록 하였다. 마인드맵의 상위개념이 여행 주제가 되고 하위 개념이 여행의 일정이나 이동경로가 되어야 한다고 안내하였으며 특히 한 학기 동안 배운 학습내용이 반드시 반영된 여행 계획을 세우도록 안내하였다.

여행의 기간이나 일정은 여건에 맞추어 1일형 또는 숙박형으로 자유롭게 구성하도록 하였고, 2일 이상의 숙박형인 경우 하나의 주제로 여행을 구성하거나 날마다 각각의 주제나 테마를 정하여 계획을 수립하도록 하였다.

교통수단은 1일형인 경우 대중교통을 이용하는 것을 원칙으로 하고 부모를 동반하는 것도 가능하다고 안내하였다. 2일 이상의 숙박형인 경우 반드시 부모와 함께 진행하도록 안내하였다.

또한, 여행 계획을 세울 때에는 여행지의 우선순위를 정하고 시간, 교통수

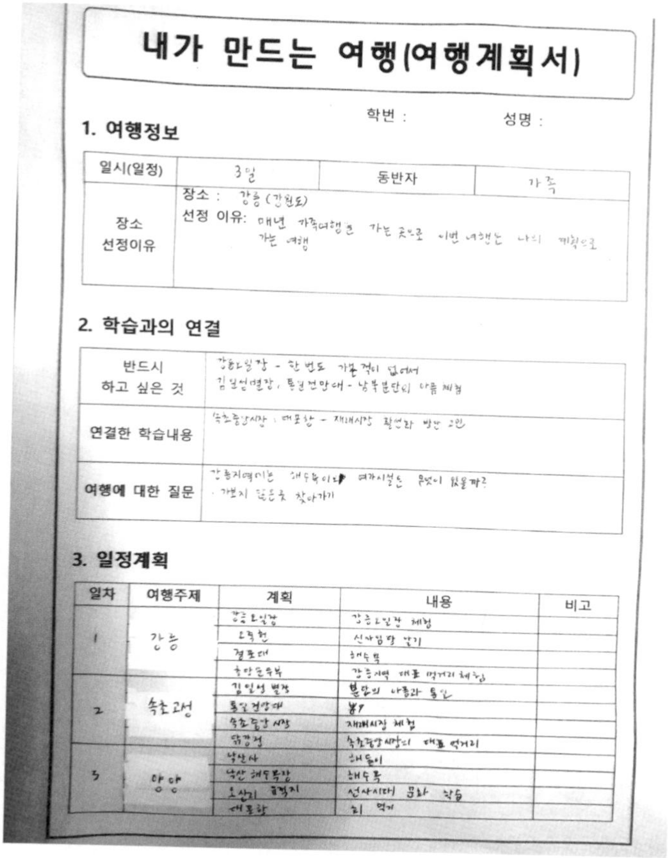

내가 만드는 여행(여행계획서)

학번 : 성명 :

1. 여행정보

일시(일정)	3일	동반자	가족
장소 선정이유	장소 : 강릉(강원도) 선정 이유: 매년 가족여행으로 가는 곳으로 이번 여행는 나의 계획으로 가는 여행		

2. 학습과의 연결

반드시 하고 싶은 것	강릉오일장 - 한 번도 가본 적이 없어서 김일성별장, 통일전망대 - 남북분단의 아픔 체험
연결한 학습내용	속초중앙시장 : 대포항 - 재래시장 활성화 방안 고민
여행에 대한 질문	강릉지역에는 해수욕이나 여가시설은 무엇이 있을까? · 가보지 않은곳 찾아가기

3. 일정계획

일차	여행주제	계획	내용	비고
1	강릉	강릉오일장	강릉오일장 체험	
		오죽헌	신사임당 알기	
		경포대	해수욕	
		초당순두부	강릉지역 대표 먹거리 체험	
2	속초 고성	김일성 별장	분단의 아픔과 통일	
		통일전망대	〃	
		속초중앙시장	재래시장 체험	
		닭강정	속초중앙시장의 대표 먹거리	
3	양양	낙산사	해돋이	
		낙산 해수욕장	해수욕	
		오산리 유적지	선사시대 문화 학습	
		대포항	회 먹기	

[그림 3] 여행계획서 사례

단, 이동 경로, 장소, 비용 등을 종합적으로 고려하여 일정을 계획하도록 하였다. 일정을 무리하게 잡을 경우 여행을 통한 학습이 이루어지지 않기 때문에 추후에 방문하는 것도 좋은 방법이라고 안내하였다.

여행 계획서를 작성할 때는 개조식으로 작성하도록 하고 목적과 이유를 밝히도록 안내하였다. 작성한 여행 계획서는 여행지가 같은 학생들과 공유하도록 하였는데 몇몇 학생들이 유사한 여행 계획을 수립한 경우가 있었다. 이때 한 학생이 계획이 같은 학생들이 모여 여행을 함께해도 되냐는 질문을 했고, 교사는 일정과 시간이 같다면 함께 진행해도 되고 모둠을 변경하여 구성해도 된다고 안내하였다.

(4) 4차시 마무리 단계

4차시에는 작성한 여행 계획을 발표하고 그 내용을 가지고 토의 토론을 통해 평가를 하도록 하였다. 이때 토의 토론한 내용 중 여행자에게 유의미한 경우 여행 계획을 자유롭게 변경할 수 있도록 하였다.

여행 계획을 확인한 결과 우리 고장에 대한 여행 계획이 많았다. 그래서 교사는 다양한 주제를 제시하였고, 이를 바탕으로 최대한 주제가 겹치지 않도록 안내하였다. 모둠과 일정을 변경하도록 하여 다양한 체험이 될 수 있도록 지도하였다. 또한, 영화나 드라마 촬영 장소로 등장하는 군산, 부산, 인천 등에서는 영화나 드라마 장면을 재연하는 방법도 있다고 하여 학생들에게 흥미와 재미를 유도하였다.

수업을 마칠 무렵 수행평가에 대해 안내를 하였다. 여행계획서는 변경할 내용이 있다면 변경하도록 하고, 방학 중에 여행계획서를 바탕으로 실제로 여행을 실시하고 보고서를 작성하여 여행계획서와 함께 2학기에 제출하도록 안내하였다. 만약 여행이 만족스럽지 않았다면 계획서를 변경하지 않고 보고서에 그 내용을 솔직하게 작성하고 만족스럽지 않은 이유와 수정 방안을 기록하도록 안내하였다.

(5) 5차시 학습활동 및 평가

2학기 첫 수업 시간을 방학 중에 실시한 여행에 이야기로 시작했다.

학생들은 저마다 여행을 말하였는데, 여행 계획과 실행이 성공적이라고 느낀 학생들은 "○○식당을 갔는데 여기 매우 맛있어. 너희도 다음에 한번 가봐!", "○○를 갔는데 볼거리가 많아." 등 여행지를 추천하게 하고 정보를 공유하는 모습을 보였다.

반면에 재미없었거나 실망한 학생들은 "방송에 나온 ○○식당을 갔는데 실망이야. 맛없어!", "○○을 갔었는데 생각보다 규모가 작고 볼거리도 별로야. 너희들에게 추천하지 않는 장소야." 등 후회 가득한 이야기를 털어놓았다. 서로의 여행을 이야기하면서 학생들은 자연스럽게 방송과 인터넷에 잘못된 정보가 있음을 이야기하였다. 또한, 학생이 느끼기에 실패했다고 생각한 여행 계획이 실제로는 실패한 것이 아니므로 수정해서 다시 실행하도록 권유하였다. 프로젝트 학습에서의 실패는 포기하는 것이기 때문에 본인이 생각하기에 실패지만 다시 생각해보면 새로운 학습의 시작이라고 설명해주었다. 더 나아가 같은 장소를 다양한 주제를 정하여 지속적으로 방문하면 새로운 것들이 보일 것이라며 여행에 대한 많은 소재를 찾아보라고 이야기해주었다.

학생들에게 짧게 소감을 발표하도록 하였다.

진○○ 학생은 "다른 지역을 가야 하는 것이 여행이라고 생각했는데 우리 고장을 돌아보는 것도 여행이 될 수 있다는 것이 놀라웠어요."

조○○ 학생은 "내가 세운 계획으로 여행을 다녀왔는데 계획을 잘 세운 것 같아요. 다른 곳도 계획을 세워 가야겠어요."

김○○ 학생은 "선생님이 계획을 세우고 여행하는 것이 프로젝트 학습과 비슷하다고 했는데 조금은 이해가 가요. 여행이 아닌 공부에 적용해 보려구요. 아무튼 재미있었어요."

조○○ 학생은 "친구와 같이 한 여행인데 친구랑 많이 이야기도 하고 더 친해진 것 같아요. 그리고 방송에서 소개된 곳을 갔는데 실망했어요. 정보가 모두 정확하지는 않아요."

김○○ 학생은 "계획에 부족한 점이 많아서 아쉬운 여행이었어요. 다시 계획해서 가야겠어요."

(6) 평가

평가 계획에 의거하여 평가를 시행하였다. 첫째, 여행 계획서(15%)와 보고서(15%)를 체크리스트 중심으로 평가하였다. 계획의 실행과 평가에 집중하여 평가하였고, 만족스럽지 않은 여행에 대해서는 원인 파악과 수정 사항을 기록한 내용을 평가하였다. 둘째, 교사의 관찰과 여행 계획서 평가와 느낀 점을 바탕으로 유의미한 내용을 생활기록부에 기록하였다.

생활기록부 사례

	생활기록부(교과특기사항) 기록
김○○	내가 만드는 여행을 주제로 실시한 여행 계획서 작성에서 우리 고장에 대한 여행 계획을 수립하면서 우리 고장의 지역 브랜드를 돌아보고 청소년의 시각에 맞는 지역화 전략을 수립하려는 여행 계획을 통해 세계화 시대의 지역화 전략에 대한 학습 내용을 환기하고 반영함.
조○○	내가 만드는 여행을 주제로 실시한 프로젝트에서 자신이 직접 계획하고 실행한 여행이 만족스럽지 않은 결과가 나왔음에도 불구하고 무엇이 잘못되었는지 되돌아보고 여행계획을 수정하고 다시 실행하는 적극성을 보여줌.

"

4부

과제
중심
프로젝트

"

1장

수상한
소식통

우리가 만드는 신문

01

프로젝트 기획: 우리가 만드는 신문

하루에도 수만 가지의 정보가 생성되고 사라진다. 정보의 홍수 속에서 사실과 거짓을 판별해내기는 매우 어려운 일이다. 내가 알고 있는 것이 정확한지, 믿을 만한 것인지 스스로 판단할 수 있는 능력이 부족한 것도 사실이다. 국어 수업을 통해 정보를 수용하면서 분별해낼 수 있는 능력을 키울 수 있다면, 학교에서 '국어'를 배움으로써 학습자는 비판적·창의적인 사고를 할 수 있게 된다. 또한, 자료와 정보를 수용하면서 자신의 견해를 정확하게 표현할 수 있게 된다. 이것이 바로 2015 개정 국어과 교육과정에서 강조하는 핵심 역량인 것이다.

정보를 얻을 수 있는 경로는 다양하다. 책이나 신문처럼 종이로부터 정보를 얻기도 하지만, 다른 수단을 통해 정보를 얻을 수도 있다. 언제부턴가 우리는 '종이'보다는 손에 잡히지 않는, 그러나 눈으로는 확인할 수 있는 매체를 통해 더욱 많은 정보를 얻고 있다. 즉, '인터넷'이라는 매체를 통해 매일 새로운 내용을 접하고, 확산하고, 재생산하고 있는 것이다.

아이들은 인터넷을 통해 정보를 받아들이는 것에 익숙하다. 인터넷에 올라온 내용을 비판 없이 받아들이며, 누구를 거쳐 탄생한 정보인지, 믿을 만한 것인지에 대한 여부는 아이들에게 중요하지 않다. 그저 자신에게 흘러들어온 정보이니 당연히 믿게 된다. 아이들과 이야기를 하다 보면 이러한 점에서 당혹스러움을 느낄 때가 한두 번이 아니다.

우리가 알고 있는 정보가 어디서 나온 것인지, 어느 관점에서 작성된 것인지, 그 정보가 나에게 오기까지 어떠한 과정을 거치는지에 대해 직접 확인해야 할 필요가 있었다. 누군가에게는 빠르게 스크롤을 내려가며 읽는 하나의 기삿거리일 뿐이겠지만, 하나의 사건이 기사로 작성되기까지 어떤 손길을 거치는

지에 대해 아이들에게 알려주고 싶었다.

정보를 정확히 인지하고 판별해내기 위해 관점이 드러난 글이 모인 '신문'이란 매체를 선택하여 프로젝트 수업을 기획하였다. 학생들이 신문을 통해 대상을 바라보는 안목을 키우고 주어진 정보의 타당성을 판단하며 세상을 더욱 냉철하게 바라보는 데 목적을 두었다.

국어 수업을 통해 문학과 문법은 자주 접할 수 있지만 '신문'이라는 매체는 슬쩍 지나갈 때가 많다. 신문의 구성과 역할만 요약한 뒤 넘어가기가 부지기수이다.

그래서 이번엔 아이들과 함께 직접 신문을 제작해보기로 하였다. 자신의 눈으로 본, 자신의 견해에서 판단한, 자신의 솜씨로 완성한 기사를 엮어서 우리만의 신문을 만들어보기로 말이다. 학생들의 시선으로 바라본 세상은 어른들과는 사뭇 다르다. 그래서 수상하다. 관심사도 다르고, 바라보는 관점도 다르다. '수상한 소식통'이라는 제목이 탄생한 배경은 그러했다.

우선 교사는 학생들이 신문을 낯설어하고 어려워할 것으로 예상하여 매시간 수업 시작과 함께 지역 신문 읽기를 계획하였다. 한 주 동안 우리 지역에서 있었던 일을 함께 읽으며 지역뿐만 아니라 신문에 관심을 갖고 거리를 좁히고자 하였다. 학생들은 신문을 읽으며 신문 기사의 기본 구조를 파악하고 기사별 제목을 비교하며 제목을 선정할 때의 기준에 대해 생각해보도록 하였다. 아울러 기사 작성 방법에 대해 학습하며 개인별로 선정한 글감을 기사로 작성해보았다. 이론과 개별 학습을 진행한 후 모둠 신문을 제작하는 순서로 프로젝트 수업을 기획하였다.

교사는 프로젝트 수업이 진행되는 동안 학생들 스스로가 기자가 된 만큼 기사 작성을 통해 글쓰기 능력이 증진되고, 모둠 신문 제작을 통해 협업의 가치를 깨닫는 기회가 될 것이라고 기대하였다.

교사는 이 수업을 자유학기제 프로그램으로 시행하였고, 총 16개 차시로 구성하였다. 자유학기제 수업이라는 특성상 특정 요일을 정하여 2시간의 블록 수업으로 8주 간 진행하였다. 그리고 주제 선택 수업으로 편성하여 수강 신청을 통해 학생이 원하는 수업을 선택하여 학급이 구성된다는 특이점을 갖게 되었다. 수업의 전체적인 틀은 신문의 구성과 기사의 종류 등 기본 이론 수업이 이루어진 뒤, 신문 스크랩을 통해 학습한 내용을 확인하게 하였다. 이후 간단한 실습을 통해 기사 작성 방법을 익힌 후 실전 활동으로 이어나가도록 계획했다. 신문별 주제를 정하여 기자별로 기사를 배분한 뒤 취재, 작성, 검토 과정을 거쳐 신문이 완성되도록 진행되었다.

1차시	2차시	3차시	4차시	5차시
준비 단계 1	준비 단계 2	실행 단계	결과물 처리 단계	마무리 단계
-아이스 브레이킹 -PBL 설명	-브레인스토밍 -신문 읽어보기 -신문 구성 및 기사 종류 이해하기 -기사 스크랩 하기	-기사 작성 방식 이해하기 -기사 작성 (실습) 및 발표, 피드백 -쓰기 윤리 학습 -모둠 구성 -기사 선정	-취재 및 작성 -고쳐쓰기 -멘토링	-신문 감상하기 -칭찬 댓글 달기 -평가하기 -비판적으로 바라보기

02

단원별 수업 계획

국어과와 연계하였으므로 기존 교육과정에 제시된 내용을 사용하였으며, 프로젝트 수업을 진행하기 위하여 학습목표를 수정하여 제시하였다.

(1) 단원

1) 단원: 생활 속의 매체

2) 영역: 듣기/말하기, 쓰기

(2) 학습 목표

1) 기존 교육과정의 학습목표

- 매체의 특성이 쓰기의 내용과 형식에 미치는 영향을 고려하여 글을 효과적으로 쓸 수 있다.
- 사회적으로 의미가 있는 내용을 매체 자료로 구성하여 발표할 수 있다.

2) 프로젝트 수업을 위해 수정한 학습목표

- 주변의 의미 있는 내용을 선정하여 기사로 표현할 수 있다.
- 쓰기 윤리를 준수하며 통일성을 갖춘 기사를 작성할 수 있다.

(3) 성취기준 및 평가기준

이 수업은 생활 속의 매체 중 '신문'에 초점을 맞추어 학습이 진행되므로 이에 따라 성취기준 및 평가기준을 재구성하였다.

1) 2015 개정 교육과정의 성취기준 및 평가기준

교육과정 성취기준	평가기준	
[9국01-08] 핵심 정보가 잘 드러나도록 내용을 구성하여 발표한다.	상	핵심적인 정보를 선별하여 내용을 통일성 있게 구성하고 청중이 알기 쉽도록 중요한 내용을 강조하여 발표할 수 있다.
	중	핵심적인 정보가 드러나도록 내용을 구성하고 청중이 알기 쉽도록 내용을 발표할 수 있다.
	하	발표 주제와 관련한 내용을 수집하여 발표할 수 있다.

	상	동일한 화제를 다룬 여러 편의 글에서 관점이나 주장, 구조나 표현 방식 등의 차이를 비판적으로 평가하며 읽을 수 있다.
[9국02-06] 동일한 화제를 다룬 여러 글을 읽으며 관점과 형식의 차이를 파악한다.	중	동일한 화제를 다룬 여러 편의 글에서 관점이나 주장, 구조나 표현 방식 등의 차이를 파악하며 읽을 수 있다.
	하	동일한 화제를 다룬 여러 편의 글에서 관점이나 주장, 구조나 표현 방식 등의 차이를 부분적으로 파악하며 읽을 수 있다.
	상	쓰기 윤리의 중요성을 이해하고, 다양한 글 유형에서 쓰기 윤리를 준수하며 글을 쓰는 태도를 지닌다.
[9국03-10] 쓰기 윤리를 지키며 글을 쓰는 태도를 지닌다.	중	쓰기 윤리의 중요성을 이해하고 쓰기 윤리를 준수하며 글을 쓰는 태도를 지닌다.
	하	쓰기 윤리를 인식하고 글을 쓰는 태도를 지닌다.

2) 재구성한 성취기준 및 평가기준

교육과정 성취기준		평가기준
	상	쓰기 윤리를 준수하고 자료를 비판적으로 평가하여 핵심 정보가 잘 드러나도록 통일성을 갖춘 기사를 작성할 수 있다.
자료를 토대로 쓰기 윤리를 지키며 기사를 작성한다.	중	쓰기 윤리를 이해하고 자료를 평가하여 통일성을 갖춘 기사를 작성할 수 있다.
	하	쓰기 윤리를 인식하고 자료를 토대로 기사를 작성할 수 있다.

(4) 평가 계획

이 프로젝트 활동은 학생이 활동한 내용을 바탕으로 생활기록부에 기록하여 반영하도록 하였다.

첫째, 체크리스트 결과물 평가 및 관찰 평가를 모두 실시하였다. 체크리스트 평가는 개인부터 모둠으로 확대하여 진행하였고, 동시에 활동을 문장으로 기록하도록 하여 평가에 반영하였다. 자기평가뿐만 아니라 동료평가도 함께 실시하여 객관성과 신뢰도를 높이고자 하였다.

결과물 평가에서는 각 학생이 실습 단계에서 작성한 기사와 결과물에 포함된 자신의 기사를 모두 반영하였다. 이때, 구성도, 문장력, 제목의 적합성 등 기준을 정하여 부합 정도에 따라 3단계로 나누어 평가하였다. 또한, 평소 수업의 참여도 및 성실도를 평가할 때에는 교사가 관찰 일지에 기록한 내용을 바탕으로 평가를 진행하였다.

둘째, 모든 평가 내역은 생활기록부 교과 특기사항에 기록하였다. 자유학기제 수업의 특성상 평가 결과를 수치화하지 않고 수업에 참여한 모든 학생을 대상으로 학생의 학습활동 참여도 및 태도, 성취수준의 특성, 활동 내역 등을 문장으로 기재해야 한다. 그러므로 교사는 프로젝트 수업 동안 기록한 내용과 학생들이 작성한 동료 및 자기 평가지의 내용을 참고하여 학생의 개별적인 특성이 드러나도록 생활기록부에 평가 내용을 문장으로 기록하였다.

프로젝트 평가서 (교사용)

영역	분야 / 점수	제목 / 평가 기록
	분야	제목
영역	점수	평가 기록
구성도	A	
	B	
	C	
문장력	A	
	B	
	C	
완성도 (제목의 적합도)	A	
	B	
	C	
성실도 (참여도)	A	
	B	
	C	

평가자	학번		수업명	수상한 소식통	
	이름		평가일	20 . . .	
작성한 기사 제목					
모둠 내 맡은 역할					
평가 항목			잘함	보통	미흡
형식에 맞게 작성하였는가?					
통일성 있게 작성하였는가?					
완성도 있게 작성하였는가?					
쓰기 윤리를 준수하였는가?					
모둠원과 협동하였는가?					
성실하게 참여하였는가?					
활동에 대한 평가 (잘된 점, 미흡한 점, 개인의 역할, 모둠 간 협업, 동료 칭찬하기 등 자유롭게 기술)					
활동 후기 (자유롭게 기술)					

(5) 수업계획서 작성

교사는 수업에 앞서 수업계획서를 작성하여 수업의 목적 및 의도에 적합한 단원 및 학습목표, 평가 계획과 차시별 계획, 학습활동에 필요한 지원 자료, 예상되는 문제점과 기대 효과 등을 구체적으로 설정할 수 있다. 이 과정을 통해 미리 수업의 틀을 마련함으로써 실제 수업을 진행하면서 발생할 여러 상황에 효율적으로 대처할 수 있게 된다. 또한, 수업의 흐름을 정확히 파악할 수 있기 때문에 필요에 따라 수업을 재구성하는 등 능동적으로 수업을 이끌어 갈 수 있게 된다. 그리고 '신문'이라는 매체의 특성상 다양한 배경지식을 필요로 하므로 교사 역시 미리 학습할 필요가 있다. 객관적이고 효율적인 평가를 위해서도 수업계획서 작성은 반드시 필요하다.

1. 프로젝트 개요

주 제	신문 기사 작성을 통해 세상을 바라보는 눈 키우기		
유 형	☐ 주제 중심 프로젝트 ☑ 과제 중심 프로젝트 ☐ 문제 중심 프로젝트 ☐ 교과 융합		
관 련 교 과	교과	학습내용	성취기준
	국어	듣기.말하기	9국01-08
		읽기	9국02-06
		쓰기	9국03-10
기간 / 차시	16차시(1학기)		
대 상	중학교 1학년		
목적, 의도	① 기사 작성 과정을 이해하고 작성된 결과물을 평가할 수 있다. ② 대상을 비판적으로 바라볼 수 있다. ③ 프로젝트 수업과 신문 자료를 활용하여 자기 주도 학습 능력을 배양할 수 있다.		
활동 방법	① 신문 스크랩을 통해 구성 원리를 이해한다. ② 취재, 작성, 검토를 거쳐 기사를 완성한다. ③ 자기평가 및 동료평가를 실시한다.		
학습 질문	① 기사에는 누구의 시선이 담겨 있을까? ② 하나의 정보가 나에게 오기까지 어떤 과정을 거칠까? ③ 모든 기사는 믿을 만한 것일까?		
예상 결과물	개인별 기사, 신문 완성본		
평가 계획	결과물 평가, 역량 평가, 서술형으로 기록		
공유 방법	출간된 신문을 학교에 배부		
학습 지원 자료	① 브레인스토밍 ② 데이터 활용 ③ 마인드맵 ④ 비주얼 씽킹		
예상 문제점	① 분야 선정 시 특정 분야의 선호도가 높을 수 있다. ② 글쓰기 능력에 따라 진행 속도가 다를 수 있다. ③ 취재 및 쓰기 윤리 준수에 어려움이 발생할 수 있다.		
기대 효과	① 대상을 객관적으로 바라보는 시각을 기를 수 있다. ② 글쓰기 능력을 키울 수 있다. ③ 직접 기사를 작성함으로써 성취감을 맛볼 수 있다.		

2. 차시 계획

차시	활동내용	세 부 활 동	비고
1	오리엔테이션	아이스 브레이킹, 수업 안내	준비
2	신문 들여다보기	브레인스토밍, 신문 읽어보기	
3	신문 들여다보기	신문 구성 및 기사 종류 이해하기	
4	신문 들여다보기	기사 스크랩하기, 피드백하기	
5	기자처럼 써보기	기사 구성 및 작성 방식 이해하기	실행
6	기자처럼 써보기	기사 작성하기(실습), 피드백하기	
7	기자처럼 써보기	작성한 기사 발표하기, 피드백하기	
8	기사 선정하기	쓰기 윤리 학습	
9	기사 선정하기	모둠 구성, 기사 정하기	결과물 처리
10	기사 선정하기	취재, 작성	
11	기사 선정하기	취재, 작성	
12	기사 선정하기	취재, 작성	
13	기사 수정하기	고쳐쓰기, 멘토링	
14	기사 수정하기	고쳐쓰기, 멘토링	
15	신문 바라보기	칭찬 댓글 달기	마무리
16	신문 바라보기	비판적으로 바라보기	

03

프로젝트 수업의 실행

(1) 1차시 준비 단계 1: 학생 준비

1차시는 오리엔테이션 단계로, 아이스브레이킹 활동을 통해 서로를 알아가는 시간을 보냈다. 자유학기제 주제 선택 수업으로 실시하였기에 단일 학급이 아닌, 여러 학급에서 이 수업을 선택한 학생들끼리 모이게 된다는 특이점이 있었다. 이렇게 학급을 구성하다 보면, 첫 시간에 학급 분위기를 제대로 잡아놓지 않을 경우 교사나 학생 모두 활동하기에 어려움을 겪기 마련이다. 특히 주제 선택 수업은 16개 차시 동안 함께 활동을 진행해야 하므로 서로 친해지는 시간이 반드시 필요하다고 판단하였다. 실제로 첫 수업 시간에 학생들끼리 너무나도 어색해하는 모습이 보였기 때문에 서로 자기소개를 하면서 분위기를 부드럽게 만들 필요성이 매우 컸다. 몇 반에서 왔고 좋아하는 연예인은 누구며 어디 초등학교를 졸업했는지 등 자신에 대한 이야기를 하며 서로 얼굴을 확인하게 했다. 이때, 손가락을 하나씩 접으며 5가지의 이야기를 하면 더욱 쉽게 진행할 수 있다. 또한, 다른 반 학생끼리 모둠을 구성하여 그림 카드를 보며 자신과 연관 지어 이야기해보는 시간도 가졌다. 이때, 한 사람당 최소 1분으로 시간을 제한하면 어떻게든 자신을 드러내야 하므로 생각지도 못했던 이야기들을 들을 수도 있어 의외로 재미있다. 상황에 따라 1분 30초 또는 2분으로 시간을 늘려보는 것도 좋다.

(2) 2~4차시 준비 단계 2: 학생 계획 수립

2~4차시는 '신문 들여다보기' 단계로, 직접 신문을 읽어보며 신문에 대해 알아가는 시간으로 구성하였다.

우선 2차시는 우리가 함께할 수업을 안내하며 프로젝트 수업이 무엇인지에 대해 설명하는 시간으로 진행하였다. 교사가 "'프로젝트 수업'에 대해 들어본 학생 있나요?"라는 질문을 하자, "프로젝트를 하는 수업인가요?"라는 질문에서부터 "미션을 수행하는 수업인 것 같아요."라는 대답도 등장하였다. 대다수의 학생이 '프로젝트 수업'이라는 명칭을 처음 들어보았다는 반응이었고, 더러는 까다로운 수업일 것이라며 막연하게 두려움을 갖는 학생도 있었다. 물론 교과서에서 다루지 않았던 용어이므로 신기해하는 학생도 있었다. 교사는 "여러분이 생각하는 대로 여러분이 팀을 이루어 문제를 해결해가는 과정 전체를 '프로젝트'라고 해요. 그러니 문제를 해결하면서 여러분만의 결과물을 만들어내는 수업이 바로 '프로젝트 수업'이 되는 거예요."라고 답하며 프로젝트 수업에 대해 설명하였다.

학생들이 프로젝트 수업의 개념을 어느 정도 이해하였을 때, 새로운 질문을 통해 결과물과의 연관성을 만들도록 하였다. 먼저 "여러분은 주로 어떤 매체를 통해 정보를 얻나요?"라는 교사의 질문에, 학생들은 "SNS요." 또는 "인터넷이나 TV요."라고 답하였다. 가장 최근에 접한 정보를 묻는 질문에 저마다 알고 있는 이야기를 풀어 놓는 시간을 잠시 가졌다. 그 후 "얼마 전 실시간 검색 1위를 차지했던 ○○○ 들어 봤나요?"라고 질문하며 학생들과의 공감대를 형성할 수 있는 화제를 제시하였다. 이때 제시한 화제는 수업의 학습 요소를 다루기 위하여 루머가 사실이 아닌 걸로 밝혀진 사건이었다. 학생들은 "아 그거요? 그거 거짓말이라면서요?"라거나 "그거 기자가 잘못 쓴 거잖아요.", "내용이 가짜라서 법적 대응한다고 들었어요.", "그런데 그 가짜 기사를 여러 명의 기자가 똑같이 발표해서 이상했어요."라며 본인이 알고 있는 내용을 이야기하였다. 다시 교사가 "사실이 아닌 내용을 기사로 작성했을 때, 어떤 문제가 일어날까요?"라고 질문하자 "어쨌든 거짓말을 한 거니까 처벌을 받겠죠?" 또는 "해명글 이전에 올라온 글만 본 사람은 그대로 믿어버릴 수도 있어요."라는 대답을 하였다.

질문의 방향을 바꾸어 "인터넷이나 TV 등을 통해 알게 되는 정보는 모두 믿을 수 있을까요?"라는 질문에 학생들은 "당연히 믿을 수 있죠!" 또는 "아까 얘기한 그 기사처럼 거짓인 경우도 있어요."라며 내용의 진위 여부를 따져 보아야 하는 경우도 있음을 발견하였다. 이를 바탕으로 교사는 "그럼 여러분이 직접 믿을 수 있는 기사를 작성해보는 건 어떨까요?"라며 프로젝트 수업을 통해 '신문'이라는 결과물을 만들어보자고 제안하였다.

교사의 "신문을 한 번도 읽어본 적 없는 학생 있나요?"라는 질문에 20여 명의 학생 중 4명이나 손을 들었다. 물론 종이로 된 신문만 물어보았을 때의 수

치였다. "집에서 신문을 구독하고 있는 학생은?"이라는 질문에는 절반도 되지 않는 학생만이 손을 들었다. 신문을 직접 만져보지 않은 학생도 있었기에 먼저 신문과 친숙해질 기회를 마련하고자 지역 신문과 학교 신문을 학생들에게 1부씩 나누어주고 훑어보도록 했다. 이때, 학교 신문은 작년도, 지역 신문은 당일 발간된 것으로 제공하였다. 실제 신문을 받아든 학생들은 "학교 신문도 신문이에요?", "우리집에 배달 오는 신문도 이렇게 생겼어요."라며 흥미롭다는 반응을 보였다.

신문 읽기를 마친 후 학생들의 배경지식을 확인하기 위하여 브레인스토밍 활동을 진행하였다. 학생들의 눈높이에 맞추기 위하여 활자 신문만이 아닌, 인터넷 신문 등 '기사'로까지 범위를 넓혔다. "'신문' 하면 떠오르는 내용은?"이라는 질문에 한 명씩 돌아가며 한 가지씩 이야기할 때 앞 사람과 중복된 내용을 얘기하면 안 된다는 간단한 규칙을 정하였다.

평소 신문에 대해 아는 내용, 알고 있는 신문사, 인터넷 기사로 접했던 재미있는 사건, 평소 신문이라는 매체에 대해 들어보았거나 알고 있는 내용, 개인적인 생각 등 범위를 정하지 않아야 자유로운 이야기들이 나올 수 있다. "할아버지 댁에 가면 꼭 XX일보가 있었어요. 아침마다 신문을 읽으셨거든요.", "냄비 받침이 없을 때 신문을 밑에 깔면 좋아요.", "유리창 닦을 때에도 신문이 딱이에요!", "신문을 아예 안 읽어요." 등 신문에 대한 개인적인 경험을 이야기하는 것에서부터 시작하였다. "신문은 거의 'OO일보'라는 명칭을 써요.", "제목은 굵은 글씨로 표시해요.", "별자리 운세도 있어요.", "만화와 스도쿠 게임도 있고요.", "첫 번째 장에 나오는 내용이 하루 종일 뉴스에 나왔어요." 등 지면에 실린 표현 형식 등에 관해서도 이야기를 나눌 수 있었다. 또한, "신문을 읽으면 그날 있었던 중요한 일을 알 수 있어요."라며 신문의 기능을 이야기하는 학생도 더러 있었다.

이때, 교사가 듣기에는 별것 아닌 내용이라도 잘 들어주어야 한다. 학생들의 입장에서는 자신의 이야기를 교사가 잘 들어주므로 활동을 잘 따라가고 있다고 느낄 수 있기 때문이다. 그리고 이야기를 나누다 보면 분명히 중요한 요소들이 간간히 나오므로 정리 시간을 가져 요소들을 다시 언급해주면 학습 효율을 높일 수 있다.

주제를 살짝 틀어서 오늘 읽은 신문에 대해 이야기해보는 시간을 갖는 것도 매우 유익했다. 신문을 읽지 않았으면 우리 고장에 이런 일이 있는지도 몰랐을 것이라는 대답을 한 학생이 있었다. 별도로 공부하지 않았으나 신문을 읽으며 신문의 기능을 알아차린 것이다. 거의 대부분의 학생들이 신문을 통해 새로운 정보를 알게 되었다며 즐거워하였다.

브레인스토밍 후 학생들이 답변한 내용을 보며 신문을 통해 우리가 얻을 수 있는 것들, 신문을 읽어야 하는 이유, 신문에서 다루는 내용 등 전체적인 신문의 구성을 대략 살펴볼 수 있었다. 수업을 마무리하며 앞으로 '신문'이라는 결과물을 제작하기 위해 어떠한 과정을 거쳐야 하는지에 대해 설명하며 우리 손으로 직접 신문을 만들기 위해 서로의 도움이 필요함을 강조하였다.

3차시는 제대로 신문을 읽어보는 시간으로 구성하였다. 브레인스토밍에서 언급했던 내용을 바탕으로 "신문은 어떤 역할을 할까요?"라는 질문을 하였고, 학생들은 "정보를 전달해줘요.", "소식을 알 수 있어요."라고 답하였다. 덧붙여 "인터넷이나 스마트폰이 있는데도 아직도 종이로 된 신문을 읽는 이유는?"이라는 질문에 학생들은 "책 읽는 것과 같은 행동 아닐까요?" 또는 "그래도 화면보다 종이로 읽는 게 왠지 더 '읽는' 느낌이 나는 것 같아서요."라고 답하였다. 지난 차시에 이어 신문과 친해질 수 있도록 지역 신문을 읽는 시간을 가졌다. 경직되었던 분위기가 이 시간을 통해 화기애애하게 변한 덕분에 이후 활동을 매끄럽게 진행할 수 있었다. 그래서 이 과정은 꾸준히 진행하고자 하였다. 원래 개인마다 집에 있는 신문을 가져오도록 미리 공지하였으나, 준비가 미흡하였기에 앞서 읽던 지역 신문으로 대체하여 활동을 진행하였다.

먼저 신문을 구성하는 기본 요소를 학습하기 위해 지니고 있는 신문의 1면을 펼쳐보았다. 모두 같은 신문을 가지고 있으므로 학습 요소를 신속하고 정확하게 찾아내는 이점이 있었다. 교사가 "신문의 이름 옆에 조그만 글씨들은 무엇일까요?"라고 질문하였으나 학생들은 답하지 못하였다. '제호', '발행일' 등의 명칭을 학습하며 기본 구성 요소를 학습하였다. "신문의 각 페이지를 나타내는 숫자 옆에 쓰인 글자는?"이라는 질문에 "종합, 사회, 문화, 경제"라고 답하였다. 지면별 주제를 살펴보며 어떠한 기사들이 실리는지를 확인하였다. 신문 읽기를 진행할 때 교사와 학생이 같은 면을 함께 읽기를 추천한다. 학생들에게 알아서 읽어보라고 했더니 재미있는 기사를 찾으려고 신문을 뒤적거리는 모습을 지난 시간에 확인하였기 때문이다. "자, 오늘 신문의 1면에서는 ○○에 대한 내용을 다루고 있네요. 천천히 읽어보세요."라며 읽기의 시작을 알리고 잠시 읽을 시간을 준 뒤 몇몇 학생에게 읽은 내용을 확인하였다. "이 기사는 내용을 어떻게 표현하고 있나요?"라는 교사의 질문에 학생들은 "사건을 설명하고 있어요."라거나 "행사를 홍보하는 광고예요.", "여행 다녀온 기행문 같아요.", "독후감도 있어요."라며 종류에 따라 글을 구분하여 설명하였다. 학생들이 직접 기사를 읽은 후 내용과 형식에 따라 종류를 구분하였으므로 더욱 효과적으로 기억할 수 있게 된다.

4차시에서는 학습한 내용을 바탕으로 종류에 따라 기사를 분류해보는 활동을 하였다. 2~3명씩 모둠을 만들어 신문 전체 면을 범위로 하여 형태가 다른 기사를 찾고, 각 형태의 기사 중 대표로 1개씩 기사를 오려내어 나열하였다. 종류별로 기사를 나열하다 보면 기사별 특징이 한눈에 들어오므로 기사의 종류를 파악하기에 효율적이다. 여행을 다룬 기사, 어떠한 사건을 설명하는 기사, 필자의 견해가 드러난 기사 등 기사의 종류를 간단히 설명한 뒤 찾아서 나누어보도록 바로 활동을 시작했다.

활동을 하다 보면 무작정 기사를 오리고 보는 학생들이 의외로 많다. "자르다 보니 아까 잘랐던 종류의 기사를 또 잘랐어요."라며 곤란해하는 학생들도 많았다. 이때 교사는 전체적으로 팁을 주는 것이 좋다. "기사를 오리기 전에 먼저 종류마다 기호를 정하여 기사별로 표시해 보세요."라며 정보를 알리는 기사는 ○, 의견이 주를 이루는 사설 기사는 □, 연재 형식의 기사는 ☆ 등 기사의 종류를 다시 안내하면서 기호화할 수 있도록 팁을 제시한다면 훨씬 활동에 소요하는 시간과 노력을 줄일 수 있다.

어느 정도 마무리가 되면 활동을 종료한 뒤 결과물을 확인하고 피드백을 주고받으며 활동 과정을 평가하였다. 이때, 모둠별로 돌아가며 종류별로 나눈 기사를 서로 확인하면서 의견을 교환하는 과정을 반드시 거치도록 한다. 광고는 모든 학생들이 정확히 구분해낼 수 있지만, 다른 종류의 글에는 간혹 구분에 애를 먹는 학생들이 있기 때문이다. 예를 들어 '기자의 의견이 중심이 되는 기사'를 제시한 후 모둠별로 자신들이 찾은 기사를 하나씩 이야기하다 보면 답을 확인할 수도 있고, 잘못 선택한 경우 학생들끼리 설명하면서 기사의 본질을 깨달을 수 있다.

이어서 오늘 읽은 기사 중에서 가장 인상 깊거나 마음에 드는 기사를 하나 스크랩하고 그 이유를 발표하는 활동을 진행하였는데, 광고는 제외하였다. "마음에 드는 기사로 ○○축제를 들었고요. 그 이유는 작년에 이 축제에 가족들과 함께 가봤는데 정말 재미있었어요. 그래서 올해는 꼭 친구들과 가보고 싶어요.", "저는 □□지역 개발 기사를 골랐어요. 부모님께서 가끔 얘기하시는 걸 들었고, 우리 동네에서도 이 기사 내용과 관련된 현수막을 여러 개 봤어요. 저와 관련이 있는 내용인 것 같은 생각이 들어서 이 기사를 골랐어요." 등 제각기 다른 기사를 고르고 그 이유를 발표하였다. 이 과정을 통해 학생들의 평소 관심사도 알 수 있을 뿐더러 자신의 생각을 문장으로 표현하는 능력도 엿볼 수 있다. 이 모든 활동은 과정 중심 평가의 중요한 자료가 된다.

(3) 5~8차시 실행 단계: 구성 방식 학습 및 연습

5~7차시는 '기자처럼 써보기' 단계로, 기사 구성 및 작성 방식을 이해하여 연습 기사를 작성해보는 활동을 하였다. 이 활동을 통해 개개인의 문장력을 평가할 수 있고 추후 모둠 활동에 참고하고자 하였다.

5차시에는 기사의 기본 구성에 대한 이론 학습을 진행하였다. 이전과 동일하게 지역 신문을 읽고 신문에 실린 기사에 대해 이야기를 나누며 수업을 시작하였다. 특히 이 수업의 경우, 기사 자체를 분석하는 학습이 이루어지기 때문에 신문 읽기와 연결하여 활동을 이어나갔다. 먼저 2~3명씩 짝을 지어 오늘 읽었던 16개 면 내 수많은 기사들의 공통점을 찾아보도록 하였다. 학생들이 찾아낸 공통점은 딱 하나였다. 바로 제목의 글씨체와 굵기가 다르다는 점이다. 이 답변 이외의 다른 공통점을 찾아낸 학생은 한 명도 없었다. 신문의 구성에 대한 기본 지식이 없기 때문에 다른 공통점은 전혀 찾아내질 못했던 것이다. 학생들의 대답을 바탕으로 기사의 기본 구성에 대한 이론 학습을 진행하였다.

모두 동일한 신문을 가지고 있었으므로 1면의 메인 기사로 분석을 진행하였다. "이 기사를 크게 2부분으로 나누면 어떻게 나눌 수 있을까요?"라는 물음에, "제목이랑 내용이요."라는 답변이 따라왔다. 더 작게 나누어보도록 하였더니 "큰 제목이랑 작은 제목이요."라는 답변이 대부분이었다. 학생들의 답이 맞는지 확인하기 위해 기사를 표제, 부제, 전문(리드), 본문으로 나누어 제시한 뒤 각 부분의 특징에 대해 학습을 시작하였다. 이때, "기사의 큰 제목을 '표제'라고 불러요. 다른 부분과 어떤 차이가 있나요?"라고 묻자, "글자 크기도 크고 굵어요.", "한눈에 잘 보이라고 일부러 다르게 했나 봐요."라는 답변이 있었다. 교사가 "여러분은 도서관이나 서점에 가서 책을 고를 때, 어떤 기준으로 선택하나요?"라고 질문하자 "제목이 끌리면 골라요.", "겉표지 디자인을 봐요." 등의 답변이 이어졌다. 이어서 "그렇다면 모두 똑같은 디자인의 표지의 책들이 있다면 어떻게 책을 선택할 것인가요?"라는 질문에 학생들은 이구동성으로 "당연히 제목 보고 골라야죠."라며 답했다. "책뿐만 아니라 기사의 경우도 비슷해요. 제목은 기사에서 매우 큰 비중을 차지하고 있어요."라며 제목의 중요성을 상기시켰다. 뒤이어 제목이 지워진 기사를 제시하여 기사의 제목을 직접 지어보고 발표를 통해 서로 기준을 잘 지켰는지 확인하도록 하였다. 여러 학생의 제목을 서로 확인해보는 과정을 통해 평범한 문장보다 읽는 사람의 시선을 끌 수 있도록 제목을 정해야 한다는 답을 얻을 수 있었다. 그리고 제목을 보고 어떤 내용일지 어느 정도 추측할 수 있도록 제목을 정하는 게 훨씬 도움이 된다는 점도 알 수 있었다. 제목을 정하는 방법을 먼저 학습하지 않고 학생들이 직접 제목을 지어본 뒤 여럿을 비교해보면 어떤 제목이 나은지 학생들 스스로 비교할 수 있다. 교사는 학생들의 답을 정리하면서 간단히 설명하는 정도로만 개입하는 편이 훨씬 효율적이다.

다음으로 부제, 전문, 본문의 각 부분에 대한 학습을 진행하였다. 학생들이 가장 어려워하는 부분은 '전문'이었다. 기사의 내용을 간단히 요약한 문장이라는 개념은 어느 정도 이해하였지만, 육하원칙을 따지는 부분에서 헤매는 학생이 매우 많았다. 육하원칙이 무엇인지부터 다시 알아보면서 예시 기사에서 육하원칙을 하나씩 찾아보도록 진행하였다. 이때, 전문에 반드시 육하원칙의 모든 요소가 포함되는 것은 아니라는 사실을 알려야 한다. 육하원칙인데 왜 5가지 요소만 들어있냐고 질문하는 학생들이 꽤 있기 때문이다. 본문 부분은 전문의 내용을 자세히 풀어쓴 것이며, 육하원칙에서 언급한 내용을 포함하고 있으니 직접 찾아보도록 하였다. 학생들 대부분이 본문은 수월히 읽는 편이었고, 제목과의 연계성도 따져볼 수 있을 정도였다.

개인별 활동을 통해 앞서 배운 내용을 복습하도록 하였다. 각자 하나의 기사를 골라 자른 뒤 표제, 부제, 전문, 본문의 각 부분으로 잘라 활동지에 나누어 붙이도록 하였다. 이 과정을 통해 복습뿐만 아니라 학생의 이해도도 함께 확인할 수 있었다. 개인별 활동이지만 앉은 자리를 기준으로 짝과 앞뒤 친구들의 도움을 받는 것을 제한하지는 않았다. 교사는 학생들이 활동하는 모습을 관찰하여 수시로 기록하여 평가에 반영하도록 하였다.

6차시에는 직접 기사를 작성해보는 연습을 실시하였다. 우리 학급에서 있었던 일을 주제로 하여 제목, 전문, 본문을 작성해보도록 하였다. 이때, 사실을 보도하는 기사 형식을 따르도록 하여 객관적인 문장으로 작성하도록 지도하였다. 또한, 활동지에 제목과 육하원칙, 전문, 본문의 각 부분을 구분해놓음으로써 육하원칙에 따라 전문을 작성할 수 있도록 하였다. 대체로 제목을 정하는 데 어려움은 없어 보였으나 역시나 전문을 작성할 때에 많은 도움 요청이 있었다. 특히 육하원칙 중 '어떻게' 부분을 굉장히 어려워했다. 이 부분에 대해 전체적으로 설명을 다시 한 뒤 개별적으로 쓰기 활동을 지도하는 편이 학생들의 이해를 효율적으로 도울 수 있다. 2학기에 수업이 진행되었기에 새로운 학급 임원을 선출한

일이 가장 큰 비중을 차지했고, 학교 체육대회가 그 뒤를 따랐다.

쓰기 수업에서 교사가 모든 학생을 처음부터 개인 지도하기에는 어려움이 있다. 그래서 우선 앞뒤 학생끼리 서로의 기사를 보며 피드백을 한 뒤, 교사에게 도움을 요청하는 식으로 수업을 진행하였다. 몇 번의 피드백이 오간 뒤에는 완벽하지는 않아도 얼추 구조에 맞는 기사가 완성된다. 이때, 일차적으로는 큰 틀에 비추어 오류가 있는지, 사실을 다루는 데 중점을 두었는지 등을 보았다. 학생들이 자신감을 잃지 않도록 용기를 북돋워주는 것도 매우 필요하기 때문이다. 그 후, 맞춤법이나 띄어쓰기 등에 대한 고쳐쓰기 지도를 하면 학생들의 자신감을 높여줄 수 있다.

쓰기 활동이 마무리되면 몇 명의 학생이 작성한 기사를 읽는 시간을 가졌다. 발표를 마친 후 같은 소재를 다룬 학생이 있는지 확인하였고, 자신과의 글과 어떤 점이 다르다고 생각하는지 의견을 물었다. "저보다 훨씬 객관적으로 썼어요.", "저는 그 사건에 대해 부정적인 면이 더 많다고 생각하는데 ○○은 반대로 생각해서 놀랐어요." 등의 답변이 있었다. 교사는 같은 주제이지만 그것을 바라보고 생각하는 관점은 사람마다 다를 수가 있으며, 특히 사람마다 문장을 표현하는 방식이 다를 수 있음을 설명하였다. 덧붙여 사람의 지문과 같이 목소리나 글쓰기에도 그 사람마다 특징이 담겨 있음을 이야기하며 발표한 학생들의 글이 무조건 다 맞거나 잘 쓴 것이고, 다른 친구들의 글이 잘못된 것은 절대 아니라는 것을 이해할 수 있도록 하였다.

7차시에는 학생들이 작성한 기사를 돌려 읽어보며 서로의 글에 긍정의 평가를 해주는 시간을 가졌다. 이때, 칠판과 교실 벽을 활용하여 기사 활동지를 전시했다. 갤러리 평가를 실시하면 여러 작품을 감상할 수 있으며 관람 태도 또한 함양할 수 있다. 형광펜을 사용하여 특히 잘 썼다고 생각하는 부분에 밑줄을 긋고 이모티콘이나 문장으로 감상평을 적어보도록 지도해 보는 것도 좋다. 자유롭게 감상하되, 소외되는 학생이 없도록 모든 학생의 글에 형광펜 평가가 있어야 하므로 서로 배려하여 평가하게끔 사전에 규칙을 정해놓도록 한다.

8차시는 쓰기 윤리 학습을 통해 올바른 기사 작성 태도를 학습하도록 했다.

특히 자료를 인용할 때에 출처를 밝혀야 하며, 다른 사람의 글이나 그림을 함부로 사용하는 것은 명백한 범죄 행위임을 분명히 알려야 한다. 이때, 저작권과 관련한 간단한 동영상을 감상하면서 우리 주변에서 흔히 이루어지는 잘못된 행동에 대한 이해를 도왔다. 그리고 표절 문제에 대해서도 사례를 들어 안내하면서 우리가 알게 모르게 쓰기 윤리를 어기는 행동을 하고 있음을 생각해 보는 기회를 가졌다. 이것은 여러 사례를 통해 학생 스스로 쓰기 윤리를 지켜야 하는 이유를 생각해 볼 수 있다. 쓰기 윤리를 반드시 지키겠다는 다짐을 함으로써 자신의 글 역시 보호받아야 함을 깨닫게 되는 매우 중요한 단계이므로 반드시 실시해야 한다.

(4) 9~14차시 결과물 제작 및 처리 단계: 기사 작성 및 신문 완성

9~14차시는 '기사 작성하기' 단계로, 기사를 선정하고 모둠을 구성한 뒤, 학생들 스스로 취재 및 기사를 작성하여 최종 결과물인 '신문'을 완성하는 활동이 이루어졌다.

9차시에서는 모둠을 구성하고 자신이 쓰고 싶은 기사를 선정하였다. 신문이라는 매체가 사회 전반을 비춰주는 돋보기와 같다는 생각을 토대로 자신의 기사를 통해 우리 주변을 알린다는 마음을 가질 수 있도록 사전에 충분히 학습을 실시하였다. 우리가 만들 신문은 총 8면이며, 앞서 지역 신문에도 각 면에 따라 내용이 나뉘듯, 주제별로 모둠을 구성하기로 하였다.

먼저 작성하고 싶은 기사의 종류가 있는지 전체적으로 의견을 물어 선호도를 조사한 결과, 기행, 학생 소식, 선생님 인터뷰, 체험 후기, 먹거리 정보, 미스테리 사건, 캠페인, 연예인 및 영화 소개, 사회 이슈 등 다양한 주제들이 언급되었다. 비슷한 주제끼리 묶으니 어느 정도 정리가 되면서 자연스럽게 주제에 따라 학생들이 분류되었다. 기사 작성을 어려워하는 학생이 있거나 기사의 비중이 큰 경우에는 협동하여 기자를 2명 정도 배정하는 등의 조정 작업도 필요하였다. 이때, 작성한 기사가 어떠한 형태의 신문으로 완성되는지 사용할 틀을 보여주며 분량 및 자료를 수정할 때 참고하도록 하였다. 수업에서는 학교에서 실제로 사용하고 있는 신문 구성 틀을 활용하였다. 신문 구성 틀은 웹 신문이나 학교 신문, 자율 제작 등 상황에 맞게 구성하여 활용하도록 한다.

모둠별 주제에 어울리는 기사를 작성할 때, 관심 있는 내용이 같아 서로 겹치는 부분이 많다며 불만이 많이 발생하기도 한다. 그러나 같은 주제라도 형식을 달리 한다면 특정한 내용을 강조하여 전달할 수 있으므로 모둠 간 협의를 통해 기사 형식이 중복되지 않도록 교사가 적절히 돕는 것도 좋다. 특히 반려동물과 유기견, 유기묘에 대한 기사를 작성하겠다는 학생이 여럿 있어서 만평, 만화, 기사, 인터뷰 등으로 형식을 달리하도록 지도하였다. 형식을 정하지 못하고 모둠에서도 해결책을 찾지 못하고 있다면, 교사가 여러 기사의 형태를 제시하며 학생의 의견을 반영하는 것도 필요하다. 글과 그림 모두에 재능을 보이는 친구가 있다면, 모둠 구성원들의 성향을 파악하여 모둠 간 분배가 잘 이루어질 수 있도록 교사가 개입해야 하는 상황도 발생한다. 모둠에서 2명이 그림으로 표현하기를 원한다면 만화와 만평으로 나누어 정할 수 있도록 방향을 제시해주는 것도 좋다.

10~14차시는 개인별로 기사를 작성하고 고쳐쓰기를 통해 신문을 완성하는 단계로 진행하였다. 수업 시간을 활용하여 취재와 작성을 모두 마무리해야 하므로 시간을 잘 분배하여 활용할 수 있도록 주의를 기울여야 한다. 특히 기사작성을 어려워하는 학생이 포함된 모둠의 경우, 해당 모둠 전체 활동이 더딜 수 있기 때문이다. 그런 경우 먼저 활동을 마무리한 학생이 멘토 역할을 맡아 함께 마무리하도록 하는 것이 가장 좋은 방법이다. 그러나 실제 수업에서는 멘토 역할을 맡을 학생이 없었을 뿐더러 모둠원 모두가 기사를 완성하지 못하여 애를 먹기도 하였다. 이런 일을 미연에 방지하기 위해서는 관찰을 통한 교사의 개입이 어느 정도 필요하다.

취재 및 작성 시간을 3개 차시로 구성하였기 때문에 의외로 시간 부족을 호소하는 학생들도 더러 있었다. 효과적인 시간 활용을 위해 기사 배정 후 사전 계획서를 작성하고 상황에 따라 변형한다면 수월하게 진행할 수 있다. 또한,

수업 시간 내 취재가 불가능한 소재의 경우 방과 후를 활용하여 취재하거나 자료 조사를 철저히 하여 시간 내 활동을 마무리할 수 있도록 교사의 협력도 필요하다.

기사 작성을 마무리했다면 고쳐쓰기 단계로 넘어간다. 이때, 기사 작성을 3차시로, 고쳐쓰기를 2차시로 시간을 고정하기보다는 기사 작성을 먼저 끝낸 학생과 모둠부터 고쳐쓰기를 진행하면 효율적으로 수업을 운영할 수 있다. 실제로 모든 학생이 같은 시간에 마무리하는 건 불가능하였고, 모둠별 완료 시간이 다를 수밖에 없었다. 이 수업에서는 기행 및 체험 기사를 담당한 모둠이 기사작성을 가장 먼저 마무리하여 고쳐쓰기를 진행하였다. 이후 해당 학생들이 멘토가 되어 다른 모둠을 돕도록 하였다. 비록 주제는 다르더라도 기본 구성 양식과 육하원칙, 내용 전개 방법 등은 유사하므로 멘토 활동이 가능하기 때문이다. 처음에는 친구에게 자신의 기사를 보여주기 부끄러워하기도 하였지만, 서로의 기사를 검토해주는 분위기가 자연스럽게 퍼지게 되면 나중에는 기사 작성이 더딘 학생을 위해 주변 친구들이 나서서 도움을 주려는 모습을 볼 수 있었다. 맞춤법이나 띄어쓰기 등 세세한 부분은 교사의 지도가 반드시 필요하지만 그 외의 내용들은 어느 정도 또래 멘토링으로 진행하여도 괜찮다.

(5) 15~16차시 마무리 단계: 발표 및 평가

15~16차시는 '신문 바라보기' 단계로, 제작된 신문을 함께 보며 공유하는 활동을 진행하였다.

15차시에는 완성작을 보면서 잘된 점을 칭찬해주며 서로의 기사 아래 칭찬 댓글을 다는 활동을 해보았다. 이때, 신문 1부와 각 기사 원고를 1부씩 준비하고 기사 원고는 이전처럼 갤러리 감상을 위해 칠판 및 교실 벽면에 게시했다. 모든 학생이 서로의 기사를 감상하고 잘된 부분이나 인상 깊거나 재미있는 부분에 형광펜으로 밑줄을 치고 이모티콘이나 감상평을 간단히 작성하도록 하였다. 한 번 해본 활동이므로 규칙을 거듭 설명하지 않아도 활동이 이루어질 수 있었다.

갤러리 감상 후 제작된 신문을 펼쳐놓고 어떻게 신문으로 구현되었는지를 살펴보도록 한다. 각 면이 주제를 잘 표현하고 있는지, 전체적으로 완성이 잘 되었는지 등 신문을 직접 받아본 뒤의 감상을 한 명씩 돌아가며 이야기해보는 것도 좋다. 이 수업에서는 자기가 작성한 기사를 읽으며 뿌듯해하기도 하였지만, 조금 아쉬움이 남는다는 의견도 있었다. 원고로 보았을 때와 신문 전체를 놓고 보았을 때의 차이가 있기 때문에 그 점까지 고려하지 못했다며 매우 아쉬워하는 학생도 몇 명 있었다. 그러면서 한 번 더 신문을 만들어 보고 싶다며 늦게 의욕이 생긴 학생도 있었다.

15차시는 가볍게 신문을 감상하였다면, 16차시에는 더욱 자세히 신문을 분석하며 바라볼 수 있도록 수업을 진행하였다. 먼저 기존의 신문들과 우리가 제작한 신문을 비교하며 차이점을 이야기해 보았다. 분량이나 기술 능력, 광고 건수 등에서 많은 차이를 보였고, 특히 학생들의 관심사가 많이 드러난다는 의견이 많았다. 학생들의 의견을 종합해보면 서술자에 따라 소재 및 관점이 달라질 수 있다는 것인데, 교사의 수업 없이 학생들 스스로 비교를 통해 정확한 차이점을 인지해낸 결과였다. 이때, 교사는 학생들이 작성한 기사의 관점을 찾아내어 객관성을 바탕으로 학생들과 이야기하는 활동을 추가하는 것이 좋다. 주관적 견해가 들어가지만 객관성을 토대로 작성된 기사도 있다는 것을 다시 한 번 강조하면서 비판적 시각을 갖도록 지도한다.

제작한 신문을 학교 전체에 배부하여 모두가 함께 감상하는 것도 좋은 방법이다. 스스로 작성한 기사를 친구에게 보여주며 뿌듯함을 느낄 수 있으며 기자가 지녀야 할 책임감도 가질 수 있다. 실제로 15차시 수업 후 쉬는 시간에 교실이 텅텅 비었다. 신문을 들고 친구들을 찾으러 나섰기 때문이었다. 신문에 본인의 이름과 기자 명칭이 함께 제시되기 때문에 기자로서 당당한 모습으로 친구들에게 신문을 보여주며 함께 이야기 나누는 모습 속에서 성취감을 맛본 표정이 그대로 나타났다. 동료 및 교사 평가를 통해 우수작을 선정하고 학교 신문에 기고함으로써 성취감을 높이는 방법을 활용하는 것도 좋다.

🔖 수상한 소식통을 소개합니다 ^^

2015학년도 2학기부터 은혜중학교 1학년을 대상으로 자유학기제를 실시하고 있습니다. 특히 목요일 5~6교시에 다양한 선택프로그램을 운영하고 있습니다.

"수상한 소식통"은 선택프로그램 중 하나로 23명의 학생이 '또래신문'과 '영화 대본' 2가지의 활동을 하고 있습니다. 본인이 관심 있는 분야를 토대로 1개 이상의 기사 작성에 참여합니다. 또한 사진, 그래프, 그림 등 기사의 내용에 적합한 보조자료 제작에도 참여합니다. 그리고 5~6명의 인원으로 모둠을 구성하여 영화 대본도 작성합니다. 모둠끼리 이야기를 나누면서 영화(약 60분 정도 분량)로 제작하고자 하는 내용과 주제를 정합니다. 모둠별 제작발표회를 통해 서로의 이야기를 들은 후 실제로 대본을 작성하는 활동을 합니다.

글쓰기에 소질이 있는 학생도 있지만, 열정과 노력으로 똘똘 뭉친 학생들도 많습니다. 이번 또래신문은 부족하지만 우리 학생들의 정성이 담긴 결과물입니다. 모쪼록 따뜻한 시선으로 읽어주시길 부탁드립니다.^^

2015 자유학기제 어때요? — 자유학기제 소개 및 프로그램 선호도 조사 —

자유학기제가 뭐예요?

자유학기제란 정부의 핵심 교육 공약으로, 학생들이 중학교 한 학기 동안은 아라도 시험부담 없이 자신의 꿈과 끼를 찾는 진로 탐색 기회를 가져야 한다는 취지에서 마련된 정책이다. 자유학기제는 지식과 경쟁 중심 교육에서 자신의 적성과 미래에 대해 탐색하고 설계하는 자기주도적 활동을 통해 모두가 만족하는 행복 교육의 실현을 목적으로 한다. 토론 및 실습 위주 교육과 진로 탐색 활동, 동아리 활동, 예술·체육 활동, 선택 프로그램 활동 등 다양한 활동을 지향하여, 한 학기에 두 차례 이상 종일체험 활동을 실시하고 있다.

우리학교도 자유학기제?

현재 은혜중학교에서도 자유학기제를 도입하여 다양한 프로그램을 운영하고 있다. 특히 선택프로그램으로는 다양한 게임을 경험하는 '신나는 보드게임', 글쓰기 능력을 키울 수 있는 '수상한 소식통', 미용기술을 배우고 실습해보는 '까끌레 또끌레', 수학적 사고증진을 위한 '교과서 밖 수학여행', 다양한 음식을 직접 요리해보는 '요리과학'으로 매주 목요일 6~7교시에 실시하고 있다. 그 외에도 진로 프로그램, 체육 프로그램, 우쿨렐레(음악) 연주, 도자기 빚기(미술) 등 많은 프로그램을 운영함으로써 은혜중학교 1학년 학생들에게 진로에 대해 한걸음 더 나아갈 수 있도록 기회를 제공하고 있다.

선택프로그램 선호도 조사 결과

은혜중학교 1학년 학생(149명)을 대상으로 자유학기제 선택 프로그램에 대해 선호조사를 실시하였다. 전체의 37%의 높은 비율로 '요리과학'이 가장 만족도가 높았고 '신나는 보드게임'과 '수상한 소식통'이 뒤를 이었다. 또 프로그램의 선택 사유를 알아보았다. 50% 가까이 되는 학생들이 해당 프로그램에 관심이 있어 선택했다고 하였다. 하지만 소수의 학생들은 자신이 하고 싶었던 프로그램은 아니지만 현재 프로그램도 나쁘지 않다며 좋은 반응을 보였다.

자유학기제 실시에 대한 다양한 의견도 많았다. 시험 부담이 줄었다, 신선한 방식이어서 강화가 새롭다, 진로 선택의 폭이 넓어졌다 등의 좋은 의견이 있는 반면 공부 부담감이 없어지니 공부에 손을 저절로 놓게 된다, 너무 분위기가 풀어졌다 등의 반대 의견도 있었다.

[그림 1] 신문 완성본

(6) 평가

평가는 학생과 교사가 함께하는 것을 원칙으로 하였다. 자유학기제 수업으로 진행하였기 때문에 모든 평가 내용은 과목별 세부특기사항에 문장으로 기재하였다.

수치화가 아니라 문장으로 기록해야 하므로 매시간 학생이 활동한 내용을 기록해두어야 한다. 각 시간에 작성한 활동지, 모둠별 활동에서 어떤 역할을 맡았는지, 의견 조율을 위해 어떻게 행동하였는지 등 평소의 활동에 대한 교사의 꾸준한 기록이 필요하다. 개인의 역량뿐만 아니라 공동체 역량도 함께 평가하도록 하여 역량 평가가 원활히 진행될 수 있도록 하였다.

또한, 특히 결과물 제작에 자신이 맡은 역할과 결과물에 대한 평가도 함께 진행하였다. 즉, 자기가 작성한 기사에 대한 완성도, 구성 정도, 문장력 등에 대해 평가하는 것이다. 만약 사설을 작성하였다면 주장과 근거에 타당성이 있는지, 내용에 어울리는 제목을 붙였는지, 논리적 오류는 없는지 등 글쓰기에 대해 평가한다. 또는 만평을 작성하였다면 드러내고자 한 주제가 무엇인지, 그림과 주제의 연관성이 있는지 내용과 연관하여 평가하면 된다.

평가표 예시

조○○	분야	기행문	제목	아픈 역사가 담긴 그곳, 군산을 다녀오다
영역	점수			평가 기록
구성도	A	여정 / 견문 / 감상 모두 포함. 특히 감상 부분의 비중이 큼.		
	B			
	C			
문장력	A	우수한 편. 특히 자기 생각을 표현할 때 강인한 느낌을 많이 줌. 독서량 덕분에 어휘력도 좋은 편임. 몇몇 단어의 경우 정확한 의미를 찾아보도록 지도함		
	B			
	C			
제목의 적합도	A	장소의 특징을 잘 살린 제목임. 장소의 역사적 특징이 드러나는 제목을 정함. 호기심을 유발할 수 있음.		
	B			
	C			

	A	*기자처럼 써보기: '구설수에 오른 ○씨'
성실도 (참여도)	B	1차시: 정확한 정보 검색이 이루어지지 않은 채 기사를 작성함. 양쪽 입장을 모두 생각해봐야 한다고 지도함. 2차시: 피드백 이후 양측 입장과 그 근거를 찾는 데 신중한 태도를 보임. 이전보다 객관적인 글을 작성하여 칭찬함.
	C	*개인 기사 취재: 행사에 직접 참여함. 답사집, 일정표, 사진 자료 모두 수집함. 지역 안내 사이트 자료를 활용하여 정확도 높임. 작성: 정해진 일정보다 빨리 기사를 완성함. 피드백 후 수정 역시 가장 먼저 진행하여 다른 학생들을 도와줌. 특히 만평 그리는 친구를 위해 채색 활동에 참여함.

생활기록부 사례 🖊

생활기록부(교과특기사항) 기록	
조○○	관점이 다른 두 개의 기사를 분석하면서 기자가 지녀야 할 기본 자세에 대해 고민하고 성찰하는 태도를 내면화함. 특히 자신이 겪었던 일을 육하원칙과 기본 구조에 맞게 작성하는 '기자처럼 써보기' 활동에서 고쳐쓰기를 통해 점차 객관적인 시선을 갖게 됨. 또래 신문 중 '아픈 역사가 담긴 그곳, 군산을 다녀오다' 기사를 맡아 직접 체험을 하고 사진을 찍는 등 취재부터 작성까지 도맡아 활동하는 열의를 보임. 활동을 어려워하는 친구를 도와 함께 작품을 완성해나갈 정도로 남을 배려하는 모습을 자주 보임.

01

프로젝트 기획: 복소수, 만화를 만나다

평소 학습 만화나 만화 형식을 빌려 개념을 공부하는 것이 효과적이라는 생각을 가지고 있었다. 왜냐하면 어린 시절 《먼 나라 이웃나라》(이원복, 김영사)라는 책을 읽었던 기억으로 세계사 과목 시험을 훌륭하게 치러낸 경험이 있기 때문이다. 만화 형식은 자칫 지루할 수 있는 내용을 친숙하게 해주고 이미지와 내용을 동시에 제시하므로 이해를 돕고 내용을 오래 기억하도록 한다. 그래서 전공 도서 중에서도 만화로 쉽게 풀어낸 책이 더욱 직관적이고 명확히 이해가 되는 경우도 있었다. 이러한 경험을 바탕으로 학생들이 수학에서 느끼는 어려움, 즉 추상화란 것에서 조금이나마 벗어나 수학에 흥미를 가지고 접근할 수 있는 만화 형식의 프로젝트 학습을 고안하게 되었다.

고등학교 수학에서 가장 기초가 되는 것은 '수'라고 말할 수 있다. 인류의 태생과 더불어 시작된 수의 개념, 자연수의 발생 과정은 자연스럽게 이해할 수 있다. 그리고 분수로 확장된다. 이것은 초등학교 과정에서 피자의 조각을 나누는 것처럼 실생활에 접목하여 쉽게 이해할 수 있다. 그러나 중학교 과정에서 무리수나 실수로 수를 계속 확장하면서 실생활과 괴리되어 이해가 어려워지기 때문에 학생들은 수를 계속 확장하게 되는 이유를 그냥 지나쳐 버리고 만다.

고등학교 과정에서는 현대 수학에서 없어서는 안 되는 중요한 개념인 '허수'가 등장하면서 학생들은 더 큰 고민에 빠진다. 그래서 왜 허수가 생겼는지 생각하지 않고 단지 공부를 위해 그 단원을 가르치는 것은 지양하고자 했다. 이런 이유로 학생들이 역사-발생적으로 수의 개념을 이해하고 수가 어떤 필요에 의해 생겨나고 확장되었는지 학생들 스스로 그 자취를 따라가 보고 수학의 탐구 정신을 체험하도록 하는 것을 이 프로젝트의 목표로 하였다.

이 프로젝트는 총 7개 차시로, 고등학교 1학년 학생을 대상으로 진행하였다. 만화로 직접 수학 내용을 만들어 내는 것을 목표로 하였기에 실제 모 교과서에 제시된 복소수(허수)의 발생에 대한 내용을 다룬 만화를 보여주었다. 또한, 생각하는 만화로 《이야기 패러독스》(마틴 가드너, 사계절)와 《만화로 쉽게 배우는 허수·복소수》(Oochi Masashi, 성안당) 등의 참고 자료들도 제시하여 학생들이 어떻게 만화를 만들지 기획하는 데 도움을 주고자 하였다. 이런 흥미를 통해 프로젝트가 시작되었으며, 가장 큰 질문으로 '왜 수가 필요한가?'를 제시하였다. 자연수의 경우처럼 물물거래를 하던 고대에 물건에 대한 가치와 더불어 수량을 셀 필요가 있었고 이런 과정에서 숫자, 즉 자연수가 탄생하게 되었음을 알려주며 학생들의 이해를 도왔다.

뒤이어 '유리수, 무리수 등 수의 확장은 꼭 필요한 것인가?'라는 질문에 학생들은 별다른 대답을 하지 못하였다. 여전히 수는 자연수와 정수 정도만 필요하고, 그 외의 개념들을 몰라도 살아가는 데 아무런 문제가 없다고 한 학생도 있었다. 이처럼 수학에 부정적인 아이들에게 '허수는 무엇인가?', '허수는 왜 필요한 것인가'의 구체적인 질문을 하였을 때, 반응은 신통치 않았다. 학생들이 흥미와 의욕을 가지도록 수학적 문제를 푸는 만화를 보여주었다. 좀 오래된 만화책의 편집본이지만 학생들은 흥미를 가지고 문제를 해결하려는 모습을 보여주었다. 이에 자신감을 가지고 다시 허수란 수가 무엇인지 질문하였고 기호와 모양을 먼저 보여주었다. 학생들이 조금 관심을 보였고 이것을 어떻게 다루어야 하는지 고민하기 시작했다. 결국 학생들이 답을 찾아가는 과정을 통해 자연스레 허수가 무엇인지 알게 되고 그 발생 배경을 이해하게 하였다.

우선은 학생들에게 수학 만화 만들기 프로젝트를 알려주고 어떤 수를 주제로 할지 결정하도록 브레인스토밍 과정을 거친다. 수에 대해 학생들이 아는 것을 모두 이야기 나누고 이를 칠판에 적게 한다. 그리고 수를 분류하여 정리한다. 생각해낸 여러 가지 수에 대해 이야기 나누고 자연스레 모둠별로 어떤 수를 주제로 만화를 만들지 결정하게 하였다. 그리고 선정된 수에 대해 내용을 조사하고 해결하기 위한 프로젝트 계획서를 작성하였다. 고등학교 과정에서 복소수에 대해 배우긴 하지만 무리수나 유리수의 내용을 선정한 모둠도 인정해 주었다. 왜냐하면 학생들 수준에 따라 복소수를 선정하기 어려운 모둠들도 성취감을 맛보게 하기 위함이었다. 그리고 실제 복소수 파트를 선정한 3개 모둠의 작품 발표 내용을 보면서 남은 3개의 모둠 학생도 내용을 좀 더 친숙하게 이해하는 자리를 마련해 주었다.

프로젝트 계획서를 작성한 후 선정된 수의 성질이나 발생 과정 등 내용을 정리하고 여기에 스토리를 만드는 순으로 활동을 진행하였다. 스토리를 토대로 수학 만화를 제작하여 같은 학년 친구들과 공유할 수 있도록 하였다. 특히 옆 반에서 제작된 만화를 다른 반에서 사용하기도 하였고, 만화를 SNS에 게시함으로써 수업 동기를 부여하는 데 도움을 주었다. 비슷한 주제로 늦은 시기에 제작하는 반들은 완성된 작품들을 참고하여 더 좋은 만화를 제작하는 데 도움을 받을 수 있었다. 그리고 마지막으로 만화 발표회를 가졌는데, 학생들은 만화를 삽입한 프레젠테이션을 제작하여 발표하였다. 어떤 질문에 대한 답으로 만화를 제작하고 준비하였는지 전체적으로 발표를 하도록 하였다.

1~2차시	3~4차시	5~6차시	7차시
준비 단계	실행 단계	결과물 처리 단계	마무리 단계
- 오리엔테이션(수업 안내, 모둠 구성 등) - 활동 주제, 결과물 - 활동 계획서	- 자료 조사 - 마인드맵 그리기 - 스토리보드 작성 및 수정	- 만화 제작하기 - 발표물 제작하기	- 만화 발표하기 - 평가서 작성

프로젝트 수업의 시수를 확보하기 위해 전 단원에 있는 다항식의 곱셈 정리 부분과 인수분해 부분을 통합하여 학습지로 수업을 진행하였다. 이는 교육과정 재구성 방법 중 내용 축약을 한 것인데 이것이 가능한 이유는 다항식의 곱

셈에서 나오는 곱셈정리와 인수분해는 동전의 양면과 같은 성질이 있기 때문이다. 즉 곱셈정리의 역방향이 인수분해이다. 원래 방향만 잘 기억한다면 반대 방향으로 가는 것은 어렵지 않기에 내용을 한 번에 정리해서 학생들이 숙지할 수 있도록 도움을 주었다. 이를 통해 학생들은 수학의 등식의 양방향성에 대해 다시 생각할 수 있었다. 학생들은 1+2=3과 같이 왼쪽이 오른쪽이 되는 등식은 계산을 잘한다. 그러나 3=(   )+(   ) 이라는 것처럼 반대 형식의 경우 추론하는 데 어려움을 느낀다. 이것이 등식의 양방향성이므로 학생들에게 2가지 방향을 살펴보도록 하였다. 또한, 내용 축약한 덕분에 숙지해야 할 공식의 양을 훨씬 줄이는 효과도 얻을 수 있었다.

기존의 교육과정					재구성한 교육과정			
월	차시	단원	학습내용		월	차시	단원	학습내용
3	4	Ⅰ.다항식 1.다항식의 연산 2.다항식의 곱셈과 나눗셈	-곱셈공식 -분배법칙	▶	3	2	Ⅰ.다항식 1.다항식의 연산 2.다항식의 곱셈과 나눗셈	-곱셈공식 -분배법칙
	4	Ⅰ.다항식 2.나머지정리와 인수분해 3 인수분해	-인수분해 공식 - 다양한 인수분해			2	Ⅰ.다항식 2.나머지정리와 인수분해 3 인수분해	-인수분해 공식 -다양한 인수분해
	2	Ⅱ.방정식과 부등식 1.복소수와 이차방정식 2.복소수와 그 연산	-복소수 -복소수의 연산 - 허수의 연산			6	Ⅱ.방정식과 부등식 1.복소수와 이차방정식 2.복소수와 그 연산	-복소수 -복소수의 연산 -허수의 연산

02

단원별 수업 계획

단원은 기존 교육과정에 제시된 내용을 그대로 사용하였고, 추가로 2015 개정 교육과정에 맞춘 성취기준 및 성취수준을 제시하였다.

(1) 단원

1) 대단원: 문자와 식
2) 소단원: 복소수와 이차방정식

(2) 학습목표

복소수의 뜻과 성질을 이해하고 사칙연산을 할 수 있다.

(3) 성취기준 및 평가기준

내용이 크게 다르지 않고 단원 간 내용의 순서 정도만 변화하였으므로 2015 개정 교육과정을 그대로 사용해도 무방하다.

교육과정 성취기준		평가기준
[10수학01-05] 복소수의 뜻과 성질을 이해하고 사칙연산을 할 수 있다.	상	복소수의 뜻과 필요성을 설명하고, 복소수의 성질을 이용하여 사칙연산을 할 수 있다.
	중	복소수의 뜻을 말할 수 있고, 두 복소수의 사칙연산을 할 수 있다.
	하	복소수, 실수, 허수를 판별할 수 있다.

(4) 평가 계획

평가는 학기 초 수행평가로 미리 계획하였으며 주로 만화라는 결과물 위주로 평가를 실시하였다. 프로젝트 수행 중에 수를 정리하는 부분에서 마인드맵 그리기 평가를 따로 하였다. 마인드맵 작성에 앞서 마인드맵을 그리는 기본 원칙을 미리 설명하고 이 부분이 평가 요소임을 알려주었다. 뿐만 아니라 좋은 예시와 나쁜 예시의 마인드맵 사례를 제시하여 평가 당일 학생들이 당황하지 않고 작성할 수 있도록 하였다. 그리고 컴퓨터나 스마트폰을 사용한 마인드맵을 작성할 수도 있었지만 학생들이 직접 손으로 색연필, 사인펜 등을 이용하여 작성하도록 하였다. 이와 같은 방법은 학생들의 감수성을 자극하고 만화를 그리기 전에 직접 내용을 정리 기획하고 이를 토대로 이미지와 색칠하기를 해볼 수 있는 기회를 제공하였다. 마인드맵 프로젝트 수행 중 과제 평가는 아래와 같은 평가표를 활용하여 이루어졌다.

프로젝트 평가서(교사용-1)

영역	평가영역 및 요소	배점		
		상	중	하
과제 영역 (마인 드맵)	마인드맵 기본원칙을 잘 지켰는가?			
	핵심 단어가 포함되어 있는가?			
	상위개념과 하위개념이 알맞게 되어 있는가?			
	수와 관련된 내용이 항목별로 들어가 있는가? ① 발생 배경 ② 허수의 성질 ③ 허수의 연산			
	독창적이고 창의적으로 표현하였는가?			
모든 항목을 3단계로 평정하여 합산하여 점수를 부여한다.(각 항목 20점 만점) 기본 점수는 40점을 부여함				

체크리스트를 중심으로 프로젝트 전 과정에서 개인 태도 영역의 협력과 참여를 평가하였다. 특히 무임승차는 없었는지, 문제해결 과정에서 얼마나 적극적으로 참여했는지 수업 시간에 미리 체크하고 점수화하는 과정을 거쳤다.

마지막으로 발표 과제 영역에서는 주로 결과물인 만화에 대한 평가가 이루어졌다. 그림에 대한 평가보다는 수학적인 내용에 오류가 없는지, 내용을 그림으로 잘 표현하였는지, 학생들에게 잘 전달되도록 제작되었는지를 중점적으로 평가하였다.

프로젝트 평가서(교사용-2)

영역	평가 영역 및 요소		배점		
			상	중	하
과정 및 발표	발표 과제 영역	만화에 들어갈 내용을 잘 선정하였는가?			
		주제에 적합하게 대사가 알기 쉽게 되었는가?			
		안내할 내용이 수학적으로 정확하게 제시되었는가?			
		만화의 그림이나 내용이 보기 좋게 편집되었는가?			
		적절한 속도와 크기로 발표하였는가?			
		내용이 잘 전달되게 효과적으로 발표하였는가?			
	개인 태도 영역	문제 해결을 위한 개인 과제를 충실히 하였는가?			
		정보 공유와 토론에 잘 참여하였는가?			
		결과물 제작에 자신의 역할을 충실히 하였는가?			
		모둠에서 해결할 과제가 무엇인지 알고 협력하였는가?			
모든 항목을 3단계로 평정하여 합산하여 점수를 부여한다. (각 항목 10점 만점) 기본 점수는 40점을 부여					

(5) 수업계획서 작성

수업은 과제를 중심으로 설계하였다. 최종 결과물인 과제를 만화로 제한하였기에 좀 더 집중하여 내용을 정리하도록 하였다. 새로운 수인 허수의 개념을 학생들이 좀 더 공부하고 스스로 내용을 정리하여 표현할 수 있는 기회를 제공하였다.

우선 교사의 준비 단계에서 앞으로 진행할 프로젝트 학습의 내용과 교수-학습지도계획을 수업계획서에 작성하였다. 수업계획서는 수업을 위해 교사가 제작한 양식을 통해 작성되었는데 수업의 진행 과정을 한눈에 살펴볼 수 있도록 단원 및 목표, 평가 계획, 차시 계획, 학습 질문들, 예상되는 문제점, 학생 활동에 필요한 지원 자료 등을 구체적으로 작성하여 학생들의 프로젝트 활동에서 나타나는 여러 가지 상황에 대비할 수 있도록 하였다. 이 프로젝트에서는 새로운 수에 대한 성질을 어떻게 표현해내야 하는지 교사가 직접 수학 만화를 미리 만들어보는 과정이 필요하다. 또한, 학습 질문들과 예상되는 문제점, 학생 활동에 필요한 지원 자료의 계획은 수업에 대한 시뮬레이션과 폭넓은 생각을 통해 다양하게 제시해야 한다. 수업계획서는 진행될 프로젝트 수업의 방향을 제시하고 원활히 진행되는 틀이 되기 때문이다.

프로젝트 학습 수업 계획서(교사용)

1. 프로젝트 개요

주 제	아하! 수 (수학이 만화를 만나다)		
유 형	☐ 주제 중심 프로젝트 ☐ 문제 중심 프로젝트	☑ 과제 중심 프로젝트 ☐ 교과 융합	
관 련 교 과	교과	학습내용	성취기준
	수학	복소수와 그 연산	[10수학01-05] 복소수의 뜻과 성질을 이해하고 사칙연산을 할 수 있다.
기간 / 차시	7차시(프로젝트 수업)		
대 상	고등학교 1학년		
목적, 의도	① 복소수의 성립 과정을 설명할 수 있다. ② 다양한 수의 성립 과정을 설명할 수 있다. ③ 수가 발생하게 된 이유에 대하여 알 수 있다.		
활 동 방 법	① 프로젝트 수업의 과정에 따라 진행한다. ② 교사는 차시 종료 후 활동 내용을 확인하고 오류를 수정한다.		
학 습 질 문	① 수는 어떻게 생겨난 것일까? ② 인간에게 수는 왜 필요한 것일까? ③ 방정식의 해는 구할 수 있을까? ④ 허수는 어떻게 만들어진 것일까?		
예상 결과물	보고서, 스토리보드, 4컷 만화, 프레지, 프레젠테이션		

평가 계획	① 포트폴리오 평가와 발표의 결과물 평가는 수행평가에 반영한다. ② 관찰평가, 평가지의 서술형의 내용 중 유의미한 내용은 생활기록부에 기록한다. ③ 학습내용을 내용을 정기고사에 문항을 출제한다.
공유 방법	발표한 작품은 사진으로 찍어 SNS를 통해 공유한다.
학습 지원 자료	① 학습 만화 제시(생각하는 만화 서적 등) ② 스토리보드 작성 예시 ③ 프레지 및 프레젠테이션 사용법 안내
예상 문제점	① 만화 형식만 치중하고 내용에 집중하지 못할 수도 있다. ② 모둠 구성에 따라 만화의 표현이 질적으로 차이가 날 수 있다. ③ 스토리 작성 과정에서 수학적 오류가 발생할 수 있다.
기 대 효 과	① 수의 발생 과정을 이해하고, 새로운 것을 어떻게 만들어지는지 학습한다. ② 방정식의 해를 구하기 위해 수가 만들어지고 이 과정에서 수학적 논리 전개 방식을 이해한다. ③ 수학 만화를 제작하는 과정을 통해 아는 것을 글과 그림으로 함축하여 표현하는 방법을 배운다.

2. 차시 계획

차시	활동 내용	세 부 활 동	비고
1~2	준비 단계	오리엔테이션(수업안내), 모둠 구성, 활동 주제-결과물 안내, 활동 계획서 작성	
3~4	실행 단계	자료 조사, 마인드맵 그리기, 스토리보드 작성, 교사의 스토리보드 수정	
5~6	결과물 제작 및 처리 단계	만화 제작, 발표 준비 및 연습	
7	마무리 단계	모둠별 발표, 평가서 작성	

03

프로젝트 수업의 실행

(1) 1~2차시 준비 단계: 학생 계획 수립

프로젝트 수업을 진행하기 위해서는 우선 프로젝트 수업이 무엇이며 어떻게 진행되는지 이해를 돕기 위한 오리엔테이션을 실시하였다. 이 시간을 통해 몇 차시 동안 수업이 어떻게 진행되고 평가가 이루어지는지 학생들에게 주지시켰다.

프로젝트를 시작할 때, 학생들에게 이런 이야기를 해주었다. 〈번지 점프를 하다〉라는 영화 속에서 이런 대사가 나온다. "왜 젓가락은 'ㅅ' 받침인데 숟가락은 'ㄷ' 받침이지?" 순간적으로 우리는 이때 그냥 사용하던 단어 속에서도 우리가 모르고 있던 문법 규칙들이 숨겨져 있는 것을 알게 된다. 여러분이 사용하고 있는 '수는 그냥 생겨난 것일까요?', '왜 수라는 것을 생각하게 되었을까요?' 등 당연하다고 생각할 수 있는 것에 대해 질문을 해보도록 하였다. 이런 질문은 우리가 사용하고 있는 '수'가 도대체 어떤 필요에 의해 만들어졌는지를 생각하고 계속 질문을 가지게 만들어준다.

그리고 이미 알고 있는 여러 수에 대해 브레인스토밍을 실시하였다. 생각나는 대로 자유롭게 이야기를 나누도록 하였고, 60여 개의 수와 관련된 내용을 붙이도록 하였다. 실제로 고등학교 1학년 학생들을 대상으로 하였기에 유리수, 소수, 분수 등 학생들이 알고 있는 수에 대한 내용들이 주로 많이 제시되었다. 제시된 브레인스토밍 결과를 교사가 직접 분류해주었다. 그리고 분류된 수를 중심으로 모둠별로 주제를 선정하도록 하였다.

이때, 모둠이 주제를 선택하기에 앞서 모둠을 편성하여야 한다. 편성 방법은 이미 다양한 방법이 나와 있지만 완벽한 방법은 없다. 이 프로젝트에서는 분류된 종류에서 개개인 좋아하는 대상을 선택하도록 하였고 이를 토대로 모둠을 결정하였다. 선택된 수에 대하여 그 발생 과정을 어떻게 조사하고 어떤 방식으로 운영할지 계획을 세워 프로젝트 계획서에 작성하도록 하였다.

개인의 의견을 존중하여 모둠을 구성하다 보니 시작은 좋았다. 하지만 실제 모둠의 역할을 분배하는 과정, 예를 들면 만화를 그리는 역할과 자료를 수집 편집하는 역할을 하는 학생이 없는 경우도 발생하였다. 단순히 좋아하는 것이 같은 것을 토대로 한다고 하여도 역할에 따른 불만이나 어려움이 늘 발생한다는 것을 염두에 두어야 한다. 그리고 필요에 따라서는 구성원을 적절하게 조정을 해주어야 한다.

| 모둠구성하기 | 핵심
키워드 | | 대주제명 | |
| | | | 소주제명 | |

작성자 : (모둠장)	학번		이메일	
	전화			
모둠원1:	학번		이메일	
	전화			
모둠원2:	학번		이메일	
	전화			
모둠원3:	학번		이메일	
	전화			
모둠원4:	학번		이메일	
	전화			
모둠원5:	학번		이메일	
	전화			

모둠이 구성된 후에는 모둠 세우기의 한 방법인 '인간 시장 게임'을 진행하였다. 여러 가지 문항에 해당되는 학생을 전부 일어나서 찾아가는 것이다. 이는 다른 모둠의 친구들과도 함께 하도록 하여 학급 전체가 하나라는 마음을 갖도록 하는 데 도움을 주었다. 학생들은 활발하게 돌아다니면서 다른 친구들과 활동을 하였다. 나중에 학생들의 소감 중에서는 프로젝트 수업 중에서 인간

시장 게임이 가장 재미있었다는 학생이 있을 정도였다.

그리고 그 내용을 토대로 수가 어떻게 발생되었는지 서로 이야기를 나누게 하였다. 처음에는 서로 가진 지식이 많지 않아 깊이 있는 이야기를 나누지 못하였다. "무리수가 뭐지? 루트 2 더하기 루트 3은 루트 5인가?"등 수학의 기초가 없는 학생들도 적잖게 존재하였다. 그리하여 다음 차시에는 학습에 대한 이해를 돕고자 《뉴턴 하이라이트: 허수란 무엇인가》(일본 뉴턴프레스)와 같은 책을 소개하기도 하였고, 학생들에게 EBS 동영상을 수업 시간에 보여주고, 컴퓨터를 사용할 수 있도록 하였다. 이런 일련의 과정을 통해 기본적인 지식을 습득하고 이 내용을 어떻게 표현하는지 생각하도록 도움을 주었다. 상황에 따라서 내용을 전혀 모르는 경우에는 학생들에게 학습지를 제공하고 교사가 직접 개입하여 모둠장에게 설명한 뒤, 모둠장이 모둠원에게 다시 설명하는 방식을 취하였다.

그리고 산출물은 반드시 만화로 제작하도록 안내하였다. 이를 위해 어릴 때 읽었던 학습 만화(예를 들어 《수학도둑》)나 생각할 수 있는 만화(《이야기 패러독스》등)를 제시하여 결과물 제작에 대한 두려움을 떨쳐 내고 어떤 식으로 제작할 것인지 생각하는 데 도움을 주었다.

(2) 3~4차시 실행 단계: 자료 조사, 스토리보드 작성

선정된 수에 대해 각자 내용을 조사하도록 한다. 1학년 학생들은 자료 조사하는 것에 익숙하지 않기 때문에 자료 조사에 앞서서 학교 도서관을 활용하는 법(십진분류표) 등을 사서 선생님을 통해 미리 교육을 받도록 하는 것이 좋다. 또한, 의미 있는 자료를 쉽게 찾을 수 있도록 수업 전에 틈틈이 도서관에 책을 신청하는 것이 좋다. 학교 운영비의 4% 정도를 학교 도서관 책을 구입하는 데 쓰도록 되어 있다. 이 점을 알고 매년 거의 30권 가까운 수학 관련 서적을 신청해 두곤 하였다. 이는 수학 관련한 프로젝트 수업의 커다란 밑천이 된다. 또한, 비교과 자료(영상 자료)와 정기구독 자료 《수학동아》, 각종 잡지도 신청해서 학생들이 원하는 자료를 편하게 학교 도서관에서 찾을 수 있도록 지원하였다. 그리고 국회도서관, 국립중앙도서관, 논문 검색 사이트 등을 알려주면 학생들이 자료를 검색하는 데 많은 도움이 된다.

자료 조사하기				
주제어(찾을 내용)				
학번				
모둠원				
참고문헌 및 출처				
수집 내용 정리				

그리고 각자 조사한 내용을 토대로 모둠이 협력하여 마인드맵을 완성하도록 하였다. 마인드맵을 작성하기 전에 4가지 작성 원칙을 알려주었다. ① 중심 이미지 ② 가지 추가 및 배치 ③ 과장/강조/색상 ④ 관계선/연결선을 미리 설명해 주었다. 다양한 마인드맵 사례를 학생들에게 미리 보여줌으로써 학생들이 빠른 시간에 작성하도록 도움을 주는 것이 좋다. 교사의 경우 단원이 끝날 때마다 마인드맵으로 정리하는 연습을 꾸준히 시켜 두어 학생들이 마인드맵 작성 활동을 수월하게 할 수 있었다. 손으로 그리는 것 외에 스마트폰 속의 여러 마인드맵 애플리케이션(ok mind map, think wise 등)이 있으며, 온라인상에도 관련 프로그램이 다수 존재하므로 필요에 따라 학생들이 편한 것을 활용할 수 있음을 안내하였다. 그리고 완성된 마인드맵을 칠판에 공유하여 다른 모둠에서 정리를 어떻게 했는지 서로 피드백을 주고받을 수 있도록 하였다. 파급효과를 넓히기 위해 SNS를 이용하여 자료를 공유하였다.

마지막으로 프로젝트 수업이 잘 진행되고 있는지 확인하고 방향이 올바로 가고 있는지를 K-W-L-H 차트를 통해 좀 더 체계적으로 정리하게 하였다. '너 자신을 알라'는 명언처럼 차트를 작성하면서 아는 것과 모르는 것을 차트를 작

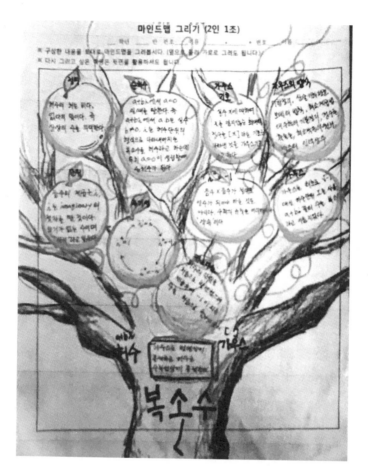

[그림 2] 복소수 트리형 마인드맵

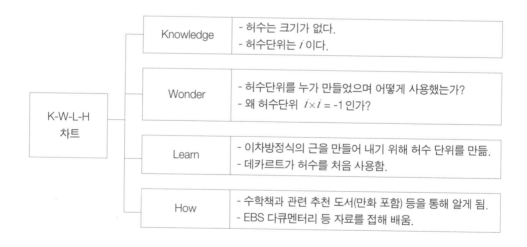

K-W-L-H 차트	Knowledge	- 허수는 크기가 없다. - 허수단위는 i 이다.
	Wonder	- 허수단위를 누가 만들었으며 어떻게 사용했는가? - 왜 허수단위 $i \times i = -1$ 인가?
	Learn	- 이차방정식의 근을 만들어 내기 위해 허수 단위를 만듦. - 데카르트가 허수를 처음 사용함.
	How	- 수학책과 관련 추천 도서(만화 포함) 등을 통해 알게 됨. - EBS 다큐멘터리 등 자료를 접해 배움.

성하면서 인식하고 모르는 것, 즉 찾아야 할 내용을 찾아낼 수 있었다. 이를 바탕으로 스토리보드 작성에 많은 도움을 받을 수 있었다.

정리된 내용을 토대로 학생들은 아이디어 협의를 하였다. 어떤 스토리로 만들 것인지 서로 이야기를 나누고 스토리보드를 만들게 하였다. 하지만 프로젝트의 경험이 없는 학생들은 협의 과정에서도 많은 시행착오를 겪게 되었다. 다음 사례가 그것을 보여준다.

> 저는 자료를 조사도 하고 정리도 했는데, 어떤 친구는 아무 생각도 없고 그냥 참여하고 점수만 받아가는 것 같아 속상했어요. 왜 이런 것을 하는지 모르겠어요. 제가 혼자 하는 게 나을 것 같아요.
>
> — 학생 소감문 중에서

이처럼 학생들끼리 협의하는 과정이 쉽지는 않았다. 아는 것과 설명하는 것이 다른 것처럼 스토리를 구성하여 표현하는 것이 생각보다 어려웠다. 이를 위해 다른 교과, 특히 '국어 교과의 도움을 받았으면 좋을 텐데' 하는 생각도 들었다. 하지만 조금씩 안정을 찾고 친구들과 협력하는 모둠을 보면서 교사는 학생을 믿고 기다려주고 필요할 때 학생들을 바른 방향으로 인도하면 되는 것이라는 것을 다시 한 번 배우게 되었다.

스토리보드를 작성할 때 채색은 선택 사항으로 하였다. 내용 정리에 집중하도록 만들기 위함이다. 그러나 학생들은 여전히 스토리보드를 만드는 과정을 가장 어려워했다. 아마도 가장 큰 이유는 내용에 대한 이해도가 낮기 때문일 것이다. 실제 어떤 개념이든 역사 발생적으로 오랜 기간을 고민하여 만들어진 내용이기에 짧은 시간에 학생들이 그 과정을 이해하고 새로운 이야기를 창출하는 것은 더욱 더 힘들었다. 학생들을 돕기 위해 모둠에서 가장 수학적 능력이 뛰어난 학생들을 모아 직소 모형처럼 팀을 구성하였고 각자 아이디어를 내서 회의를 하도록 하였다. 회의를 통해 도출된 아이디어로 스토리를 꾸며낼 수 있도록 교사는 지원자 역할을 하였다. 그리고 그 팀은 다시 모둠으로 돌아가 만들어진 아이디어를 토대로 스토리를 만들기 시작했다. 동화책, 만화책, 웹툰 등 학생들이 이야깃거리로 사용할 수 있는 것들은 전부 가져와서 회의도 할 수 있게 하였다. 이런 여러 가지 지원 자료와 여러 차례의 모둠 활동을 통해 학생들은 스토리를 만들 수 있었다.

스토리보드 작성		
내용	그림(만화 ,스케치)	내용

　내용을 재구성하고 창작하는 일련의 과정을 학생들이 좀 더 쉽게 접근하기 위해 스토리 큐브[1]와 같은 도구를 활용하면 효율적이다. 스토리 큐브의 주사위를 던져 서로 연관이 없어 보이는 그림을 연결하여 하나의 이야기로 엮는 연습을 했더라면, 스토리보드를 만들어내기가 좀 더 수월하였을 것이다. 또한, 실제 본인이 어릴 때 배웠던 짧은 글짓기나 삼행시 짓기 같은 활동도 도움을 줄 수 있다. 추후 이런 유형의 프로젝트를 다시 진행한다면 꼭 미리 스토리 큐브와 같은 활동을 연습시키고 해야겠다고 마음먹게 되었다.

---

1. 주사위에 특정 그림이 그려져 있어 '스토리 큐브'라 부른다. 여러 개의 주사위를 던져 나온 그림에 맞춰 이야기를 구성해 나간다.

(3) 5~6차시 결과물 제작: 만화 제작하기

다음 단계에서 스토리보드를 토대로 직접 만화를 제작하게 하였다. 만화를 제작하고 왜 그 스토리를 선택하였는지 내용을 메모해 두도록 하였다. 만화 제작 활동 시 학생들이 직접 만화책을 가져오는 것도 허용하였다. 단지 주의할 것은 만화책을 가져와서 만화만 보고 있는 모둠이 생기기도 한다는 점이다. 그런 경우 체크리스트에 감점을 준 경우가 있었기에 학생들이 만화는 참조용으로만 활용할 수 있도록 적절히 제한을 두어야 한다. 그리고 여전히 무임승차하려는 학생이 종종 포착되었는데, 활동에 어려움을 겪는 학생들에게는 스케치 그림에 색칠을 하도록 하는 것도 좋은 방법이었다. 무엇인가 자신의 역할이 있다는 것을 느끼게 하여 소속감을 갖게 하며 심리적으로 색칠할 때 행복감도 줄 수 있다. 실제로 프로젝트 후 "색칠할 때가 가장 행복했어요."라고 말하는 학생도 있었다. 이유를 물어 보았더니 자기가 원하는 색으로 칠해서 좋다고 하였다. 학생들은 역시 자신의 자유도가 얼마나 반영되었는지에 따라 좀 더 책임감을 가지고, 그 속에서 행복감을 느끼게 됨을 알게 되었다. 또한 모둠 수업이 진행될 때 항상 교사는 적절한 긴장감을 유지해주어야 한다. 그냥 학생들끼리 해보라고 하는 것은 무책임한 방임이나 다름없다. 적절한 정숙과 계획된 수업에 따라 학생들이 자유롭게 모둠 활동에 참여하도록 하는 것이 핵심일 것이다.

만화 만들기	4~8칸 정도의 만화를 스토리보드를 활용하여 만들어 본다.

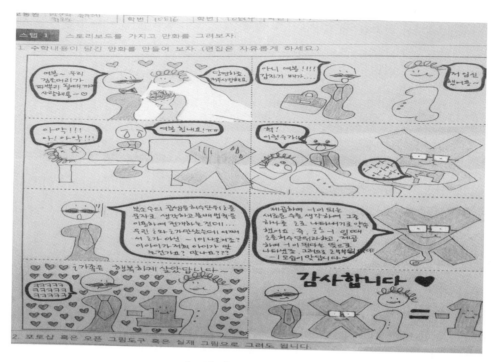

[그림 3] 8컷 만화 예시

(4) 7차시 마무리 단계: 발표와 평가

모둠별로 발표와 평가가 동시에 이루어졌다. 발표는 반드시 프레젠테이션으로 하도록 하였고 결과물인 만화는 그 안에 집어넣도록 하였다. 만화 제작 과정을 설명하고 어떤 의도로 만화를 제작했는지 반드시 학생들에게 설명하게 하였다. 물론 각종 양식은 카페 등 SNS를 통해 이미 공지하였고 그 내용을 모둠장이 주도하여 정리하도록 하였다. 여러 가지 만화가 소개되었는데 내용 부분에서 오류가 있는 경우도 있었고 기존에 알려진 방식을 그대로 만화로 재구성한 경우도 있었다. 결과물 중심의 발표를 할 때, 스토리보드를 작성하는 단계에서 제작된 내용을 좀 더 꼼꼼히 읽고 피드백을 한다면 오류 등의 문제를 해결할 수 있을 것이다.

이번 발표 전에 당시 인기가 높았던 스마트 교육의 일환으로 프레지의 활용법에 대해 학생들에게 설명해 주었다. 스마트 기기도 적절히 사용할 수 있는 능력의 배양도 목표로 하였다. 이를 통해 거의 50%에 해당되는 학생들이 프레지로 프레젠테이션을 준비하였다. 이는 교사가 보여주는 샘플이나 예제들이 학생들의 발표 제작물과 높은 상관관계가 있음을 보여준다. 그러므로 학생들의 다양한 사고의 폭을 넓히기 원한다면 학생들에게 주는 정보는 적절히 조절하여야 한다.

발표하는 동안 동시에 평가를 실시하고, 그 내용을 합산하여 점수를 산정하였다. 발표가 끝나면 학생들은 질의응답을 통해 내용의 오류가 없는지 학생들끼리 토의하였다. 여러 발표 사례 중 기억에 남는 것이 있다. 모둠장인 학생이 혼자 발표를 훌륭하게 하였다. 이야기도 재미있게 하고 구성도 좋았다. 단연 동료평가에서도 가장 우수한 발표자로 뽑히기도 하였다. 다만 평가 시 모둠이 함께 발표해야 한다고 했는데도 불구하고 혼자 유창하게 발표를 하였다. 발표는 매우 훌륭했지만 협력적 사고가 부족하여 평가에서 약간의 손해를 보았다. 이 학생은 이후 소감문에 "프로젝트 수업을 왜 하는지 모르겠다. 내가 무엇을 잘못했는가? 다른 학생들은 준비하는 동안 잘 도와주지도 않았다. 나는 최선을 다했다."고 적었다. 소감문을 읽고 나서 프로젝트 수업 내내 "그 학생이 얼마나 힘들었을까? 내가 적절히 좀 더 개입을 했어야 했는데" 등 여러 생각이 들었다. 이 일을 통해 "모둠 구성을 어떻게 하면 잘할 수 있을까?" 고민하게 되었고, 모둠 세우기가 얼마나 중요한지도 다시 알게 되었다.

이에 반해 어떤 모둠은 모둠원이 모두 하나 되어 발표를 재미있게 역할을 나누어 하는 모습을 보았다. 마음 같아서는 모두 그렇게 하길 바라지만 실제로는 그렇지 않은 모둠이 더 많았다.

발표 후 소감을 나누었고 교사의 간단한 강평도 이어졌다. 평가 시간에는 가급적이면 80% 이상을 칭찬을 하여 서로에게 긍정적인 강화를 주려고 하였다. 그럼에도 여전히 20%의 부정적인 말을 하는 학생들은 존재하였고 물론 교사인 나도 긍정적인 평가보다 부정적인 부분을 부각시키는 경우가 많았다. 좀 더 나은 피드백을 위해 마지막 시간은 서로 칭찬하고 격려하여 프로젝트 기간 동안 고생했다고 파티를 여는 것도 좋은 방법이 아닐까 싶다.

(5) 평가

평가는 학기 초에 계획된 평가 계획에 맞추어 이루어졌다.

첫째, 수행평가 평가기준에 의거하여 평소 기록된 포트폴리오를 통해 발표 (40%)와 결과물(60%)을 합산하여 평가하였다. 프로젝트 중 과정 평가를 위해 마인드맵 그리기 과제 평가를 따로 진행하였다.

둘째, 교사가 프로젝트 수업의 진행 과정을 관찰한 체크리스트와 각종 결과물 등을 보고 학생의 성장 과정과 역량이 보이는 경우에는 생활기록부 과목별 세부능력 및 특기사항 란에 기록하였다.

〈교사의 학생 관찰 내용 중〉

이○○ 학생은 학업에 관심이 없고 수업 시간에 방관자로 일관하였던 학생이다. 그런데 만화 제작하는 단계에서 직접 만화를 스케치하고 색칠하는 모습이 눈에 선하다. 모둠에 함께 참여하면서 그 반의 분위기가 좋은 방향으로 바뀌고 학생도 함께 성장함을 보여주었다.

〈학생의 활동 후기 중〉

조○○

프로젝트 수업을 시작하면서 무엇을 어떻게 할지 몰라 매우 난감했다. 스스로 기획부터 결과물까지 만들어내는 과정을 잘할 수 있을까 고민이 많았다. 하지만 친구들과 함께 이야기 나누고 하는 과정을 통해서 평소 몰랐던 친구들에 대해서도 알게 되었다. 또한 아무 생각 없이 사용하던 '수'라는 것이 어떻게 발생되고 만들어졌는지 직접 알아가는 시간을 갖게 되었다. 수업 시간에 배우는 것만 알아가던 나에게 '왜?'라는 질문을 던져 보고 생각을 하게 만들어 주었다. 또한 함께 무엇인가를 해낸다는 기분을 느껴 기회가 된다면 다시 이런 프로젝트 수업을 진행하면 좋겠다고 생각했다.

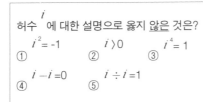

생활기록부(교과특기사항) 기록	
이○○	'복소수'를 주제로 만화 만들기 프로젝트를 진행하면서 만화 제작 과정에 적극적으로 참여하여 직접 캐릭터도 그리고 채색도 하는 등 자신의 역량에 맞는 협력하는 모습을 보여줌.

셋째로, 프로젝트 활동을 통해 학습한 내용으로 복소수와 실수의 다른 성질에 대해 설명한 학생 작품에 있던 내용을 활용하여 문항으로 출제하였다.

문항 출제 사례

허수 i에 대한 설명으로 옳지 <u>않은</u> 것은?

① $i^2 = -1$ ② $i > 0$ ③ $i^4 = 1$

④ $i - i = 0$ ⑤ $i \div i = 1$

"

5부

문제
중심
프로젝트

"

1장

현명한
선택

조건부확률

01

프로젝트 기획: 현명한 선택-조건부확률

우리는 일상생활에서 '감각과 어긋나는 확률'을 종종 만난다. 그 대표적인 예로 '도박사의 오류'라는 것이 있다. 동전을 여러 번 던졌더니 한 사람이 앞면이 연속 5번 나왔다고 하자. 그러면 그것을 지켜보는 사람은 앞면이 5번이나 나왔기에 그 영향으로 말미암아 6번째에는 뒷면이 나올 확률이 높은 것으로 생각한다. 그러나 실제 6번째 동전을 던질 때 앞면이나 뒷면이 나올 확률은 처음에 5번 동전을 던질 때 확률과 완전히 똑같다. 6번째 동전을 던질 때 뒷면이 나올 확률은 50%이다. 즉 동전을 던져 나오는 결과는 먼저 나온 결과에 영향을 받지 않는다.

이처럼 직관적으로 맞게 보이는 내용이 실제 수학적인 계산을 거치고 나면 틀릴 수 있다. 이런 내용을 담고 있는 개념이 조건부확률이다. 앞에서 발생한 사건이 다음에 일어날 사건의 확률에 영향을 미칠 때의 확률을 수학적으로 계산하는 것이다.

예를 들어 대학을 진학하고자 하는 대다수의 고등학교 3학년 학생들은 중요한 선택을 앞두고 있다. 스스로 6개 대학에 지원을 해야 한다. 각각의 대학 지원이 독립적으로 선택되는 것 같지만 실제로는 먼저 지원한 대학의 선택으로 말미암아 그 다음 대학 선택이 영향을 받게 된다. 그러한 상황을 수학적으로 해결할 수 있는 내용이 확률 단원의 조건부확률이다. 따라서 이번 프로젝트를 통해 학생들은 좀 더 상황을 명확히 이해하고 자신이 현명한 선택을 할 수 있는 역량을 키우는 것을 목표로 삼았다.

1차시	2차시	3~5차시	6차시	7차시
준비 단계	실행 단계	결과물 처리 단계	마무리 단계	학습활동 및 평가 단계
-프로젝트 안내 -문제 제시 -모둠 구성	-관련 영상 시청 -스토리 선정 -문제해결	-시나리오 작성 -역할극 구현 -발표계획서 작성	-발표 -평가서 작성	-평가하기 -소감 나누기

　수학에서 문제해결력은 언제나 중요한 핵심 역량에 속하기에 문제 중심의 프로젝트로 운영하였다. 또한 문제를 효과적으로 전달하기 위해 스토리텔링 기법을 활용하기로 하였다. 더욱 다양한 상황을 접할 수 있도록 3가지 조건부 확률 상황을 제시하였고 6개 모둠에서 각각 원하는 스토리를 선정하였다. 그리고 제시된 스토리를 모둠에서 해결하도록 하였다. 단순히 내용을 풀게 한 것이 아니고 실제로 문제에 주어진 조건을 다시 바꿔서 풀게 함으로써 조건부 확률에서 조건이 변하면 확률이 바뀌는 것을 직접 이해하도록 하였다. 그리고 이 내용을 재구성하여 모둠에서 시나리오를 작성하여 역할극으로 발표를 하도록 계획하였다. 3가지 시나리오 중 메르스-바이러스에 관한 시나리오는 당시 이슈화되어 있었기 때문에 학생들 모둠이 모두 그 소재를 선택할 것 같았다. 하지만 실제로는 두 모둠이 그와 다른 주제 한 가지를 시나리오로 선정하였다. 만약 주제 하나에 모든 모둠이 몰리는 상황이라면 더 많은 주제를 제공하거나 교사가 직접 개입하여 배분해주어야 한다.

　발표 방법은 역할극에 한정하도록 제시하여 선택에 어려움이 없도록 하였다. 현장에서 발표하는 모둠과 영상으로 제작하여 발표하는 모둠이 각각 3개씩 있었다. 영상으로 제작하여 발표하는 모둠에게는 파워포인트로 간단하게 추가 자료를 작성하도록 지도했다. 수업의 흐름을 소개하면서 중간에 영상을 보여주게 하여 현장성을 갖도록 만들어 주었다. 발표 후에는 서로 평가하고 이야기를 나누며 우의를 돈독하게 만들 수 있는 시간을 주고, 이를 통해 스트레스를 최소화하고 활동에서 배움이 일어날 수 있도록 도움을 주었다.

02

단원별 수업 계획

단원별 수업계획은 2015 교육과정의 단원 및 학습목표, 그리고 성취기준 및 성취수준을 그대로 사용하였다.

(1) 단원

1) 대단원: 확률과 통계

2) 소단원: 조건부확률

(2) 학습목표

조건부확률의 의미를 이해하고, 이를 구할 수 있다.

(3) 2015 개정 교육과정 속 성취기준 및 성취수준

교육과정 성취기준		평가기준
[12학통02-05]조건부확률의 의미를 이해하고, 이를 구할 수 있다.	상	조건부확률을 구하고, 그 과정을 설명할 수 있다.
	중	조건부확률을 구할 수 있다.
	하	조건부확률의 뜻을 말할 수 있다.

(4) 평가 계획

이러한 기준에 따라 학생들은 평가하였지만 직접 점수를 부여하지는 않았다. 이유는 학기 초에 프로젝트 평가를 수행평가의 하나로 선정해 두지 않았기 때문이다. 대신에 학생들이 평가한 내용은 교과 세부 능력 특이사항에 기록하였다. 성적과 관련이 없었는데도 학생들은 새로운 수업 방법에 적극적으로 참여하였다. 오히려 평가가 성적에 반영되지 않는다는 점에서 좀 더 자유롭고 편하게 활동할 수 있었다고 소감을 밝힌 학생도 있었다. 또한, 입시 상황에서 이런 활동을 통해 잠시나마 행복감을 느껴서 좋았다는 소감도 있었다. 교사는 이런 내용을 읽으면서 학생들이 행복감을 느끼는 수업은 어떤 것일지 고민하는 시간도 가질 수 있었다. 이밖에 다른 학생들 중에는 대입에 필요한 자기소개서의 사례로 사용하는 학생들도 더러 있었다. 성적에 점수로 반영하지 않았지만 프로젝트 자체에 흥미와 관심을 가진 학생들이 많아서 결과적으로 성공적인 프로젝트 수업이 되었다.

프로젝트 평가서(교사용)

영역		평가 영역 및 요소	배점
과정 및 발표 과정	발표 영역	발표 내용이 창의적인가? 내용이 충실하게 조사되었는가? 조원 전체가 적극적으로 협조하였는가? 발표 준비가 철저히 되었는가?	80
	개인 태도 영역	주어진 과제를 성실히 수행했는가? 계획서 작성 회의에 적극적으로 참여했는가? 내용(발표)제작을 위한 아이디어를 제시했는가? 발표에 필요한 자기만의 역할 수행을 잘하였는가?	20
모든 항목을 3단계로 평정하여 합산하여 점수를 부여한다.			
기본 점수는 40점을 부여한다.			

(5) 수업계획서 작성

이번 프로젝트는 관련 개념 내용이 많지 않고 고3이라는 상황을 고려하여 문제 제시부터 문제해결과 발표까지 7개 차시라는 짧은 시간 안에 마무리하도록 하였다. 이에 맞추어 수업계획서를 만들었는데, 프로젝트 시수 확보를 위해 거꾸로 교실 수업의 방식을 활용하였다. 여기서 거꾸로 교실 수업 방식이란 가정에서 영상을 시청하고 수업 시간에는 가정에서 공부해온 내용을 토대로 활동지나 문제 등을 풀어가면서 학습을 하는 방법이다. 이를 통해 수업 시간에 교사가 설명하는 시간을 줄일 수 있었다.

수업을 진행하는 과정 중 학생들은 문제를 잘 해결하지 못하거나 시나리오 쓰기를 힘겨워할 수 있었다. 이런 예상 가능한 문제점을 해결하기 위해 수업 계획서를 통해 적절한 수업 지원 자료를 학생들에게 배포하였고, 학생들은 이를 통해 수업을 준비하고 프로젝트를 원활히 수행할 수 있었다.

프로젝트 학습 수업 계획서(교사용)

1. 프로젝트 개요

주 제	현명한 선택(조권부확률)		
유 형	☐ 주제 중심 프로젝트 ☐ 과제 중심 프로젝트 ☑ 문제 중심 프로젝트 ☐ 교과 융합		
관 련 교 과	교과	학습내용	성취기준
	역사	조건부확률	[12학통02-05]조건부확률의 의미를 이해하고, 이를 구할 수 있다.
기간 / 차시	7차시(프로젝트 수업)		
대 상	고등학교 3학년		
목적, 의도	① 조건부확률의 의미를 설명할 수 있다. ② 상황에 따라 조건부확률을 활용하여 문제를 풀 수 있다.		
활 동 방 법	① 프로젝트 수업의 과정에 따라 진행한다. ② 교사는 중간에서 수학적 오류가 없는지 체크한다.		
학 습 질 문	① 인간은 선택을 왜 하는 것일까? ② 올바른 선택이란 무엇일까? ③ 상황에 따라 정확한 판단을 할 수 있는가? ④ 상항을 정확히 이해하고 그 확률을 구할 수 있는가?		
예상 결과물	각종 활동지, 시나리오 , 역활극		

평가계획	① 활동 중 평가와 발표의 결과물평가를 실시한다. ② 관찰평가, 평가지의 서술형의 내용 중 유의미한 내용은 생활기록부에 기록한다. ③ 학습내용을 정기고사에 문항을 출제한다.
공유방법	발표한 작품은 영상을 촬영하고 SNS를 통해 공유한다.
학습 지원 자료	① 시나리오 작성 요령 안내 ② 역할극 예시 안내 ③ 영상 촬영법 안내
예상 문제점	① 선택된 스토리를 수학적으로 해결하지 못할 수도 있다. ② 시나리오 쓰기나 역할극 활동이 어려울 수 있다. ③ 모둠 활동 시 무임승차가 발생할 수 있다.
기 대 효 과	① 상황을 수학적으로 정확히 이해할 수 있다. ② 상황에 맞는 조건부확률을 구해 현명한 판단을 할 수 있다. ③ 역할극을 통해 자신감을 가질 수 있다.

2. 차시 계획

차시	활동내용	세 부 활 동	비고
1	준비 및 계획 단계	오리엔테이션(수업 안내) 모둠 구성 활동 계획서 작성 스토리 소개 (문제 제시)	
2	실행 단계	영상 시청(가정에서) 스토리 선정하기 스토리 문제해결 하기 조건을 바꿔 다시 풀어보기	
3	결과물 처리 단계	역할극 제작 준비 역할극 발표 준비 및 연습	
4	마무리단계	모둠별 발표 평가서 작성	
5	학습활동	피드백 및 검토	

03

프로젝트 수업의 실행

(1) 1차시 준비 단계: 문제 제시, 모둠 구성, 학생 계획 수립

첫 차시는 프로젝트 수업의 방식과 진행 방법에 대해 이해하도록 하였다. 이어 모둠을 구성하고 모둠원의 역할을 분담한다. 이에 앞서 아이스브레이킹 활동으로 진진가 게임을 활용하여 친구들과 이야기를 나누면서 서로 가까워지는 계기를 마련해 주었다. 참고로 진진가 게임이란 진짜인 내용과 가짜인 내용 한 가지를 학생들이 적어 그중에서 가짜인 내용을 찾아내는 게임으로 첫 차시에 무리 없이 진행하기 좋은 방법이다.

곧바로 조건부확률에 대한 내용을 토대로 학생들에게 문제를 제시하였다. 도박사의 오류를 알려주기 위해 동전을 10회 던진 후 앞면과 뒷면을 기록한 두 가지 데이터를 준비했다. 하나는 교사가 임의대로 앞면과 뒷면의 횟수가 비슷하게 나오도록 조작해 기록한 데이터, 다른 하나는 실제로 동전을 던져 나온 데이터이다. 그리고 학생들에게 2가지 기록 중 어떤 것이 진짜 데이터인지 질문한다. 그러면 대다수 학생들은 동전의 앞면과 뒷면이 나올 확률이 1/2 임을 알고 있기에 앞면과 뒷면이 나온 횟수가 비슷한 조작한 데이터가 실제 자료라고 생각한다. 이를 통해 실제 사건끼리의 영향이 있는 것인지 없는 것인지 고민해 보도록 하였다. 다시 주머니 속의 공의 예를 통해 앞 사건이 뒤 사건에 영향을 미치는 경우에 대해 가볍게 언급하였다.

이어서 진행될 문제 상황을 제시하고 어떻게 해결해야 할지 그 이론적 기반이 되는 내용을 영상으로 제공해서 알려주었다. 교사는 교과 수업이 진행되는 과정에서 학생들이 자연스럽게 조건부확률이 핵심임을 알 수 있도록 준비하였다. 그리고 그 내용을 듣기 위하여 네이버 밴드에 가입하게 하였고 다음 차시에 미리 디딤 영상을 보고 오도록 안내하였다. 아울러 프로젝트 수업의 일정을 온라인상에 공지로 올려 주었다. 또한, 모둠장들에게 프로젝트 수업 일정이 담긴 자료를 한 장씩 배포한 뒤 안내하였다. 프로젝트 수업이 무엇인지 잘 모르는 학생들에게 다행인 점은 운영 반 학생 중 10여 명이 1~2학년 때 수학 동아리 소속으로 프로젝트 수업 방식에 익숙하였다는 것이다. 이 학생들은 수업에서 질문은 어떻게 하는지, 활동은 어떻게 하는지를 알고 있기에 모둠에서 협력이 잘 이루어지도록 도와주었다. 뿐만 아니라 논리-수학적 능력을 바탕으로 모둠이 바른 방향으로 나아가도록 만들어주어 단기간에 이루어지는 활동이 원활히 운영되도록 촉진자와 같은 역할을 해주었다.

(2) 2차시 실행 단계: 학습활동, 스토리 선정 및 해결하기

2차시에는 수업 내용을 학생들이 가정에서 학습할 수 있도록 거꾸로 교실 방법을 도입하였다. 이 수업 방식은 설명 시간을 단축하여 온전히 프로젝트 수업 활동을 할 수 있도록 하는 것이다. 그리고 디딤 영상을 제공하면서도 학생들의 수준을 고려해 상중하 수준으로 조건부확률에 관한 강의 내용을 제작하여 온라인으로 제공하였다. 수업 전 학생들은 가정에서 미리 자신의 수준에 맞는 수업을 듣도록 하였다. 그리고 실제로 수업을 듣고 왔는지 확인하기 위해 디딤 영상을 공지로 띄워 둠으로써 어떤 학생이 수강하였는지 확인할 수 있었다. 실제로 확인한 결과 학생들의 60%가 수강한 것으로 보였다. 참고로 네이버 밴드를 사용하였는데 공지로 등록을 해두면 수강한 학생의 이름을 확인할 수 있다. 그렇지만 클릭 한 번만 해도 수강으로 확인되기에 제대로 수강하지 않은 학생들고 꽤 있었다. 이에 대비하기 위해 수업 확인용 프린트물도 제출토록 하였는데 실제 두 가지 모두 준비된 학생은 점검해 본 결과 30%에 머물렀다. 그래서 실제 수업 전 수강을 하지 않은 학생들을 확인하여 활동에 앞서 도서관에 있는 컴퓨터를 활용하여 강의를 들은 후 수업에 참여하도록 하였다. 그 과정으로 인해 실제 활동할 수 있는 시간이 줄어 불만이 생기는 모둠도 있었다. 그렇더라도 실제로 학습지를 해결하는 과정에서 학생들이 내용을 모두 이해하고 있었다는 점에서 시간이 낭비된 것은 아니었다.

이번 차시의 핵심은 모둠에서 협의를 거쳐 3가지 스토리 중 한 개를 선정하는 것이다. 선택과 합의에 있어서도 학생들은 쉽게 결정을 내리지 못했다. 단순히 쉬워 보이는 것을 택하려는 경향도 내비쳤다. 이런 상황에서 결정을 내리기 위해 어떻게 생각해야 하는지 학생들에게 직접 경험할 수 있도록 상황을 제시하였다. 3가지 스토리 중에서 가장 뜨거운 주제는 메르스였다. 2018년에도 메르스 환자가 1명 확진 판단을 받았다는 뉴스를 보았다. '확진 환자는 진짜 메르스에 걸렸을까?'와 유사한 스토리는 분명히 매력적으로 보였다. 다음은 세 번째 스토리 과제 내용이다.

2014년 5월 12일자 신문에서 '치사율 30% 메르스 바이러스 퍼지고 있다'는 기사를 본 당신은 사우디아라비아에 살고 있다. 이 지역에서는 바이러스가 발생해 이미 1만 명 중 1명이 감염되었다고 가정하자. 걱정된 당신은 이 바이러스의 감염 검사를 받았다. 그랬더니 의사가 "이 검사의 정밀도는 99%이고, 오진 판정이 나올 확률은 불과 1%입니다."라고 설명했다. 그리고 "당신의 검사 결과는 불행히도 '양성(감염됨)'입니다."라고 알려주었다. 이 사람이 실제로 감염된 확률은 99%인가?

하지만 수학적 능력이 부족한 모둠에서는 그 문제보다는 두 번째로 준 스토리 도박사 이야기를 선택하는 경향을 보였다. 그리고 실제 수학 동아리 회장이 있는 모둠에서는 과감하게 솔로몬 왕과 관련된 수학사적 내용을 토대로 한 첫 번째 스토리를 선택하여 수학적 도전 정신과 탐구 능력을 보여주었다. 다음은 첫 번째 스토리의 일부분이다.

솔로몬 왕이 시바 여왕에게 결혼을 청했을 때 (중략) 10개의 은화가 들어있는 그릇 하나와 10개의 금화가 들어 있는 그릇 하나 (중략) 솔로몬에게 눈을 가리고 두 개의 그릇 중에 하나를 선택해 동전 하나를 꺼낼 것을 요청했다. (중략) 솔로몬은 잠시 승산을 고

민한 후, 눈을 가리기 전에 두 개의 그릇에 들어 있는 금화와 은화를 섞은 뒤 10개씩 각

각의 그릇에 다시 담아도 되는지 물었다. (중략)

— 《스토리텔링으로 수학 가르치기》중에서

마지막으로 스토리 활동지 두 번째 내용은 아래와 같으니 참고하기 바란다.

스토리 활동지 2 (카드 세 장의 비밀)

카드 사기꾼이라는 작품의 그림은 조르주 라 트루의 작품으로 젊은 두 친구가 카드게임을 하고 그 옆에 나이 든 사람이 바람잡이 역할을 하고 있다. 그때, 사기꾼은 손을 뒤로 한 채, 사기를 치고 있다. 여러분이 사기꾼과 카드놀이를 한다고 한다. 우선, 친구에게 에이스가 포함된 카드 세 장을 앞면이 보이지 않도록 펼쳐놓으라고 한다. 에이스를 찾는 경우 당신은 1만 프랑을 상금으로 받는다고 하자. 친구는 에이스가 어떤 카드인지 안다. 이제 여러분은 세 장의 카드 중에서 에이스를 선택하려고 시도한다. 카드 한 장을 선택한 다음, 친구에게 에이스가 아닌 다른 카드 한 장을 뒤집어 달라고 말한다. 친구가 다른 카드를 확인한 뒤, 에이스가 아닌 카드 한 장을 이렇게 뒤집어 놓는다. 여기서 여러분은 선택을 바꿀 수 있다. 자, 어떤 결정을 내리겠는가?

1단계 역할 정하기	
2단계 생각하기	
3단계 활동하기	
4단계 문제 풀기	
5단계 조건 바꿔보기	
6단계 발표하기	

(3) 3~5차시 결과물 처리 단계: 발표 준비 및 연습

3차시에 각 모둠은 선정된 스토리를 해결하기 위해 문장을 수학적 언어로

단계별로 바꿔서 실제 확률을 계산하였다. 함께 문제를 해결하기 위해 조건부확률 내용을 개인적으로 숙지하고 있어야 했다. 앞에서 언급한 것처럼 디딤영상을 미시청한 학생들에게 영상을 다시 보게 한 것은 탁월한 선택이었다. 대다수 학생들이 수학적으로 문제를 잘 해결해 나갔다. 물론 주어진 문제 상황을 수학적으로 모델링하고 계산하고 또한 모든 문제의 조건을 바꾸어서 다시 문제를 풀게 했는데, 이것은 조건부확률인 경우 조건이 변하면 확률이 변한다는 사실을 몸소 느끼게 해주었다.

그리고 조건을 바꿔 풀어보고 주어진 상황에 유리한 경우를 찾아서 풀어본 뒤 발표를 위한 계획서를 작성하게 하였다. 그 과정을 통해 왜 이 스토리를 선정하였는지 생각을 적어보고 실제로 수학적으로 어떻게 계산되었는지 다시 정리하도록 했다. 다음 활동지를 참고하기 바란다.

조건부확률 모둠 활동지

( ) 모둠	모둠장		자료 조사		자료 정리	
	발표자1		발표자2		발표자3	
스토리 선정 이유	우리는 (　　　　　　　　　　　　　　　　） 스토리를 하기로 하였습니다. 왜냐하면 (　　　　　　　　　　　　　　　）이기 때문입니다.					
모둠의 입장	우리는 아래 풀이 중 (　　　　　　　　　）을 선택하여 발표하도록 하겠습니다.					
모둠별풀이	풀이1					
	바뀐 조건 풀이 2					
최종 결론						

마지막으로 그 스토리를 역할극으로 표현하기 위한 시나리오(대본)를 제작했다. 시나리오를 작성하기 위한 활동지를 제공하였고 시나리오 작성 전 사례를 보여주기 위해 준비된 시나리오 대본의 일부를 복사해서 모둠별로 나누어

주었다. 어떻게 준비하고 운영을 하는지 학생들은 몇 가지 질문을 하였다. 예를 들어 시나리오에서 장면(scene)은 어떻게 나누어야 하는지, 혹은 장면의 내용 속에 인물의 행동 내용도 적어야 하는지 말이다. 다행스럽게도 방송부 학생들이 반당 2명 정도씩 있어 많은 부분의 답을 해주었고 방송 담당 선생님의 도움으로 무사히 시나리오를 모둠별로 작성할 수 있었다. 국어 시간에 시나리오 쓰기 같은 글쓰기 부분과 수업 시간을 맞췄으면 더 나은 작품이 나오지 않았을까 조심스레 생각해 본다. 그래서 융합 수업이 중요하고 2월에 교과 및 교육과정을 재구성하는 것이 얼마나 중요한지 느끼게 된다.

그리고 시나리오 작성을 완료한 모둠에 한하여 완성된 시나리오를 활용하여 역할극을 연습하거나 영상으로 촬영하는 시간을 갖도록 하였다. 영상으로 촬영하는 모둠의 경우 가급적 스마트폰을 활용하고 무료로 제공되는 여러 애플리케이션을 활용하여 촬영하도록 하였다. 그 외 무비메이커나 컴퓨터로 영상을 편집하는 방법도 밴드를 통해 공유할 수 있게 하였다.

(4) 6차시 마무리 단계

모둠별로 발표 자료(역할극 영상, 프레젠테이션 등)를 모두 제출하고 모둠별로 역할극을 직접 하거나 제작된 동영상을 활용하여 발표하였다. 발표할 때 다른 모둠이 경청하도록 지도하고 발표는 평소 프로젝트 수업을 운영하던 도서관에서 했는데 직접 발표하는 3개 모둠이 우선 발표를 하였고 그 다음은 영상을 제작한 3개 모둠이 영상과 프레젠테이션을 합하여 자신의 스토리를 만들어낸 결과물을 보여주었다.

그중에서 수학 동아리 회장이 속한 모둠에서 솔로몬과 시바 여왕 스토리를 게임으로 만들어 역할극 영상을 찍었다. 특히 솔로몬, 시바 여왕 등 등장인물을 게임 캐릭터로 집어넣어 문제 상황을 풀어나가도록 하였다. 그리고 각자 역할을 맡아 멋지게 연기한 내용을 넣었을 뿐 아니라 수학적으로도 조건부확률의 조건에 따른 확률 계산을 정확히 보여주어 내용의 충실성, 구성의 창의성 등에서 단연 돋보였다. 단지 아쉬운 것은 케이블에서 즐겨하는 드라마를 패러디하여 만들었는데 학생들이 19세임을 고려한다면 조금은 양식 제한을 두었다면 어떠했을까 하는 점이다. 그렇더라도 역사 이야기와 조건부확률 내용이 적절히 어우러졌던 영상은 한참 동안 학생들에게 역할극의 대표적인 사례로 보여질 정도로 수준이 있는 작품이었다. 그리고 발표하는 동안 모둠별로 다른 모둠에 대해 평가를 시행하였다. 평가는 비판보다는 격려의 분위기가 될 수 있도록 하였다. 왜냐하면 시험 점수로 평가하지 않고 하나의 수업 참여 활동으로 함께 준비하는 것을 나누는 시간이었기 때문이다.

(5) 7차시 학습활동 및 평가 단계

발표가 끝나면 소감문을 작성하여 학생들이 짧은 기간의 수업 평가를 되돌아보게 한다. 이번 프로젝트는 학생들이 평가를 하게 된 만큼 서로 비판하는 분위기보다는 편안한 분위기를 조성하였다. 약간의 먹거리도 함께 제공하였다. 모둠끼리 프로젝트에 대하여 어떤 느낌이었는지 서로 이야기를 나누게 하고 최고의 작품도 선정하게 하였다. 그리고 학생들의 소감과 교과 교사의 관찰을 토대로 교과세부능력 및 특기사항에 내용을 기록하였다.

(6) 평가

이번 프로젝트에서 평가는 참고용으로만 사용하였다. 프로젝트 수업을 통해 학생들이 협업하는 능력을 키우고 정확히 상황을 파악하여 생각할 수 있는 능력을 키우는 데 주안점을 두었기 때문이다. 그러면서도 공정하게 평가하기 위해 학생들이 직접 점수를 줄 수 있도록 평가표를 제공하였다. 그리고 100점 만점을 기준으로 개인 평가 20점, 모둠 평가 80점으로 구성하였는데 상중하를 정해 점수를 차등하여 배점했다. 개인평가에서는 2점씩 상(5점), 중(3점), 하(1점), 모둠평가에서는 10점씩 상(80점), 중(60점), 하(40점) 점수를 부여하여 두 개의 점수를 모두 합산하여 계산하였다.

개인 평가표(개인 체크리스트) (총20점 5점/3점/1점)

모둠명 :   학번 :   이름 :   담당 역할 :

평가 내용	상(5)	중(3)	하(1)	기타
주어진 과제를 성실히 수행했는가?				
계획서 작성 회의에 적극적으로 참여했는가?				
내용(발표)제작을 위한 아이디어를 제시했는가?				
발표에 필요한 자기만의 역할 수행을 잘하였는가?				
점수 합계				

모둠 발표 평가표(총 80점 −80점/70점/60점)

평가한 모둠명 :
평가받는 모둠명 :

평가 내용	상(5)	중(3)	하(1)	기타
1. 발표 내용이 창의적인가?				
2. 내용이 충실하게 조사되었는가?				
3. 조원 전체가 적극적으로 협조하였는가?				
4. 발표 준비가 철저히 되었는가?				
점수 합계				

그리고 교사는 모든 차시의 수업 중에 학생들을 관찰하고 그 내용을 잘 기록해 두어야 한다. 왜냐하면 이것을 토대로 생활기록부에 그 부분을 평가해서 적을 수 있기 때문이다. 뿐만 아니라 수업 종료 후 활동 후기를 받아 적고 이를 토대로 다음 수업의 피드백을 위한 자료로 사용하기 때문에 중요하다.

〈교사의 학생 관찰 내용 중〉

김○○은 매우 소심한 아이였다. 프로젝트 수업을 진행하는 내내 자신의 의견도 잘 제시 못하는 모습을 종종 보였다. 하지만 실제 공개수업 당시 모둠별 발표 장면에서 새로운 모습을 보여주었다. 그 많은 선생님과 학생들 앞에서 거리낌 없이 당당히 연기하는 모습은 평소 알고 있던 이미지와 매우 달랐다.

〈학생의 활동 후기 중〉

김○○

수학 수업을 늘 문제만 푸는 것으로 알고 배우던 나에게 있어 프로젝트 수업은 새로운 경험을 만들어 주었다. 우리 모둠은 메르스-바이러스 관련 내용을 선택하였는데, 실제 우리가 알고 있는 진단시약이 얼마나 잘못 판단할 수 있는지 직접 수학적으로 계산할 수 있다는 사실을 알게 되었다. 단순히 계산만을 위한 수학이 아닌 실생활 속 수학이 이런 것이다 깨닫는 순간이었다.

생활기록부 사례

	생활기록부(교과특기사항) 기록
구○○	프로젝트 활동에서 모둠장으로 솔로몬 관련 문제를 선택하여 다양하게 조건을 바꿔 문제를 친구들과 함께 협력하여 해결해 나갔음. 이를 통해 조건부확률의 유용성을 깨닫고 수학의 실생활 문제를 해결할 수 있음을 배움.

또한 메르스 바이러스 관련 문제를 실제 중간고사 문항에 제시하였다. 이를 통해 학생들은 프로젝트 수업을 진행하면서 배우게 된 조건부확률의 내용을 다시 확인하고 시험에서 풀어봄으로써 자신의 수학적 지식을 활용하여 실제와 가까운 문제를 풀 수 있는 간접경험을 가질 수 있었다.

문항 출제 사례

어느 진단시약은 환자가 병에 걸렸을 때 질병이라고 판단할 확률이 0.8, 환자가 질병에 걸렸을 때 병이 없다고 판단할 확률이 0.1이라고 한다. 그 병에 걸릴 확률이 30%라 하자. 이때 진단시약이 질병이라고 판단했을 때, 실제로 환자가 질병에 걸릴 확률을 구하여라.

2장

징검다리
프로젝트

다리 만들기

01

프로젝트 기획: 징검다리 프로젝트

2015 교육과정이 개정되면서 단순한 강의식 수업이 아닌 배움 중심 수업에 대한 요구가 늘어났다. 그중 프로젝트 수업은 모든 배움 중심 수업을 아우를 수 있는 좋은 수업 방식이다. 2015 교육과정에서는 무엇을 가르칠 것인지보다 그 지식을 어떻게 활용할 수 있는가에 더 관심이 있다. 결국 우리 생활에서 일어나는 문제를 수학적으로 해결하는 것이 중요한 것이다. 우리는 실제로 삶에서 생기는 문제들을 수학적으로 해결해 내고 있다. 매일 타고 다니는 엘리베이터와 항상 사용하는 스마트폰에도 수학적 원리가 이미 적용되어 있다. 하지만 대다수 학생이 수학에서 이론은 실생활과 괴리되어 있다고 생각한다. 수학은 단순히 사칙연산이라는 산수로서의 개념만 생각하며, 학교에서 배우는 수학은 단지 이론일 뿐이라고 여긴다. 이러한 생각들은 수학을 포기하는 학생들의 훌륭한 변명거리가 된다. 수학을 포기한 학생들, 일명 '수포자'에게 수학과 일상생활 사이의 연관성, 수학은 쓸모 '있음'을 알리는 것에서부터 이미 프로젝트는 시작된 것이다. 학생의 일상생활이 이루어지는 곳, 바로 학교와 그 주변에서 수학적으로 해결할 수 있는 사례를 찾고자 하였다.

그러던 도중 학생들의 발길이 닿지 않는 곳에 방치된 연못을 보며 어떻게 하면 이 공간을 효율적으로 활용할 수 있을지 고민하게 되었다. 연못을 활용하기 위해 의미 있는 다리를 만들어보자는 아이디어를 구상하게 되었다. 예를 들면 애플데이 행사 때, 단순히 사과와 편지를 나눠주는 것보다 연못 위 다리에서 애플데이 행사를 진행하는 일명 '소통의 다리'의 역할을 할 수 있는 다리를 제작하고 싶었다. 이 프로젝트를 실현하기 위해서 우선 수학 과목에서 다리 제작과 연계할 수 있는 단원이 필요했다. 1학년 과정에서는 이차함수나 분수함수 등이 적합해 보였다. 단지 함수 단원이 2학기 과정이라는 점이 문제였고, 결국 1학기 과정 중 이차방정식 속에 나오는 '이차함수의 최대·최소' 단원을 선택하였다. 프로젝트 수업을 시작하면서 다리의 문학적 정의나 의미, 다리의 역사, 사회에서 다리의 역할, 다리의 역학적 내용 등을 함께 다루고자 하였다. 이를 위해 학기 시작 전인 2월 초에 다리 제작 수업을 위해 국어, 사회, 수학, 과학 등의 과목을 연계한 융합형 프로젝트를 기획하여 교과를 재구성하는 순으로 진행하였다. 국어나 사회과와 연계를 시도하였으나 재구성 과정에서 가르치는 시기나 여건이 맞지 않아 수학과 가장 밀접한 통합과학과 과학실험 교과 내 다리 하중을 실험하는 부분과 연계하여 수학-과학 융합 프로젝트를 실시하게 되었다.

이 프로젝트는 총 11개 차시로 구성되었으며, 1~7차시까지는 다리 모형 만들기 프로젝트로 진행되었다. 8~9차시에는 발표와 평가를 진행하였고 10~11차시에는 제작한 다리 모형을 전시하고 투표를 통해 최고의 다리를 선정한 뒤 소감문과 다리 건축 제안서를 작성하는 활동을 함께 진행하였다.

1차시	2차시	3~4차시	5~7차시	8~9차시	10~11차시
준비 단계 1	준비 단계 2	실행 단계	결과물 처리 단계	마무리 단계 1	마무리 단계 2
-문제 제시 -모둠 구성 -미션1 (연못 크기 재기)	-프로젝트 계획서 작성 -미션2 (다리 조사하기)	-최선의 다리 찾기 (조사, 토의) -해결안 작성 -모둠평가 (이차함수, 디자인)	-다리 제작 -발표 자료 제작	-발표하기 -평가하기	-공유하기 -제안서쓰기 -소감문쓰기

02

단원별 수업 계획

과학 교과와 연계하여 프로젝트 수업을 진행하기 위하여 교육과정을 재구성하여 제시하였다.

(1) 단원
1) 대단원 : 방정식과 부등식
2) 소단원 : 이차방정식과 이차함수의 관계, 이차함수의 최대, 최소

(2) 학습 목표
1) 이차방정식과 이차함수의 관계를 이해할 수 있다.
2) 이차함수의 최댓값과 최솟값을 구할 수 있다.

(3) 성취기준 및 평가기준
1) 2015 개정 교육과정의 성취기준 및 평가기준 : 수학과

교육과정 성취기준		평가기준
[10수학01-09] 이차방정식과 이차함수의 관계를 이해한다.	상	이차방정식과 이차함수의 관계를 이해하고, 이를 이용하여 문제를 해결할 수 있다.
	중	판별식을 이용하여 이차함수의 그래프와 x축의 교점의 개수를 구할 수 있다.
	하	이차함수의 그래프를 보고 이차방정식의 근의 개수를 말할 수 있다.

[10수학01-11] 이차함수의 최대, 최소를 이해하고, 이를 활용하여 문제를 해결할 수 있다.	상	이차함수의 최대, 최소를 활용하여 다양한 문제를 해결할 수 있다.
	중	X의 범위가 주어진 이차함수의 최댓값 또는 최솟값을 구할 수 있다.
	하	이차함수의 최댓값 또는 최솟값을 찾을 수 있다.

2) 2015 개정 교육과정의 성취기준 및 평가기준 : 과학과

교육과정 성취기준		평가기준
[10과탐02-01] 생활 제품 속에 담긴 과학 원리를 파악할 수 있는 실험을 통해 실생활에 적용되는 과학 원리를 설명할 수 있다.	상	생활 제품 속에 담긴 과학 원리를 파악할 수 있는 실험을 수행하여 생활 제품 속에 담긴 과학 원리를 설명할 수 있다.
	중	생활 제품 속에 담긴 과학 원리를 사례를 들어 설명할 수 있다.
	하	제시된 과학 원리가 적용된 생활 제품을 나열할 수 있다.
[10과탐02-02] 영화, 건축, 요리, 스포츠, 미디어 등 생활과 관련된 다양한 분야에 적용된 과학 원리를 알아보는 실험을 통해 과학의 유용성을 설명할 수 있다.	상	일상생활과 관련된 다양한 분야에 적용된 과학 원리를 알아보는 실험을 수행하여 실험 결과를 과학 원리와 개념을 적용하여 해석하고 동일한 과학 원리가 적용된 다른 사례를 제시하여 과학의 유용성을 설명할 수 있다.
	중	일상생활과 관련된 다양한 분야에 적용된 과학 원리를 알아보는 실험을 설계하여 실험 결과를 과학 원리와 개념으로 적용하여 해석할 수 있다.
	하	일상생활과 관련된 다양한 분야에 적용된 과학 원리를 알아보는 실험을 수행할 수 있다.
[10통과03-01] 자유 낙하와 수평으로 던진 물체의 운동을 이용하여 중력의 작용에 의한 역학적 시스템을 설명할 수 있다.	상	자유 낙하와 수평으로 던진 물체의 운동을 분석하여 중력의 작용에 의한 물체의 운동 특징을 설명하고, 중력이 역학적 시스템뿐만 아니라 지구 시스템과 생명 시스템에서 일어나는 다양한 현상에 영향을 미침을 설명할 수 있다.
	중	자유 낙하와 수평으로 던진 물체의 운동을 분석하여 중력의 작용에 의한 역학적 시스템에서의 물체의 운동 특징을 설명할 수 있다.
	하	물체에 중력이 작용할 때 나타나는 운동 사례를 말할 수 있다.

(4) 교육과정 재구성

　수학 수업은 교육과정 순서대로 운영하였고, 과학 수업은 2개 차시의 실험 학습과 6개 차시의 학습을 위한 강의식 수업으로 구성하였다. 과학탐구실험과 통합과학의 단원 간 연계를 위해 교육과정을 재구성하였는데, 통합과학 시간에 역학적 시스템과 과학탐구실험의 다리 제작의 원리를 묶어서 6개 차시로 진행하였다. 뿐만 아니라 화학 'II단원 자연의 구성 물질'과 'III단원 화학 변화'를 묶어서 수업을 진행하였으며, 'IV단원 지구 시스템'은 2학기 '생명 시스템'으로 물리, 화학, 생명과학, 지구과학의 연계를 최대한 높일 수 있도록 수업을 재구성하였다. [10과탐02-01,02] 과학이 적용된 건축 분야를 중심으로 과학적 원리, 유용성, 즐거움 등을 깨달을 수 있는 활동을 통해 생활 주변에서 탐구 가능한 주제를 중심으로 탐구 활동을 추가로 진행하였다. 다리에 적용된 과학적 원리를 힘의 분산과 중력을 이용해 설명하는 과정에서 [10통과03-01] 물체에 중력이 작용할 때 나타나는 현상과 중력의 작용에 의한 역학적 시스템에 대해 설명하였다. 또한, 자유낙하운동을 분석하여 중력의 작용에 의한 물체의 운동 특징을 설명하고, 중력이 역학적 시스템에 영향을 미친다는 사실을 이해할 수 있도록 구성하였다.

기존의 교육과정				재구성한 교육과정-			
월	차시	단원	학습내용	월	차시	단원	학습내용
4	7	II. 자연의 구성 물질 　1. 결합으로 이루어진 세상 　2. 물질의 재발견, 신소재	-화학결합 -신소재	4	7	II. 자연의 구성 물질 　1. 결합으로 이루어진 세상 　2. 물질의 재발견, 신소재	-화학결합 -신소재
5	5	III. 역학적 시스템 　2. 중력은 어떻게 작용하는가?	-중력 -자유낙하운동 -수평으로 던진 물체의 운동	5	8	VI. 화학 변화 　1. 산화 환원 반응 　2. 산과 염기	- 산 화 환원 -중화반응

6	8	IV. 지구 시스템 1. 지구 시스템과 상호작용 2. 판 구조론과 지권의 변화	지구 시스템 판 구조론
9	8	VI. 화학 변화 1. 산화 환원 반응 2. 산과 염기	-산화 환원 -중화반응
6	3	II. 생활 속의 과학 탐구 2. 힘, 균형, 중력 그리고 아름다움	-제품 속 과학 -놀이 속 과학 -스포츠 속 과학 -문화예술 속 과학

▶

6	6	III. 역학적 시스템 2. 중력은 어떻게 작용하는가?	-중력 -자유낙하 운동 -수평으로 던진 물체의 운동
6	2	II. 생활 속의 과학 탐구 2. 힘, 균형, 중력 그리고 아름다움	-제품 속 과학 -놀이 속 과학 -스포츠 속 과학
9	8	IV. 지구 시스템 1. 지구 시스템과 상호작용 2. 판 구조론과 지권의 변화	지구 시스템 판 구조론 지진대, 화산대

(5) 평가 계획(수학과)

주어진 상황을 수학적 문제로 환원하여 문제를 해결해 나가는 과정과 그 결과물(보고서, 활동지, 다리 등)을 다음과 같이 평가하며, 기본 점수를 40점 부과하였다. 평가 방법은 3가지 영역(과제 수행: 40%, 발표: 40%, 태도: 20%)으로 나눠서 체크리스트로 시행하였다. 단, 발표 평가는 발표 당일 현장에서 시행하도록 하였다. 이때, 교육과정을 벗어나는 내용에 대해서는 일절 평가하지 않아 공정성을 확보하도록 하였다. 각종 자료나 서식은 계열에서 만들어진 밴드나 학교 홈페이지를 활용하도록 하였다. 또한, 될 수 있으면 수업 시간에 진행하여 평가의 공정성과 신뢰도를 높이고자 하였다.

다음에 제시한 표를 기준으로 실제로 이루어진 관찰 평가에서는 차시마다 학생들의 참여 상황을 관찰하여 ○, △, X로 표시하고 특이 사항을 기록하였다. 그리고 O가 아닌 경우는 미리 학생들에게 이유를 설명하고 기록하였다. △가 누적되면 감점을 할 것임을 미리 알려주어 잘 참여할 수 있도록 독려하였고, X(미제출)인 경우는 구제 가능하도록 장치를 마련하여 늦게 제출하는 경우 한 단계 상향해 주었다. 실수를 만회할 수 있는 장치를 마련한 것이다. 또한, 발표 평가는 학생들과 교사가 함께 하면서 학생들이 객관적으로 평가할 수 있도록 사전에 활동하면서 다른 모둠이나 친구를 평가해 보는 연습을 진행하였다. 극단적인 감점을 주는 경우 반드시 이유를 적게 하였고 이유가 타당하지 않은 경우를 제외하고 평균값으로 계산하여 감정적인 평가가 되지 않도록 조치를 하였다. 실제로 모둠원들의 사이가 좋지 못하여 서로 점수를 낮게 주어 동료평가에서 상대적으로 점수가 낮게 나오는 모둠도 존재하였다. 그렇다고 하더라도 대다수 학생들은 프로젝트 활동을 하며 서로를 더 알아가고 배려하는 과정을 통해 동료에게 좋은 점수를 주었고 많은 학생들의 평균점이 높아 성취수준이 다른 평가에 비해 높게 되었다.

평가 항목 및 성취기준

영역	평가 항목 및 성취기준	배점	
과제 수행 영역 (40%)	① 학습 주제를 잘 알고 계획하였는가? ② 학습 주제 해결을 위한 절차가 적절한가? ③ 자료 수집을 위한 방법이 적절한가? ④ 팀원의 역할이 효율적으로 정해졌는가? ⑤ 인터넷에서 자료를 얻을 수 있는 사이트를 잘 찾았는가? ⑥ 학습 주제에 맞는 자료를 수집하였는가? ⑦ 정보 수집 시 정보 수집 출처를 밝혔는가? ⑧ 수집된 자료를 잘 분석하여 학습 주제 해결에 필요한 자료들을 추출하였는가? ⑨ 인터넷에서 얻을 수 없는 자료들을 다른 방법으로 보충하였는가? ⑩ 자료의 배열 순서가 학습 주제 해결에 적절한가?	40	9개 항목 이상 만족
		30	6개~8개 항목 만족
		20	4개~5개 항목 만족
		10	3개~2개 항목 만족
		0	1개 이하인 경우

발표 영역 (40%)	모둠 평가	① 발표 내용이 창의적인가? ② 내용을 충실하게 조사하였는가? ③ 발표 준비가 철저히 되었는가? ④ 발표 내용이 이해하기 쉽게 잘 전달하였는가?	10 8 6 4 2	4개 항목 만족 3개 항목 만족 2개 항목 만족 1개 항목 만족 0개 항목 만족
	동료 평가	① 각자에게 주어진 과제를 성실히 수행하였는가? ② 모둠별 회의에 적극적으로 참여하였는가? ③ 발표물 제작 과정에 적극적으로 참여하였는가? ④ 모둠 활동이 잘 이루어지도록 협력하였는가?	10 8 6 4 2	4개 항목 만족 3개 항목 만족 2개 항목 만족 1개 항목 만족 0개 항목 만족
	교사 평가	① 분석 정리한 자료가 잘 제시되었는가? ② 학습내용을 잘 이해하고 발표하였는가? ③ 팀원들이 역할을 나누어서 함께 발표에 참여하였는가? ④ 발표가 학생들이 알기 쉽게 잘 전달되었는가?	20 16 12 8 4	4개 항목 만족 3개 항목 만족 2개 항목 만족 1개 항목 만족 0개 항목 만족
태도 영역 (20%)		① 팀원들이 학습 주제 해결에 서로 협력하였는가? ② 각자의 맡은 역할을 잘 수행하였는가? ③ 과제(보고서, 발표물)의 제출 시기를 잘 지켰는가? ④ 활동 시간 활동지를 개인별로 잘 수행하였는가?	20 16 12 8 4	4개 항목 만족 3개 항목 만족 2개 항목 만족 1개 항목 만족 0개 항목 만족

(6) 수업계획서 작성

수업의 목적은 학생들이 실생활의 문제를 해결하는 경험을 갖게 해 수학의 실용성을 느끼게 하는 것이다. 목적을 수월하게 달성하기 위하여 교사는 수업에 앞서 계획서를 작성함으로써 적절한 교육과정의 구성과 시간 안배, 수업에 필요한 지원 자료를 설정할 수 있다. 또한, 예상되는 문제점을 추론하는 과정을 거치면서 실제 수업에서 발생할 수 있는 문제를 해결할 방안을 고안해낼 수 있다. 이런 과정을 통해 교사는 수업을 능동적으로 재구성하고 이끌어갈 수 있게 된다.

수업의 최종 결과물인 연못 위에 다리 모형을 제작하기 위해서는 여러 교과의 연계가 필요했으나 현실적인 상황을 고려하여 유사도가 높은 수학과 과학을 융합하게 되었다. 이를 바탕으로 학생들이 쉽게 접근할 수 있도록 스토리 형태의 비정형인 문제 중심의 프로젝트 수업을 실시하였다. 그리고 다리 제작에 소요되는 시간을 고려하여 11개 차시로 진행되는 장기 프로젝트로 기획하였다.

프로젝트 학습 수업 계획서(교사용)

1. 프로젝트 개요

주 제	징검다리 프로젝트 (다리로 하나 되는 우리)		
유 형	☐ 주제 중심 프로젝트 ☐ 과제 중심 프로젝트 ☑ 문제 중심 프로젝트 ☐ 교과 융합		
관 련 교 과	교과	학습내용	성취기준
	수학	이차방정식과 이차함수	[10수학01-09] 이차방정식과 이차함수의 관계를 이해한다.
			[10수학01-11] 이차함수의 최대, 최소를 이해하고, 이를 활용하여 문제를 해결할 수 있다.
	통합 과학	생활 속 과학 원리	[10과탐02-01] 생활 제품 속에 담긴 과학 원리를 파악할 수 있는 실험을 통해 실생활에 적용되는 과학 원리를 설명할 수 있다.
			[10과탐02-02] 영화, 건축, 요리, 스포츠, 미디어 등 생활과 관련된 다양한 분야에 적용된 과학 원리를 알아보는 실험을 통해 과학의 유용성을 설명할 수 있다.
		운동과 에너지	[10통과03-01] 자유 낙하와 수평으로 던진 물체의 운동을 이용하여 중력의 작용에 의한 역학적 시스템을 설명할 수 있다.
기간 / 차시	7차시(다리 만들기 프로젝트)+4차시(발표, 공유, 제안서, 소감문 작성) (총11차시)		
대 상	고등학교 1학년		
목적, 의도	① 다리의 역학적 원리를 설명할 수 있다. ② 다리 속 이차함수를 찾고 그 특징을 설명할 수 있다. ③ 이차함수의 최대와 최솟값을 구할 수 있다.		
활동방법	① 프로젝트 수업의 과정에 따라 진행한다. ② 교사는 차시별 활동을 진행하고 필요한 내용을 제시하여 진행한다.		

학습 질문	① 수학은 실생활 문제를 해결할 수 있는가? ② 다리는 왜 만들어진 것일까? ③ 이차함수의 최대 최솟값을 구할 수 있는가? ④ 하중을 분산시키는 방법은 무엇이 있는가?
예상 결과물	각종 활동지, 제작된 다리 모형, 발표 자료, 소감문, 다리 건축 제안서
평가 계획	① 포트폴리오 평가와 발표의 결과물 평가는 수행평가에 반영한다. ② 관찰평가된 내용을 통해 유의미한 내용은 생활기록부에 기록한다. ③ 학습내용을 정기고사에 문항을 출제한다.
공유 방법	제작된 다리 모형을 학교 내에 전시하여 공유한다.
학습 지원 자료	① 각종 활동지 제공 ② 평택시 내의 다리 유형 안내 ③ 프레젠테이션 자료 제공
예상 문제점	① 모둠 활동 시 무임승차가 발생할 수 있다. ② 수학- 과학적 내용에서 수준별 차이가 생길 수 있다. ③ 다리 제작 시 이차함수식을 잘 구현 못할 수 있다.
기대효과	① 수학의 실용성을 직접 느끼고 그 필요성을 깨닫게 해준다. ② 다리의 역학적인 원리를 배우고 하중을 분산하는 방법을 알게 한다. ③ 이차함수의 여러 가지 성질을 이해하고 최대, 최솟값을 구할 수 있다.

2. 차시 계획

차시	활동내용	세 부 활 동	비고
1	준비 단계 1	오리엔테이션(수업 안내), 문제 제시, 모둠 구성, 미션1 제시	
2	준비 단계 2	프로젝트 계획서 작성, 미션2 제시	
3~4	실행 단계	활동지 작성(해결안 작성), 자료 조사, 다리 제작 도안 작성, 모둠별 평가 실시	
5~7	결과물 처리 단계	다리 모형 제작 , 발표 준비 및 연습	
8~9	마무리 단계 1	발표 및 평가 - 모둠별 다리 모형 제작 발표, 평가서 작성	
10~11	마무리 단계 2	공유 및 제안 - 전시, 제안서 작성, 소감문 작성	

03

프로젝트 수업의 실행

(1) 1~2차시 준비 단계: 학생 계획 수립

1차시는 문제 중심 프로젝트 수업의 특성상 문제를 제시하는 것으로부터 시작한다. 문제를 제시하기에 앞서 프로젝트 수업이 무엇인지 학생들에게 소개한다. 문제는 보통 출력한 인쇄물을 나눠주는 것이 일반적이며, 징검다리 프로젝트의 경우도 아래와 같이 문서 형태로 제시하였다. 하지만 상황에 따라 동영상이나 이미지 같은 멀티미디어 자료와 함께 제공하는 것이 가능하다면 더 효과적이다.

> 교장 선생님께서 학교를 순회하던 중, 학교 연못에 쓰레기만 가득하고 학생들이 연못을 찾지 않는 것을 보고 어떻게 하면 연못에 학생들이 많이 올 수 있을지 행정실장에게 아이디어를 내보라고 하였다. 여러분이 행정실장이 되어 이 문제를 해결해보자.

문제를 제시한 후 교사는 문제에 대해 다시 설명하고 학생들은 모둠별로 배치된 자리에 앉아서 문제해결을 위해 생각하는 시간을 갖도록 하였다. 브레인스토밍을 통해 많은 아이디어가 도출되었고, 그중에서 다리를 활용하여 문제를 해결해보도록 지도하였다. 실제로 위의 스토리에 추가로 '행정실장이 고민한 끝에 고등학교에서 배운 이차함수를 기억해낸다. 그리고 그것을 활용하여 다리를 제작하고자 한다. 어떤 형태의 다리를 만들어 낼 것인가? 여러분이 직접 행정실장이 되어 연못에 적합한 다리를 제작해 봅시다.'라는 뒷이야기가 숨겨져 있었다. 그리하여 학생은 문제를 해결하는 방법에 이차함수의 요소가 들어가야 함을 알게 되었고, 교사는 실제 다리의 과학적 원리가 무엇인지 자연스럽게 찾아볼 수 있도록 유도하였다. 그리고 두 가지 원리가 잘 적용된 다리는 무엇인지 생각하게 하였다. 활동이 원활하게 이루어지기 위해 모둠 세우기를 진행하였다. 특히 컵 높이 쌓기 방법을 활용하여 짧은 시간 동안 프로젝트 활동의 절차인 문제 상황 파악-계획 세우기-탐구하기-실행하기-반성하기를 느껴보도록 하였고, 학생들 간의 친분을 돈독히 할 수 있었다. 또한, 모둠에서 나름의 규칙을 정하여 무임승차를 최소화하기 위한 장치를 마련하였다.

이후 문제 중심 프로젝트 수업이 무엇인지 짧게 설명하고 협업을 위한 짧은 동영상도 시청한 후 바로 문제를 제시하였다. 물론 학기 초에 학생들에게 프로젝트 수업 평가를 할 것임을 알려주었고, 학생들은 어렴풋이 내용을 기억해내며 어떤 문제가 주어질 것이라는 것을 대충 예측하고 있었다. 뿐만 아니라 중학교 때 자유학기제 수업을 통해 이런 종류의 수업을 받은 학생도 있어 짧은 시간에도 무리 없이 수업이 진행되었다. 학생들은 문제를 확인하고 바로 브레인스토밍을 통해 어떤 다리를 지을지 고민하였고 다리를 짓기 위해 필요한 것들에 대하여 생각했다. 어떤 모둠에서는 서해대교를 떠올리며 현수교의 형태가 2차함수임을 알고 이야기하는 학생도 있었다. 그리고 연못의 크기가 어떠한지 질문을 적는 학생도 보여 의도한 대로 활동이 진행되고 있음을 알 수 있었다. 또한, 학생들은 여러 가지 다리 형태를 고민하며 질문을 통해 스스로 답을 찾으려 움직이기 시작하였다.

미션 1: 연못의 크기를 재라

활동인원	2~4인 협력형
제작의도	비정형문제를 논리적으로 해결해 보는 경험을 갖게 한다. 측정에 대한 학생들에 대한 이해를 높이고, 공학적인 마인드를 갖도록 도움을 준다.
2015 핵심 역량	지식정보 처리 역량, 창의적 사고 역량, 의사소통 역량
성취수준과 성취기준	실생활 장면에서 문제를 해결하기 위해 평면도형 형태의 길이를 직접 재거나 추정하여 본다.

미션1은 비정형화된 문제를 학생들이 접하고 프로젝트 과제를 해결하면서 과정을 배우게 함으로써 프로젝트의 성공을 위한 토대가 될 수 있는 수준으로 제시되었다. 그 내용을 보면, 학생들이 실생활 문제를 해결하기 위해 어떻게 수학-공학적 지식을 활용하는지 알 수 있다. 일단 문제를 이해하고 고민한 후 어떻게 해결할 것인가 진지하게 이야기를 나누어 보는 시간을 가졌다. 연못의 크기를 측정하기 위해 인체의 크기를 활용한 경우가 가장 많았다. 한 학생의 보폭을 활용하거나 양팔을 벌려 기준 크기를 정하여 연못의 크기를 재기도 하였다. 이 과정을 통해 학생들은 고대에 왜 길이 단위들이 신체 사이즈와 관련 있는지 배우는 시간이 되었다.

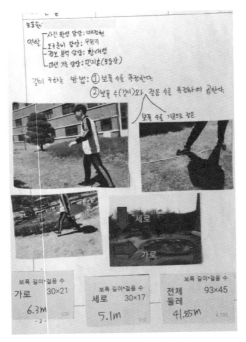

[그림 1] 보폭을 활용하기

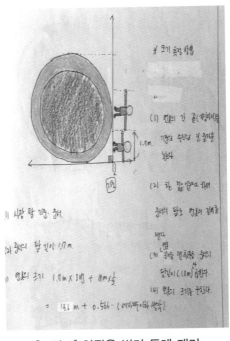

[그림 2] 양팔을 벌려 둘레 재기

또 다른 방법으로는 사물을 활용하여 재는 경우가 많았다. 우산의 크기를 활용하거나 연못에 있는 물레방아와 나무의 크기만 측정하여 이를 토대로 연못의 크기를 측정하기도 하였다. 결국 두 가지 방법은 비례와 축척을 이용하는 것이다. 이때, 정확한 길이를 측정하기 위해 사물의 길이를 줄자로 측정해야만 했다. 줄자를 사용하기로 한 어떤 모둠은 부분을 재느니 큰 길이의 줄자를 가져와서 직접 연못의 가로와 세로의 길이를 측정했다. 또 어떤 모둠에서는 연못의 둘레와 넓이를 구하는 시도를 하였다. 특히 자신들도 잘 모르는 pick의 정리를 비슷하게 사용하여 격자로 그 넓이를 측정하고자 하였다.

이외에 측정 애플리케이션을 이용한 경우, 위성사진을 활용하려고 한 경우 등 다양한 방법이 제시되었고 이를 통해 학생들이 어떻게 생활 속 문제를 수학적으로 모델링하여 풀어나가는지 알 수 있었다.

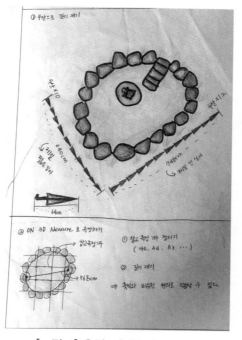

[그림 3] 우산 길이를 활용하기

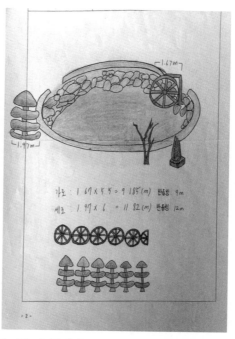

[그림 4] 물레방아와 나무의 크기 활용하기

2차시에는 미션1의 과제를 토대로 하여 프로젝트 계획서를 작성하였다. 프로젝트 계획서는 건축물을 제작하기 전 설계도가 필요하듯이 학생들이 프로젝트를 진행하기 위한 설계도와 같다. 처음 작성하는 만큼 질문을 어떻게 만드는 것인지, 학생들끼리 어떻게 협의해야 하는지 교사는 충분한 지원과 조언을 아끼지 말아야 한다. 프로젝트 계획서에는 가설(해결안)을 설정하도록 한다. K-W-L-H 차트를 활용하여 자신이 이미 알고 있는 것과 어떤 것을 찾고 배워야 하는지, 어떻게 해결할 것인지를 고민하여 그 내용을 기록하게 했다. 준비 단계에서 이루어졌던 모둠 구성원의 역할을 좀 더 정확히 배분하여 이후에 이루어질 프로젝트 수업이 원활히 진행될 수 있도록 도움을 주었다. 계획서를 작성해본 적이 없는 학생들을 위해 K-W-L-H 차트를 먼저 적어보고 각 내용에 맞는 부분을 채워나가도록 하였다. 그러나 이것마저도 어려워하는 모둠의 경우 잘 작성된 다른 모둠의 계획서를 참고한 뒤 학생들이 감을 잡고 계획서를 작성하도록 지도하였다. 실제로 다리 제작 과정에서 먼저 완성한 다리를 SNS에 게시하였더니 이를 참고한 다른 반에서 좀 더 좋은 작품의 결과물을 얻을 수 있었다. 모방은 창조의 어머니라는 말처럼 말이다. 프로젝트에서 많이 사용된 K-W-L-H 차트에 대해 알아보면 아래 표와 같다.

What I Know 알고 있는 것(K)	What I Wonder 알고 싶은 것(W)	What I Learned 알게 된 것(L)	How I Learned 알게 된 방법(H)
ex) 연못의 가로와 세로의 길이	ex) 아치교 다리의 과학적 원리, 이차함수의 개형 그리기, 이차함수를 활용한 다리 디자인하기	ex) 아치교, 현수교, 이차함수의 최대 최소	ex) 인근 도서관에서의 문헌조사, 교과서, 인터넷 조사

(2) 3~4차시 실행 단계: 해결안 도출 및 다리 도안 설계

이번 단계에서는 미션2로 연못의 크기에 따라 어떤 형태의 다리를 만들지 모둠별로 결정(가설 설정)하고, 다음 차시까지 개인별로 그러한 결정에 맞는 다리를 하나씩 조사해오도록 하였다. 자료 수집 시 반드시 출처를 밝혀야 함을 사전에 교육하였다. 그리고 모둠원은 반드시 서로 다른 종류의 다리를 찾도록 하여 다양한 생각으로 이어질 수 있도록 하였다.

이후 조사한 내용을 한 명씩 발표하고 연못에 어떤 형태의 다리를 만드는 것이 가장 적절할지 토의하도록 하였다. 필요하면 좀 더 자료를 조사하고 그것을 토대로 다리 모양을 결정하여 가설에 대한 수정 해결안을 도출하여 정리하도록 하였다. 이를 위해 모둠별로 딱 한 대의 스마트폰만 나눠주어 학생들이 집중하여 활동할 수 있도록 조치하였다. 그렇더라도 스마트폰으로 채팅을 하거나 딴짓을 하는 모둠도 있었다. 스마트 기기를 통제할 수 있도록 하는 것은 중요하다.

기존의 해결안보다 더 나은 해결안을 도출하기 위해 다시 질문을 구성하고 답을 해보는 과정을 반복하여 최종적인 질문을 만들어냈다. 이 과정을 진행하기에 가장 적절한 방법으로는 하브루타가 있다. 학기 초 단원 시작 전에 학생들에게 질문 하브루타를 설명한 것이 도움이 되었다. 예를 들면 항등식 단원 도입 전 항등식이 무엇인지 학생들에게 질문을 던지고 학생들이 항등식이 어떤 식이라는 것을 계속 질문을 하고 답하면서 하브루타 활동을 실시하였다. 어떤 모둠에서는 "항상 성립하는 등식이라는 의미입니다."라고 대답하여 수업에서 배울 내용을 찾아내기도 하였다.

이러한 경험들은 학생들이 토의하는 과정에서 끊임없이 연못에 적합한 다리는 무엇인지 질문하고 답하게 하였다. 학교 연못에 가장 어울리고 안정적인 다리 형태를 추구한 결과, 많은 모둠이 아치교를 선택하게 되었다. 학교 연못의 크기가 작아 규모가 작으면서도 안정성 있게 만들 수 있음을 알아낸 것이다. 이후 이차함수식을 만들어 내야 하는데 그것을 어떻게 다리와 접목할지 고민을 하였다. "도대체 어떻게 이차함수를 넣으라는 것인지 잘 모르겠어요."라고 질문하는 학생도 있었다. 이에 대한 대비책으로 다리에 직접 모형을 갖게 하거나 다리 아래쪽 구조물에 이차함수 형태로 만들 수 있음을 안내해 주었다.

매 차시 활동지나 미션을 통해 학생들이 프로젝트 과정에서 자칫 과제를 대충 끝내고 자습하는 등 일탈 행위를 방지하고자 모둠별 협력 중간 평가를 시행하였다.

학생들에게 실생활에서 다리 모양을 제시하고 이차함수의 최대 · 최솟값과

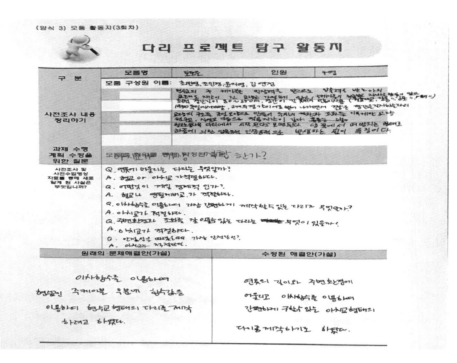

[그림 5] 다리 프로젝트 탐구 활동지

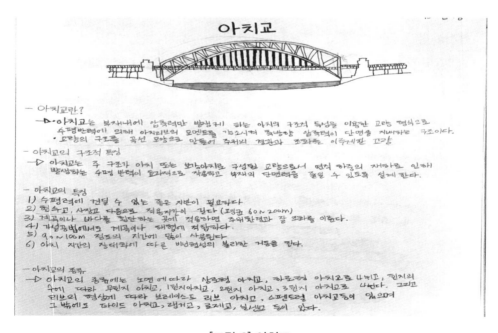

[그림 6] 아치교

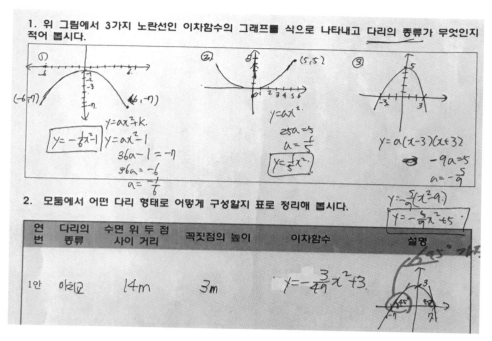

1. 위 그림에서 3가지 노란선인 이차함수의 그래프를 식으로 나타내고 다리의 종류가 무엇인지 적어 봅시다.

2. 모둠에서 어떤 다리 형태로 어떻게 구성할지 표로 정리해 봅시다.

연 번	다리의 종류	수면 위 두 점 사이 거리	꼭짓점의 높이	이차함수	설명
1안	아치교	14m	3m	$y = -\frac{3}{49}x^2 + 3$	

[그림 7] 모둠 평가지 앞면

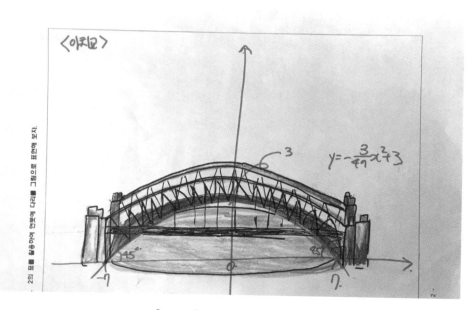

[그림 8] 모둠 평가지 뒷면

그 함수식을 찾아보도록 하였다. 다리 속에 이차함수 내용을 넣어야 하는 만큼 꼭 필요한 평가였다. 또한 정규 수업을 진행하지 않고 SNS 영상을 통해 관련 내용을 각자 공부하게 한 후 평가하였다. 이는 프로젝트를 위해 시간을 확보하는 데 도움을 주었을 뿐만 아니라 학생들의 자기 주도 학습 능력도 키워주었다.

그리고 이를 토대로 연못에 만들 다리의 폭과 높이를 고려한 이차함수식을 직접 구해보도록 하였다. 나중에 이 사례와 비슷한 내용을 서술형 평가에 다시 한 번 적용하였다. 이를 통해 학생들이 프로젝트 과정에서 한 활동들이 정말 자신에게 의미가 있음을 알게 만들어 주었다. 1차 지필고사를 마친 후 "프로젝트 수업 당시 내용을 대충 이해하고 넘어간 것을 후회한다."고 소감을 적은 학생도 있었다.

또한, 구한 함수식과 다리의 모양을 바탕으로 연못 위에 제작할 다리를 그림으로 표현하였다. 연못 위에 만들 다리를 디자인하여 미리 그려봄으로써 사전 설계도가 될 수 있도록 하였다.

(3) 5~7차시 결과물 처리 단계: 다리 모형 제작 및 발표 준비

교과-융합 프로젝트답게 과학 실험 시간을 활용하여 다리에 적용된 과학적 이론을 간단히 배우고 정리한 후 모둠에서 기획한 다리 모형을 직접 제작하도록 하였다. 제작에 필요한 기본 재료를 공통으로 제공하였으며 다리 모형 제작을 위한 기본 틀도 제공하였다. 수업에 필요한 자료에 대한 예산 확보도 염두에 둘 필요가 있다. 이 수업에서는 학기 초 학교 내 지원금에서 프로젝트 수업을 위한 예산을 확보해 두었기에 무리 없이 진행할 수 있었다.

과학 교과 내용 중 '힘의 합성' 단원을 중학교에서 배웠으나 학생들이 기억하지 못하여 평행사변형법과 삼각형법을 이용하여 다시 한 번 설명하는 시간이 필요하였다. 또한, 고등학교 통합과학 내용 중 뉴턴의 운동 법칙 및 과학 탐구 실험에서 힘의 분산에 대해 학습하였다. 관찰 및 탐구 학습을 기반으로 학생들이 배운 지식과 기술을 잘 활용하여 주변 혹은 지역사회에서 일어나고 있는 사안을 이해하고 문제를 해결할 수 있는 능력을 기를 수 있도록 하는 데 교육 목표를 두고 수업을 구성하였다. 또한, 과학적 사실을 배우고 실제로 다리 제작 디자인을 변경한 모둠도 있었다. 아치형 구조를 보강하기 위해 실제 다리의 높이를 조정하여 원에 가깝게 다시 재구성하기도 하여 추후 단순히 이차함수를 활용하기보다는 과학적인 내용을 함께 고민하여야 함도 알게 되었다.

이론 수업이 끝남과 동시에 다리 모형 제작을 위해 폼보드 3개, 글루건 1개, 자와 가위를 모둠별로 제공하였고, 기타 필요한 재료는 모둠별로 별도로 준비해 오도록 하였다. 그리고 모둠별로 다리 모형 제작이 완료되면 학생들이 공유하여 사용할 수 있도록 함께 가입한 SNS를 통해 결과물을 공유하였다. 다리를 제작하고 꾸미는 작업까지 시간이 부족할 수 있었기에 될 수 있으면 꾸미기 활동을 자제하도록 유도하면서도 여러 가지 형태로 꾸미는 것은 허용하였다. 또한, 어떤 모둠은 발표까지 염두에 두고 다리 모형을 제작하면서 동시에 아래 보드에 발표 자료를 꾸미며 마치 디오라마처럼 만드는 모둠도 있었다.

다리 모형 제작 시간은 모둠원의 협력이 얼마나 잘 되고 있는지 알 수 있는 평가의 시간이 되었다. 실제 과학실에서 제작을 할 때 직접 들어가서 학생들이 과연 2시간 만에 제작할 수 있는지 관찰하였다. 특히 어떤 반은 평소에 모둠 활동이 잘 되지 않아 걱정을 많이 하였는데, 그것은 기우였음이 금방 드러났다. 활동이 제대로 이루어지지 못할 것으로 예상했던 학생들이 정말로 혼연일체가 되어 열심히 자르고 붙이고 하는 모습을 보면서 교사가 생각하는 것보다 학생들은 항상 기대 이상이라는 것을 다시 한 번 확인할 수 있었다. 아울러 학습이 부족하다고 생각된 학생들이 더 열심히 움직이고 쉬는 시간을 반납하면서 다리를 제작하는 모습은 감동 그 자체였다. 실제로 운동부 학생이 포함된 모둠이 가장 빨리 제작하였을 뿐 아니라 그 반에서 제작된 다리 모형이 가장 창의적이었다. 또한, 제작된 다리 모형을 통해 각 반의 담임 선생님들이 학생을 대하는 방식에 대해서도 어렴풋이 알 수 있었다. 예를 들어 모 반의 경우 담임 선생님이 엄청 엄격한 것으로 유명했는데, 실제로 그 반 학생들의 다리 모형이 가장 작게 완성되었고 줄 간격 등 수치가 가장 정확했던 것으로 보아

담임 선생님의 영향을 느낄 수 있었다. 그에 비해 자유롭고 재미가 넘치는 반의 학생들은 다른 반의 다리 모형보다 규모가 매우 커 수치는 덜 정확하였으나 자존감이 높고 행복한 모습을 볼 수 있었다.

[그림 9] 다리 모형 제작하기

7차시에는 발표를 준비하기 위해 우선 프레젠테이션 활용 방법, 디오라마로 꾸미기, 전시 보드 사용하기 등 다양한 지원 프로그램을 미리 알려주어 완성 작품을 가장 잘 표현할 방법을 선택하여 발표 준비를 할 수 있도록 진행하였다. 이를 위해 발표 제작을 위한 활동지를 나누어 주고 노트북 등 모둠별 준비물을 사전에 공지하여 학생들이 발표 시간을 활용하여 발표물을 제작할 수 있도록 하였다. 실제로 발표물 제작을 위해 1시간을 온전히 사용한 모둠도 있고 이미 발표물을 다리 모형 아래 판에 제작한 학생들도 있어 별도의 준비 시간을 허용하는 것이 고민이 되긴 하였다. 대신 미리 제작된 반은 다리 모형을 꾸미거나 수정하는 데 좀 더 시간을 투자할 수 있도록 배려해 주었다.

(4) 8~9차시 마무리 단계 1: 발표 및 평가

8~9차시에 학생들의 다리 모형 제작 발표회를 실시하였다. 발표에 앞서 모둠장이 나와 제비뽑기를 통하여 발표 순서를 정했다. 그리고 발표를 위한 전개 순서나 내용은 발표 계획서를 통해 학생들에게 받아 두어 실제 평가할 때 활용하였다.

발표와 동시에 학생들은 동료평가, 모둠 평가를 시행하였고 교사는 모둠과 자기평가를 동시에 하였다. 차시마다 기록한 평가표를 토대로 전체 점수를 합산하여 평가에 접목하였다. 그리고 발표 과정에서 학생들이 이차함수 식을 제대로 이해하고 있는지 질문하고 확인하도록 하여 이론적 배경에 대한 점검을 하였다.

(5) 10~11차시 마무리 단계 2: 공유 및 제안

학생들은 두 달여간 이루어진 프로젝트 수업을 단순히 점수를 받기 위해 같이 작업했다고 생각할 수도 있다. 이를 불식하고 학생들의 성과를 학교 전체에 알리고 평가받기 위해 발표 수업은 학부모 공개수업 주간에 이루어졌고, 발표가 끝난 후 전교생에게 공유하는 시간을 가졌다. 2개 반의 다리 모형이 하루씩 평가받았고 그중 가장 많은 표를 받은 최고의 다리 모형 6개(반당 1개씩)를 선정하였다.

우수작으로 선정된 다리 모형들을 대상으로 다리 제작 제안서를 다시 작성하여 행정실에 제출하였다. 학생들이 활동한 수업이 무의미한 것이 아니라 세상을 변화시킬 수 있다는 것을 알게 해주고 싶었기 때문이다. 물론 제안서 제출에 앞서 교장 선생님의 구두 허락을 받고 제출하였으나 예산 부족으로 인해 아직까지 실물 제작으로 이어지지는 않았다. 하지만 우리는 학생들이 프로젝트의 의미를 느낄 수 있도록 교육청이나 교육기관 등에 제안서를 다시 제출하여 다리를 제작할 수 있게 예산을 신청할 예정이다.

마지막으로 소감문을 작성하도록 하였다. 프로젝트 수업에 대한 여러 가지 정보를 얻을 수 있기 때문이다. 우선 수업 진행에서 학생들이 힘든 점과 좋았던 점 등에 대해 생생하게 전달받을 수 있었다. 이는 이후 비슷한 종류의 수업이나 다른 프로젝트 수업에서도 어떻게 하는 것이 더 잘할 수 있는지 알 수 있는 좋은 자료가 된다.

(6) 평가

평가는 2015 교육과정 성취기준과 핵심 역량에 맞는 내용을 토대로 진행했다. 특히 무임승차 문제를 해결하기 위해 체크리스트 안에 모둠 평가 및 개인 평가를 넣었으며, 특이사항에 역할의 장단점을 적도록 하여 좀 더 구체적인 평가를 유도하였다. 동료평가 척도는 급간을 구분하였다.

모둠 평가		
100~81	5	협력 · 조화를 중점을 두어 공동체 의식을 함양할 수 있도록 학습자는 모둠별 총점을 평가함.
80~61	4	
60~41	3	
40~21	2	
20~	1	

개인 평가		
20~17	5	개개인의 역할에 따라 학습자의 이해도를 고려하여 개인별 점수를 평가함.
16~13	4	
12~9	3	
8~5	2	
4~	1	

※ 모둠 평가는 개인 평가의 합산한 점수로 평가된다.

동료평가를 토대로 교사가 개별 평가와 더불어 평소 활동에 대한 평가를 3단계 척도 O, △, ×(미제출, 미참여)로 하였다. 다만 미제출의 경우 다음 차시까지 해오는 경우 △로 상향 조정해 학생들의 참여를 독려하였다. 점수를 합산하여 수행평가를 시행하였으며 참여한 학생들의 장점과 활동 내용을 교과 세부능력 및 특기사항에 기록하였다.

또한, 배운 내용을 확인할 수 있도록 교과목에 관련 내용을 시험에 출제하였다. 배운 수업 내용을 지필고사 시험 문제로 출제하여 지식 · 암기 중심의 학습에서 벗어나 학습자가 수업에 더욱 적극적으로 참여하는 계기를 마련하였다.

학생의 활동 후기 중

이○○

프로젝트 주제 (토토 다리 만들기)

저희 모둠은 연못의 크기를 (줄자 재는) 방법을 활용하여 구하였고, (아치)형의 다리를 활용하여 토토 다리를 제작하였습니다. 프로젝트 수업에서 저의 역할은 (모둠장)이었고, (다리 제작 및 발표) 부문에서 (다리 주변 환경 꾸미기와 발표 자료를 준비하는) 일을 잘 해내었습니다.

생활기록부 사례

생활기록부(교과특기사항) 기록	
이○○	징검다리 프로젝트를 통해 모둠장으로서 연못의 크기를 줄자를 활용하여 가로, 세로의 길이를 재었으며 아치형 형태의 다리의 토토 다리를 만들어 내었음. 다리를 제작할 때 연못을 꾸며보자는 아이디어를 내서 건축물이 주변 환경과 어떻게 잘 어울리는지를 보여줌. 다리 제작 과정에서 실생활 속 다리를 이차함수식으로 가장 빨리 찾아 정리하는 등 계산 능력과 판단력이 빠른 학생임.

평가 문항 출제 예시

다음은 우리 주변에서 흔히 볼 수 있는 다리를 나타낸 것이다. 이 다리 형태를 무엇이라고 하는가?

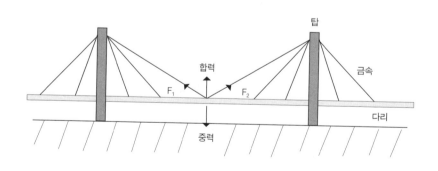

① 현수교   ② 사장교   ③ 아치교   ④ 거더교   ⑤ 트러스교

과학 교과 시험 문제

오른쪽 그림은 눕혔을 때 수평 길이가 6m이고 높이가 30cm인 포물선 모양의 연못 위에 놓인 다리이다. 이 다리를 나타내는 이차함수의 식을 구하라. (단, 다리의 수평 길이를 나타내는 가로를 x축, 왼쪽 끝을 지나고 가로에 수직인 직선을 y축으로 한다.)

수학 교과 시험 문제

"

6부

교과-융합 프로젝트

"

1장

우리가 만드는
현장체험학습

체험학습 기획하기

01

프로젝트 기획: 체험학습 기획하기

학창 시절 가장 기억에 남는 일은 친구들과 함께하는 단체 학습 여행일 것이다. 친구들과 집이 아닌 곳으로 함께 며칠씩이나 여행을 간다는 자체가 학생 신분으로서는 상상할 수 없는 특권으로 다가온다. 어른이 된 후로는 직접 여행지를 선정하고 어떻게 갈 것인지, 무엇을 보고 먹을 것인지, 잠은 어디서 잘 것인지 등 여행 전반을 스스로 기획할 수 있다. 하지만 학창 시절에는 당연히 학교에서 정해준 곳으로, 정해진 일정대로 움직이는 '패키지 여행'일 수밖에 없었다.

이전에는 수학여행 또는 수련회에 1개 학년 전체가 움직였다. 그리고 몇 년 전부터는 참여 대상이 몇 개의 학급 또는 한 학급씩으로 축소되어 '체험학습(수학여행이나 소풍을 아울러 표현함)'의 형태로 바뀌어 운영되고 있다. 교사가 주도하고 학생이 따라만 다니는 것이 아니라, 학생의 의견이 반영될 수 있는 구조로 바뀌는 것이고, 더 이상 '패키지여행'이 아니라 '학급 자유 여행'이 가능해진 것이다.

그저 학교에서 지정해준 곳에 가서 어딘지도 모를 곳에서 사진을 찍고 기록하여 감상문을 쓰는 식의 체험학습은 누구에게도 도움이 되지 않는 행위이다. '체험학습'이란, 학생이 '체험'을 통해 능동적으로 '학습'하는 활동이어야 한다. 이 수업은 바로 '학생의', '학생에 의한', '학생을 위한' 체험학습을 구상해보자는 고민에서부터 비롯되었다.

교과 수업 내용 안에서만 프로젝트를 운영하는 것이 아니라, 실생활과 접목할 수 있는 학습 요소가 있다면 어떠한 분야든지 프로젝트 학습이 가능하다고 생각하였다. 1개 반을 대상으로 체험학습을 실시한다면, 적어도 학급 내 학생들의 의견이 충분히 반영될 수 있을 것이다. 체험학습이라는 공통의 과제를 해결하기 위해 학습자의 참여도가 높아질 것은 당연한 사실이며, 학습의 결과 역시 일상생활에 유의미할 것이라고 기대할 수 있다. 그래서 이 수업을 기획하게 되었고 기획대로 운영을 할 수 있는 기회도 마련할 수 있었다.

'체험학습 기획하기'라는 주제로 프로젝트 수업을 운영하기 위해 우선 대상을 선정하고 수업 시간을 확보하고자 하였다. 학년을 특정하지 않고 전교생을 대상으로 하며 수업 시수를 더욱 자유롭게 확보하기 위하여 방과 후 학교 강좌를 개설하였다. 또한, 수업을 통해 역사와 인문학을 함께 학습하여 전인교육이 가능하도록 내용을 구성했다.

1차시	2~5차시	6~10차시	11~14차시	15차시
준비 단계	실행 단계 1	실행 단계 2	결과물 처리 단계	마무리 단계
-PBL설명하기 -아이스브레이킹	-브레인스토밍 -주제 및 장소 선정하기 -사전 조사 및 자료 수집하기	-모둠 구성하기 -자료 정리하기 -지도 만들기	-캠프 기획하기 -가이드북 제작하기	-인문학캠프 -평가하기

이 수업은 총 15개 차시의 방과 후 학교 프로그램으로 시행하였다. 전 학년을 대상으로 프로젝트 수업을 실시하고자 하는 취지에서 방과 후 학교 강좌를 개설하게 되었다. 효율적인 진행을 위해 매주 화요일 2시간의 블록 수업으로 총 8주 간 진행하였으며, 마지막 8주차만 1시간의 평가 시간을 마련하였다. 수업의 취지를 설명하고 학생들 스스로 주제를 선정하여 체험학습 장소를 선정하고 관련 자료를 수집, 정리하며 자기 주도적 학습을 통해 캠프를 기획하는 순으로 진행하였다. 방과 후 수업이 '학습'으로만 마무리되는 것이 아니라 학습한 내용을 실제 활동과 연계하여 배움이 연장될 수 있도록 추후 활동으로 2박 3일의 인문학 캠프와 돌봄 교실을 운영함으로써 학습내용을 공유하고 피드백할 수 있도록 하였다.

02

평가 및 수업계획서 작성

(1) 평가

이 프로젝트 활동은 방과 후 학교 수업으로 운영하였으므로 교과 수준의 평가 대신 학생이 활동한 내용을 바탕으로 생활기록부에 기록하여 반영하도록 하였다. 또한, 추후 인문학 캠프와 초등 돌봄 교실 여름 캠프는 학교 교육 계획에 의거하여 학교에서 주최, 주관하였다. 우리 학교 학생을 대상으로 실시하였으므로 생활기록부 내 자율활동 및 진로활동에 활동 내용을 서술형으로 기록하였다.

(2) 수업계획서 작성

프로젝트 수업에 앞서 수업계획서를 작성함으로써 수업의 목적 및 의도를 정확히 할 필요가 있다. 또한, 학생 주도의 활동이기에 수업 중 발생할 수 있는 문제점을 미리 예상해보며 효율적인 수업 방향을 고민할 수 있다. 전 학년을 대상으로 15개 차시 동안 진행되는 수업이므로 특정 학년이 아닌 모두가 이해하고 참여할 수 있는 과제에 대한 고민도 필요했다.

2018 학년도 1학기 방과 후 수업	강 의 계 획 표			
과 목 명	평택 프로젝트반		담 당 교 사	김○○
담 당 학 년	전 학년	교실	도서관 / 수강인원	00 명
강 의 개 요	· 평택을 주제로 인문학, 역사, 융합-체험형 프로젝트 학습 · 학습 후 2박 3일 간의 인문학캠프를 직접 기획			
교 수 방 법	평택, 주제 중심 프로젝트, 교과-융합 프로젝트, 그래픽 활용 수업			
결 과 물	답사 자료집			

영역	차시	강 의 범 위 및 내 용	비 고
평택 인문학 프로 젝트	1	오리엔테이션(활동 과정 및 활동 소개 등), 아이스브레이킹	준비
	2	주제 선정 및 브레인스토밍	계획
	3	주제 선정 및 브레인스토밍	
	4	사전 조사 - 정보 검색(인터넷, 도서 등)	
	5	사전 조사 - 정보 검색(인터넷, 도서 등)	
	6	자료 정리 - 마인드맵 활용	
	7	자료 정리 - 만다라트 활용	
	8	모둠 구성, 모둠별 관광지도 제작	실행
	9	모둠 구성, 모둠별 관광지도 제작	
	10	발표 및 피드백	
	11	캠프 기획 - 모둠별 일정표 그리기	결과물 처리
	12	캠프 기획 - 모둠별 일정표 그리기	
	13	결과물 제작 - 가이드북 제작	
	14	결과물 제작 - 가이드북 제작	
	15	피드백 및 평가회	마무리

03

프로젝트 수업의 실행

(1) 1차시 준비 단계

1차시는 오리엔테이션 단계로, 먼저 이 수업의 목표와 진행 과정 등에 대한 설명으로 시작하였다. 방과 후 수업으로 진행되기에 강좌 개설 이전에 미리 수업에 대한 안내가 이루어졌어도 수업을 시작하며 수업에 대해 다시 설명하는 시간이 필요하였다. 또한, 작년까지의 수업을 예로 들어 기존에 수업이 어떻게 진행되었는지 설명하며 전체적인 틀을 그려볼 수 있도록 안내하였다. 매년 수업에 참여하는 학생들의 구성을 보면 기존에 참여했던 학생들이 대부분으로 대개 2~3학년의 비중이 높다. 이번 수업 역시 이미 2년 동안 동일한 프로젝트에 참여했던 학생들이 많았기에 지난 수업의 결과가 어떠하였는지 돌아보면서 프로젝트 수업의 피드백, 공유 과정을 다시 일깨우는 기회로 삼고자 하였다. 그리고 '프로젝트 수업'에 관심을 보이는 1학년 학생들도 참여하였으므로 1차시 동안 프로젝트 수업에 대해 설명하며 수업의 이해를 높이도록 하였다.

작년까지의 활동 자료를 소개하면서 앞으로 15차시 동안 수업이 어떻게 진행되는지, 프로젝트 수업의 최종 결과물은 어떤 것인지, 어떠한 추후 활동으로 이어지는지 등 각 과정을 순서에 따라 설명하면 학생들이 더욱 집중할 수 있다. 특히 기존에 참여했던 학생들은 저마다 후일담을 늘어놓으며 자연스럽게 ○○프로젝트라는 구심점을 향해 몰려들기 시작했다. "작년에 춘천 갈 때 대중교통을 이용했는데, 올해도 똑같이 진행하나요?"라며 이전 캠프에서의 힘들었던 점을 토로하는 학생도 있었다. "강화도와 춘천 가봤으니, 이제 가까운 지역도 가면 좋겠어요."라며 첫 수업에서부터 프로젝트 지역 선정에 관심을 갖는 학생도 있었다. 2~3학년 학생들은 본인이 직접 캠프를 기획하고 시행해보았다는 성취감에 가득 찼고, 다시금 그 활동에 참여할 수 있다는 사실에 즐거워했다. 이러한 선배들의 모습을 본 1학년들은 "선생님, 저희도 이 수업 들을 수 있는 건가요?"라며 과연 이 프로젝트 수업에 잘 적응할 수 있을지에 대한 고민을 하면서도 꼭 참여해보겠다는 의지를 내보였다.

(2) 2~5차시 실행 단계 1: 주제 선정, 사전 조사

우선 2~3차시는 '주제 선정 및 브레인스토밍' 단계로, 자유롭게 의견을 교환하면서 주제(지역)를 선정하였다. 먼저 교사가 "평소 친구들과 함께 가보고 싶었던 장소가 있나요?"라며 학생들이 자연스럽게 대화에 참여할 수 있도록 질문을 던졌다. 학생들은 "동계올림픽이 열렸던 평창에 가보고 싶어요.", "여름이니까 바닷가에 들렀으면 좋겠어요." 등 그동안 여행으로 가보았던 곳이나 친구들과 함께 가보고 싶은 장소, 요즘 SNS에서 자주 언급되는 장소 등을 이야기하였다. 뒤이어 "이번 인문학 캠프는 어느 장소에서 진행하면 좋을까요?"라며 캠프를 진행하고 싶은 장소를 이야기해보도록 하였다. 교사는 장소 선정의 실현 가능성을 높이고자 캠프 참가 인원은 대략 30명 전후이며 날짜는 여름방학식 이후임을 미리 공지하였다. 또한, 주제 선정에 있어 가장 중요한 기준인 모두에게 유의미한 학습 요소가 포함된 곳에 한해서 의견을 교환하도록 사전에 규칙을 정하였다. "전 버스를 오래 타서 멀미를 많이 했어요. 올해는 너무 멀리는 가지 않았으면 좋겠어요.", "공부에 도움이 되는 장소로 가야 할 것 같아요."라고 대답하며 범위를 좁혀나갔다. 이때, 반드시 학교에서 진행하는 '현장체험학습'임을 분명히 인지한 뒤 의견을 나누도록 교사의 사전 지도가 필요하다.

어느 정도 이야기가 진행되었을 때, 꾸준히 프로젝트 학습에 참여해온 한 학생이 "선생님, 등잔 밑이 어둡잖아요. 우리 동네로 정하고, 학교에서 야영하는 건 어떨까요?"라는 의견을 제시하였다. "이번에는 우리 동네의 유적지랑 관광지를 둘러보는 것도 좋은 생각 같아요."라며 여러 학생들의 긍정적인 반응이 뒤따랐다. 다른 지역을 방문해야만 학습이 이루어지는 것이 아니라, 의미 있는 학습 요소가 있다면, 지역은 크게 상관없다는 것이다. 이는 활동에 꾸준히 참여하는 학생들의 경험이 가장 큰 팁으로 작용한 결과였다. 종합해 보니 가까운 곳에서도 학습을 위한 여행을 할 수 있으므로 이번에는 우리 고장인 평택을 여행해보자는 의견이 힘을 얻었다. 강화도와 춘천을 거쳐 우리 고장을 돌아보자는, 일종의 구심점이 생성된 것이다.

장소를 선정한 뒤 브레인스토밍을 통해 자신이 알고 있는 정보를 나열해보도록 하였다. 막상 우리 고장에 대해 이야기하려니 겹치는 내용은 많았으나, 구체적이고 다양한 내용은 거의 없었다. 대부분 학생들은 동네에서 알려진 맛집, 유명한 장군의 묘, 방송 매체에서 많이 들어보았던 지명들, 미군부대 등 일반적인 요소들만을 나열하였다. 이때, 교사가 나서서 요소들을 하나씩만 흘려주면 학생들은 알고는 있었지만 미처 생각하지 못했던 정보들을 이야기하게 마련이다. "평택은 서해안에 위치한 다른 도시들보다도 중국에 가까운 곳이에요. 신라 시대에도 중국에 가기 위해서 평택을 지나갔던 스님이 있었답니다." 라며 옛날 이야기를 통해 수도사와 원효 대사의 이야기를 연결함으로써 역사와 지리라는 학습 요소를 한데 묶어 학생들의 호기심을 자극할 수 있었다.

브레인스토밍 시 학생들은 어느 범위까지 이야기를 해도 좋은지에 대한 고민을 하는 경우가 매우 많다. 브레인스토밍이라는 활동에 정답이 정해져 있는 것은 아니므로 교사는 활동이 잘 이루어질 수 있도록 적정한 수준의 힌트를 제시하는 것도 좋다. 자유로이 이야기할 수 있는 분위기가 마련된다면 자신이 알고 있는 정보를 쉴 새 없이 이야기할 수 있게 된다. 관광지, 주변 지형, 초등학생 때 가보았던 유적지 등 다양한 키워드가 제시되었다면 나름의 소주제를 정하여 그에 따라 정보를 분류하는 작업을 거친다. 대주제는 '평택'으로, 소주제는 '음식', '문화', '역사', '경제' 등으로 정하고 각 소주제에 대한 세부 사항을 일렬로 나열하여 체계성을 부여하게 된다. 이때, 소주제별로 색이 다른 포스트잇을 활용하면 한눈에 정보를 정리하는 데 매우 효과적이다. 또한 브레인스토밍 활동을 통해 다음 수업 시간에 수행할 사전 조사를 위한 밑바탕을 그려볼 수 있다.

4~5차시는 '사전 조사' 단계로, K-W-L-H 차트를 활용하여 주제에 대해 조사하도록 하였다. 브레인스토밍으로 얻은 정보를 토대로 깊이 있는 탐구를 할 수도 있고, 검색을 통해 새로운 정보를 얻을 수도 있는 매우 중요한 단계이다. 이 단계를 수월하게 진행하기 위해서 교사는 도서관과 컴퓨터실 등 학생들이 자료를 검색하는 데 필요한 것들을 최대한 지원하도록 한다. 이 수업의 경우, 1개 차시에는 도서관에서 문헌 자료를 검색하고, 1개 차시에는 컴퓨터실에서 정보 자료를 검색하도록 하였다.

학교 도서관은 반드시 그 지역에서 발간한 장서를 보관하고 있으므로 지자체에서 발간한 문헌을 적극적으로 활용하도록 하였다. 그리고 주간지로 발간되는 지역 신문을 통해서 최신의 정보를 얻을 수 있다. 이 경우 지역 신문을 읽고 필요한 정보를 스크랩하여 활용할 수 있다는 이점이 있다. 또한, 지역에 따라 여행 책자에 언급되는 내용이 있는 경우도 있으니 이를 활용하는 것도 좋다.

인터넷을 활용한 자료 조사 시 해당 지역의 관공서나 문화원 등의 인증된 사이트를 적극적으로 활용하도록 하였다. 특히 지역 문화원 사이트에 접속하면 지명 유래부터 관광지, 인구, 지형, 기후 등 거의 모든 자료가 탑재되어 있고 신뢰할 만한 자료들로 구성되어 있으므로 정보 검색 시 추천하고 있다.

그러나 간혹 정확하지 않은 정보를 검색한 경우, 올바른 방향으로 지도해야 하는 경우도 발생한다. 특히 포털 사이트를 이용하여 정보를 검색하여 잘못된 정보를 조사해온 경우가 많았다. 개인 블로그에 기재된 정보를 분별하지 않고 그대로 인용한 경우도 있었다. 또는 지나치게 간단한 내용만을 언급하여 자료 조사가 학습에 도움이 되지 않는 경우도 발생했다. 인터넷을 통해 다양한 정보를 쉽게 접할 수는 있으나 정보의 신뢰도 측면에서 문제가 발생할 수 있으며 인터넷 정보 윤리에 위배될 우려가 있으므로 사전에 정보 윤리 교육을 반드시 실시해야 한다.

학생들이 정보 조사를 하면서 지루해하지 않고 지치지 않으려면 자신이 제대로 활동에 참여하고 있는지에 대한 교사의 확인을 반드시 거쳐야 한다. 피드백이 없으면 학생들은 흥미를 잃어가고 자신이 찾은 자료가 모두 정확하다는 착각에 빠질 수도 있기 때문이다. 틈틈이 교사의 확인을 받음으로써 정확한 조사를 할 수 있도록 지도해야 할 필요가 있다. 또한, 자료 조사를 힘들어하는 학생들도 있기 때문에 소주제를 정하여 정보를 검색하도록 분량을 나누어 제시하는 것도 좋다.

(3) 6~10차시 실행 단계 2: 모둠 구성, 모둠 활동

먼저 6차시는 '마인드맵 그리기' 단계로, 조사한 자료를 분석하고 정리할 때 마인드맵과 만다라트 기법을 함께 활용하였다. 학생들이 가장 많이 해보았지만 그래도 제일 어려워하는 맵 활용이 바로 마인드맵이라고 한다. "마인드맵을 잘 그리고 싶은데 브레인스토밍과 다른 점을 못 찾겠어요."라며 마인드맵을 그릴 때의 어려움을 호소하는 학생들이 더러 있었다. 마인드맵 역시 내용을 계열화하는 의미가 있으므로 "가운데 큰 주제를 적었다면, 작은 주제를 정하여 가지를 만들어보세요." 라고 조언을 적절하게 제시하였다. 평택을 대주제로 하여 역사, 지리, 먹거리, 문화 등 4~5개 정도로 소주제를 정하고 관련 정보를 나열하도록 하였다. 전 학년을 대상으로 한 수업이기에 1학년 학생의 경우 혼자서 활동하는 데 어려움을 겪는 학생도 있어 2명씩 짝을 지어 활동하도록 하였고, 활동을 빨리 마친 3학년 학생들이 멘토가 되어 후배들을 도와주도록 하니 훨씬 수월하게 활동이 진행될 수 있었다.

7차시에는 '만다라트'라는 새로운 맵을 활용하여 내용을 정리해 보았다. 만다라트란, 주제와 관련하여 소주제와 그에 해당하는 아이디어로 정보를 구체적으로 조직할 때 활용하는 기법이다. 소주제를 나누어 세부 내용으로 연결하여 정리한다는 발상은 마인드맵과 유사하지만, 만다라트의 경우 소주제를 8가지로 세분화하기 때문에 훨씬 체계적으로 내용을 정리할 수 있으며 계열화하기에 용이하다는 장점을 지닌다. 소주제를 정할 때 범위를 조금 넓게 잡는 것도 괜찮다.

수업에서는 '평택'이라는 대주제 아래 '음식', '자연환경(지리)', '역사 및 전통', '관광', '교류 도시', '경제', '인물', '발전 방향'으로 8개의 소주제를 정하여 세부 내용을 채워나갔다. 이 활동은 1개의 대주제, 8개의 소주제, 56개의 세부 내용을 채워야 하기에 혼자서 수행하는 데 버거운 면이 있다. 프로젝트 학습은 혼자가 아니라 여럿의 협력으로 이루어진다는 특징을 살려 8명 정도로 모둠을 구성하여 각자 1개의 소주제와 관련 정보를 정리하는 것이 활동하기에 편리하다. 이때, 교사가 주도하여 모둠을 구성할 수도 있지만, 이 수업에서는 활동을 통해 자연스레 모둠장을 하고자 하는 학생들이 여럿 있었으며, 8개의 소주제 중 맡고 싶은 싶은 소주제를 고르도록 하였다. 교사는 참여에 소극적인 학생이 있는지 확인하고 모둠장의 성향을 고려하여 적절히 모둠을 구성하게 도움을 주었다.

8~9차시는 '모둠 구성 및 관광 지도 만들기' 단계로, 마인드맵과 만다라트를 활용해 정리한 자료를 토대로 지역을 입체화하는 작업을 하였다. 학생들이 지역의 규모와 주요 지명을 알아볼 수 있도록 큰 사이즈의 지도를 출력하여 제공하였다. 포스트잇을 활용하여 브레인스토밍을 하듯이 지도를 활용할 것이므

[그림 1] 만다라트 기법을 활용하여 내용 정리하기

로 지도의 규격은 클수록 좋다. 만다라트를 진행하듯이 소주제를 정하여 해당 내용을 지도에 표시하는 방식으로 활동하였다.

맵 활용을 통해 얻은 정보들을 지도에 표시하는 활동임을 학생들에게 설명하자, "정보가 엄청 많은데, 어떻게 지도에 다 표시하죠?"라는, 예상했던 질문이 나왔다. 뒤이어 3학년 학생이 "소주제가 여러 개니까 그 소주제마다 기호를 다르게 하면 되지 않을까?"라며 앞서 브레인스토밍 활동 때 포스트잇 색을 다르게 했던 것이 떠올랐다는 말을 덧붙였다. 모둠장끼리 의견을 나누어 주제에 따라 포스트잇 색을 다르게 하고, 주제별 기호를 만들었다. 관광 명소는 △, 맛집은 ♥, 유적지는 □처럼 알아보기 쉽고, 표시하기 용이하도록 기호를 정하였다.

지도에 기호를 표시함으로써 간결성은 확보하였으나, 지도 자체에 포스트잇을 붙이면 서로 겹치기 때문에 전달력이 떨어진다는 문제점이 발생하였다. 모든 모둠이 지도 내에 포스트잇으로 표시할 수 없는 상황이 발생하자 지도 안에는 해당 주제를 기호로 표시하고 바깥 여백 부분에 포스트잇을 활용하여 구체화된 정보를 제시하도록 협의를 통해 규칙을 정하였다. 이 방법을 활용하면 지도를 안팎으로 구분하여 활용할 수 있으므로 내용의 전달도를 높일 수 있으며 지역별로 간결하게 정리할 수 있다는 이점이 있다.

다음 활동과의 연계성을 높이기 위하여 교사는 추후 캠프 진행을 위한 일정표를 작성해야 함을 미리 공지하였다. 표시된 모든 장소를 방문할 수 없기 때문에 캠프 진행 시 반드시 방문해야 할 학습적이고 유의미한 장소를 훑어보라는 도움말도 덧붙였다. 이렇듯 사전에 추후 활동에 대한 안내를 함으로써 지도를 제작하며 장소 간 거리를 눈대중으로 파악할 수 있으며 이동 경로를 미리 엿볼 수 있어 추후 활동 시 많은 도움이 되었다.

활동을 마무리한 뒤 발표를 통해 각 장소를 선정한 이유와 위치, 주요 사항 등을 전체적으로 알리는 시간이 필요했다. 본인이 속한 모둠의 내용만 아는 것이 아니라 다른 모둠과의 협업을 통해 지도를 입체적으로 표현하여 모두가 함께 만들어가는 수업임을 깨달을 수 있어야 하기 때문이다. 교사는 활동이 마무리된 뒤 활동을 통해 느낀 점과 힘들었던 점을 서로 이야기해보도록 지도하면서 주인 의식을 가지고 활동에 참여할 수 있도록 학생들을 독려한다.

(4) 11~14차시 결과물 처리 단계: 모둠별 일정표 작성

먼저 모둠별로 캠프 진행 시 활용할 답사 일정표를 그리는 활동을 하였다. 앞서 지도에 표시한 내용 요소 중 우선순위를 정하였다. 그리고 반드시 방문해야 할 장소를 선정하여 답사 일정을 기획하였다. 우선순위를 정할 때 '학습 요소로서 적절한가?', '장소 간 거리는 어느 정도인가?', '동선이 효율적인가?' 등의 기준을 미리 제시해야 효율적으로 활동이 진행될 수 있다.

답사 일정표를 작성하기에 앞서 교사는 캠프 운영과 관련하여 참가 인원과 이동 수단, 이동 범위 등의 대략적인 틀만을 제시하였다. 일정표를 작성할 때에는 학생들이 직접 질문을 통해 기준을 정하도록 하였다. 학생이 주도하여 활동을 함으로써 본인이 직접 캠프를 기획한다는 주인 의식을 가지게 되며, 더욱 적극적인 태도로 활동에 임하게 되는 효과를 얻을 수 있기 때문이다.

참가 인원은 30명으로, 관광 버스를 이용하여 이동하며 활동 범위는 평택 전역과 평택시와 인접해 있는 아산시 일부까지로 제한하였다. 답사 당일 중식과 석식을 고민하며, 오전 9시에 출발하여 오후 6시에 돌아와 모든 활동을 마무리하도록 일정의 큰 틀을 만들었다. 그리고 역사, 경제, 문화 등 인문학적 관점에서 장소를 선정해야 한다고 강조하였다.

A 모둠의 경우, 모둠장이 "먼저 가장 먼 곳으로 이동해서 학교로 돌아오는 순으로 장소를 정해보는 건 어때?"라며 의견을 제시하자, "가까운 곳부터 먼 곳으로 이동한 다음에 한 번에 마무리 장소로 돌아오는 것도 좋을 것 같아."라는 의견이 나왔다. 이때, 다른 학생이 "그런데 일정을 마무리하는 시간이 저녁이니까 아무래도 퇴근 시간이랑 겹쳐서 차가 막힐 수도 있다고 생각해."라며 모둠원을 설득하기 시작했다. 협의를 통해 가장 먼 곳부터 일정을 시작하기로 하였고, 이동 방향을 확정하자 순조롭게 다음 논의할 사항들을 점검하기 시작했다.

반면에 B모둠의 경우, 일정이 끝나갈수록 학생들이 지칠 것을 고려하여 가장 가까운 장소를 첫 번째 장소로 선정하여 방문한 뒤, 어느 정도 이동을 한 뒤 식사를 하며 단번에 먼 거리를 이동하지 않도록 시간을 분배하였다. 그리고 A 모둠과 마찬가지로 지역에서 유명한 먹거리를 식사 메뉴로 정하였다.

일정표는 작성할 때 간단하면서도 중요한 정보를 모두 담아야 하며 반드시 그래픽을 활용하여 한눈에 알아보기 쉽게 표현할 것을 강조하였다. 또한, 캠프 참여자들의 이해를 돕기 위해 이동 경로를 따라 화살표를 그리고, 반드시 소요 시간과 도착 시간을 기재하도록 하였다. 그림으로 표현할 때에는 반드시 해당 장소의 특징이 드러나도록 하였고, 그림 실력보다는 내용 전달에 중점을 두어 부담을 줄이고자 하였다.

(5) 15차시 마무리 단계: 발표 및 평가

15차시는 '평가, 피드백, 공유' 단계로, 학생들과 함께 활동에 관해 이야기를 나누어 보는 과정이다. 모둠별로 기획한 일정표를 보며 어떤 부분에 중점을 두었는지 발표하고 서로의 의견을 들어보았다. 또한, 수업 전과 수업 후 우리 고장을 바라보는 시각이 어떻게 달라졌는지에 대해서도 이야기를 나누어보았다.

한창 이야기를 나누던 중, 한 학생이 "선생님, 그런데 우리 동네에는 친구들이랑 놀 만한 곳이 너무 없는 것 같아요."라는 이야기를 꺼냈다. 그러자 여기저기서 "PC방 말고는 갈 데가 없어요.", "쇼핑하려면 전철 타고 이동해야 하는 게 너무 불편해요."라며 청소년의 시각에서 본 문제점을 늘어놓기 시작했다. 특히 "시내라고 해도 가보면 별 거 없어요. 부모님도 예전이랑 많이 달라졌다고 말씀하시더라고요."라는 한마디에 우리가 잘 아는 장소 중 이전과 비교하였을 때 침체되고 낙후된 곳이 있다는 사실을 알게 되었다. 교사는 "맞아요. 예전에는 ○○ 일대가 가장 번화한 곳이었고, 쇼핑 거리도 활성화되었지요."라고 대답한 후 "그렇다면 그곳들을 다시 활성화할 수 있는 방법에 대해 생각해볼까요?"라며 자연스럽게 지역의 발전 방향에 대해 함께 이야기를 나누어보도록 화제를 이끌었다.

그렇게 토의와 토론을 통해 청소년이 생각하는 발전 방향을 생각해본 뒤, 정책 제안서를 작성하는 단계로 이어나갔다. 몇몇 학생들은 "전주 한옥마을처럼 우리 고장에도 특색 있는 거리가 만들어진다면 많은 사람들이 찾아올 거예요."라며 다른 지역의 발전 사례에서 아이디어를 얻어 우리 고장만의 특색 있는 거리 특화 사업을 제안하는 학생도 있었다. 이처럼 정책 제안서를 작성함으로써 청소년도 지역 사회의 발전에 참여할 수 있다는 생각을 할 수 있는 계기를 마련하였다. 또한, 이번 활동을 바탕으로 다음 프로젝트 수업에 대해 고민해보는 기회가 되기도 하였다.

(6) 추후 활동

프로젝트 수업은 일회성이 아닌, 계속해서 연결해나갈 수 있는 연속적이고 지속적인 수업이다. 그래서 방과 후 학교 프로젝트 수업과 연계하여 추후 활동으로 2개를 계획, 실시하였다. 첫 번째 활동으로 인문학 캠프를 실시하여 수업한 내용을 바탕으로 직접 답사를 하며 학습한 내용을 내면화할 수 있도록 하였다. 실제로 강화도, 춘천에 이어 학교와 지역을 아우를 수 있도록 우리 지역 탐방을 목적으로 '평택 프로젝트'를 진행하고 있다. 두 번째 활동으로 초등 돌봄 교실 여름 캠프를 운영하며 프로젝트 학습에서 배운 내용을 지역사회와 함께 나눌 수 있도록 봉사활동을 실시하였다. '나'에서 '우리'로 배움을 확장함으로써 '학습'이 '실생활'로 이어질 수 있는 기회를 마련하였다. 방과 후 수업에서 학습한 내용을 토대로 교사가 되어 우리 고장 지도 그리기, 목간 만들기 활동을 초등학생들에게 알려주면서 학습한 내용을 전달하며 프로젝트 활동의 연장선으로 이어나가고 있다.

(7) 평가

학교 교육 계획에 의거하여 학교가 주최하고, 주관한 활동을 학교생활기록부에 기재할 수 있으며, 방과 후 수업 역시 교과세부능력 및 특기사항에 기재할 수 있다. 교사가 학생의 학습 과정을 꾸준히 관찰하고 평가하여 기록해야 하는데, 이 점은 프로젝트 학습의 특성과 맞닿는 부분이다. 또한, 프로젝트 학습은 연속적이며 지속적인 활동이므로 추후 활동으로 인문학 캠프를 실시하였다. 캠프는 우리 학교 학생을 대상으로 하는 활동이므로 생활기록부 자율활동란에 활동 내용을 기재할 수 있다.

〈교사의 학생 관찰 내용 중〉

김○○ 학생은 평소 말수가 적은 편이고 의견을 피력하려는 모습을 전혀 보이지 않던 학생이었다. 다만 자신에게 맡겨진 일은 정확히 수행해내는 뚝심 있는 면모는 다른 학생이 본받으면 좋을 정도였다. 이번 방과 후 수업에서도 모둠원으로서 모둠장의 의견에 따라 일정표를 작성할 때 그림 그리는 역할을 맡아 내용을 간결하게 이미지화하는 능력을 보였다.

그런데 인문학 캠프 2일 차에 로데오 거리를 답사한 후, 저녁 활동 시간에 놀라운 광경을 목격하게 되었다. 바로 김○○ 학생이 모둠 내에서 의견을 제시하고 있던 것이다. 우리 고장 내 낙후된 지역을 어떻게 하면 활성화할 수 있을지에 관해 모둠원끼리 의견을 나누는 상황이었는데, 자신이 지난 방학 때 다녀왔던 □□지역의 예를 들면서 그 지역처럼 우리 지역만의 특색을 살려 보는 것이 어떻겠냐는 의견을 제시하였다. 물론 목소리는 작았고 토의를 주도한 것은 아니었지만, 모두가 충분히 공감할 만한 내용이었다. 결국 그 모둠은 김○○ 학생의 의견대로 간판 정비 사업에 대한 정책 제안서를 작성하게 되었다. 교사의 칭찬을 받으며 그 학생이 웃는 모습에 이 수업이 한 학생에게 즐거움과 희망을 주었다는 점에서 뿌듯함을 느낄 수 있었다.

<학생의 활동 후기 중>

이○○

3년째 방과 후 수업을 들으면서 우리 반 체험학습도 이렇게 학생들이 꾸며서 가본다면 얼마나 좋을까 생각을 많이 했다. 처음에는 프로젝트 수업이 무엇인지도 잘 모르고 선생님과 친구들이 하는 대로 따라가기만 했었다. 한두 번 해보니 자신감도 생겼고, 이번 년도에는 경험자 선배로서 후배들을 이끌고 미션을 성공적으로 마칠 수 있어서 매우 뿌듯했다. 우리 지역에 수많은 문화재가 있다는 것도 이번에 처음 알게 되었고, 북쪽 끝에서 남쪽 끝까지 거리가 엄청 멀다는 것도 자료를 찾으면서 알게 되었다. 우리가 답사 일정을 직접 계획하면서 길찾기 어플을 사용하는 방법도 배웠고 실제로 그곳에 가보니 로드뷰로 보았을 때와 어떤 점이 달라졌는지도 찾아볼 수 있어서 재미있었다. 앞으로 친구들과 여행을 간다면 이 수업에서 배웠던 방법들을 모두 활용해서 정말 재미있고 알찬 계획을 세울 수 있을 것이라고 확신한다.

생활기록부 사례

	생활기록부(자율활동) 기록
김○○	역사 인문학 프로젝트 '평택여지승람'(201○.○○.○○. - 201○.○○.○○.)에 참가하여 경제와 문화 측면에서 나아가야 할 방향을 모색함. 특히 로데오 거리 답사 이후 지역 활성화 방안에 대해 깊이 고민하며 다른 지역의 예를 적용하여 간판 정비 사업 시행을 주장하는 제안서를 작성함.
전○○	역사 인문학 프로젝트 '평택여지승람'(201○.○○.○○. - 201○.○○.○○.)에 참가하여 지명에 담긴 지리적 특성을 이해하며 이름의 중요성을 인식함. 지명으로 삼행시 짓기 활동에서 내용을 재치 있게 표현하여 큰 호응을 얻어냄.

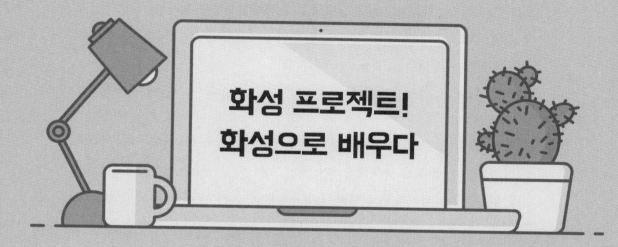

01

프로젝트 기획: 화성 프로젝트! 화성으로 배우다!

흔히 현장체험학습이라고 하면 주어진 프로그램에 학생들이 참여하여 활동하는 것으로 대부분의 학생들은 견학이나 놀이동산을 가는 것으로 인식하고 있다.

최근 학교 현장은 학년 단위로 진행하던 현장체험학습을 한 학급 또는 몇 개 학급 형태의 소규모 단위로 진행하고 있으며 현장체험학습을 위해 스스로 결정하고 계획하여 진행하는 것을 지향하고 있다.

현장체험학습은 '현장에서 체험을 통해 학습'하는 프로그램으로, 조금만 신경을 쓴다면 의미 있는 교육 활동이 될 것이다. 하지만 교사의 현장체험학습에 대한 경험 부족과 하루 동안 공부하지 않고 놀러가는 프로그램이라는 학생들의 인식으로 기존의 프로그램을 답습하는 것이 사실이다.

현장체험학습을 계획하고 진행하기 힘들어하는 것이 사실이다. 이런 현장체험학습에 프로젝트 학습을 적용한다면 더욱 학생 중심적이고 학습적이며 의미 있는 프로그램이 될 것이라는 고민 속에 화성이 다가왔다.

화성은 사도세자를 향한 정조의 효심으로 만들어진 성이다. 또한, 거중기와 정약용으로 대변하듯이 실학의 기술이 집약된 계획 성(城)이며 화성성역의궤이라는 기록이 남아 있는 곳으로 오늘날 문화적 가치를 인정받아 세계문화유산에 등재된 곳이기도 하다. 이런 가치 있는 문화유산을 배경으로 역사 이외의 교과와 만나면서 수업을 기획하게 되었다.

이를 위해 수업은 영·정조에 대한 학습을 완료한 후 단원 마무리 탐구 활동으로 진행하였다. 다른 교과의 눈으로 화성과 관련된 내용을 찾아 현장체험학습에 사용할 문제 또는 과제를 만드는 활동을 진행하고 결과물 중 현장체험학

1차시	2차시	3차시	4차시	5차시
준비 단계	실행 단계	결과물 처리 단계	마무리 단계	학습활동 및 평가
-오리엔테이션 -학습 내용 환기 -관심교과로 모둠 구성	-자료 조사 -브레인스토밍 -마인드맵 작성	학습질문 제작 - 학습문항 제작	-결과물 취합 -답사자료집 제작	-검증을 위한 현장체험학습 실시 -평가

기존의 교육과정				재구성한 교육과정		
월	예상 차시	단원		월	예상 차시	단원
8월	4	V-1. 조선의 건국과 통치체제의 정비		8월	4	V-1. 조선의 건국과 통치체제의 정비
	3	V-2. 조선 전기 민족 문화의 발달			2	V-2. 조선 전기 민족 문화의 발달
9월	3	V-3. 사림의 성장과 향촌 사회의 변화		9월	3	V-3. 사림의 성장과 향촌 사회의 변화
	3	V-4. 왜란과 호란의 발발과 극복			3	V-4. 왜란과 호란의 발발과 극복
	3	VI-1. 붕당 정치의 전개와 탕평 정치			2	VI-1. 붕당 정치의 전개와 탕평 정치
					4	'화성' 프로젝트 수업
	2	VI-2. 실학자의 개혁론과 실학의 의의			2	VI-2. 실학자의 개혁론과 실학의 의의
	3	VI-3. 문화변동의 배경과 양상			2	VI-3. 문화변동의 배경과 양상
10월	3	VI-4. 세도정치의 전개와 농민 운동		10월	2	VI-4. 세도정치의 전개와 농민 운동
...				...		

습에 적용 가능한 문항을 모아서 자료집의 활동 과제로 탑재하여 현장체험학습 시 문항을 검증하는 방법으로 교과-융합 프로젝트와 현장체험학습의 결합을 모색하고자 하였다.

이 프로젝트 수업은 중학교 3학년을 대상으로 교사는 '화성'이라는 대주제를 제시하고 학생들이 화성을 통해 다양한 교과로 접근하여 문항을 제작하고 현장체험학습을 통해 자신이 만든 질문과 문제를 검증하도록 기획하였다.

수업은 4개 차시의 프로젝트 수업과 현장체험학습을 통해 자신이 만든 문제를 검증하는 1개 차시로 구성하였다.

프로젝트 수업을 위해 문화사와 학습내용이 중복되는 4개의 단원에서 내용 축약 방법으로 학습내용을 재구성하여 4개 차시의 수업 시수를 확보할 수 있다.

02

단원별 수업 계획

단원은 기존 교육과정에 제시된 내용을 그대로 사용하였고, 교과-융합 프로젝트 수업을 진행하기 때문에 학습목표는 학습활동에 대한 내용을 추가하여 제시하였다.

(1) 단원
1) 대단원 : VI. 조선 사회의 변동
2) 중단원 : 1. 붕당정치의 전개와 탕평정치
3) 소단원 : 2. 탕평정치를 시행하다.

(2) 학습 목표

1) 탕평 정치의 배경과 구체적인 내용을 말할 수 있다.

2) 정조의 개혁 정치와 화성 건설의 의미를 설명할 수 있다.

3) 다양한 교과를 통해 화성을 설명할 수 있다.

(3) 성취기준 및 평가기준

이 수업은 역사과 수업으로 정조의 탕평정치를 학습하고 단원의 마무리 탐구 활동으로 다른 교과의 학습내용을 적용하여 화성에 대한 학습 문항을 제작하는 프로젝트이다. 학생들이 목표를 달성하기 위해서 역사과의 성취기준과 평가기준을 살펴보아야 하며 관련 교과 역시 살펴보아야 한다. 그래서 2015 개정 교육과정을 기준으로 역사과는 그대로 제시하였고 다른 교과의 경우 관련 내용의 성취기준과 평가기준을 발췌하여 제시하였다.

1) 2015 개정 교육과정의 성취기준 및 평가기준

교육과정 성취기준		평가기준
[9역05-06]영.정조가 실시한 개혁 정치의 내용을 파악하고, 탕평 정치를 통해 이루고자 한 지향점을 이해한다.	상	영.정조가 실시한 개혁 정치의 내용을 바탕으로 목적을 파악하고 탕평 정치의 지향점을 설명할 수 있다.
	중	영.정조가 실시한 개혁 정치의 내용을 파악하고, 탕평 정치를 통해 이루고자 한 지향점을 설명할 수 있다.
	하	영.정조가 실시한 개혁 정치의 내용을 열거할 수 있다.

2) 관련 교과별 성취기준 및 평가기준

교육과정 성취기준		평가기준
[9수02-02] 식의 값을 구할 수 있다.	상	문자를 포함하고 있는 식에서 문자에 수를 대입하여 식의 값을 구할 수 있다.
	중	문자를 포함하고 있는 간단한 식에서 문자에 수를 대입하여 식의 값을 구할 수 있다.
	하	문자를 포함하고 있는 간단한 식에서 문자에 자연수를 대입하여 식의 값을 구할 수 있다.
[9수04-13] 도형의 닮음의 의미와 닮은 도형의 성질을 이해한다.	상	도형의 닮음을 이용하여 다양한 문제를 해결할 수 있다.
	중	닮은 도형에서 닮음비, 대응변의 길이, 대응각의 크기 등을 구할 수 있다.
	하	주어진 도형에서 닮은 도형을 찾고 기호를 사용하여 표현할 수 있다.
[9체01-05]체력 증진의 과학적 원리, 운동 내용, 관리 방법을 이해하고 자신에게 적합한 체력 증진 프로그램을 계획하고 습관화한다.	상	체력 증진의 과학적 원리, 운동 내용, 관리 방법을 이해하고, 자신에게 적합한 체력 증진 프로그램을 계획하고 습관화할 수 있다.
	중	체력 증진의 과학적 원리, 운동 내용, 관리 방법을 이해하고, 자신에게 적합한 체력 증진 프로그램을 계획하고 실천할 수 있다.
	하	체력 증진 프로그램을 따라할 수 있다.
[9과02-01] 무게가 중력의 크기임을 알고, 질량과 무게를 구별할 수 있다. 〈탐구 활동〉 용수철을 이용하여 물체의 무게 측정하기	상	용수철을 이용하여 물체의 무게를 측정할 수 있고, 물체의 무게와 질량을 구별할 수 있다.
	중	무게와 질량의 의미를 구분하여 설명할 수 있다.
	하	물체를 당기는 중력의 크기가 물체의 무게임을 말할 수 있다.
[9사(지리)03-03] 우리나라의 세계자연유산과 매력적인 자연경관을 조사하고 그 경관 특징과 형성 과정을 탐구한다.	상	우리나라의 세계자연유산과 매력적인 자연경관을 조사하고 그 경관 특징과 형성 과정을 설명할 수 있다.
	중	우리나라의 세계자연유산과 매력적인 자연경관을 조사하고 그 경관 특징을 설명할 수 있다.
	하	우리나라의 세계자연유산과 매력적인 자연경관을 말할 수 있다.

(4) 평가 계획

이 프로젝트는 평가 계획 당시 수행평가에 반영하지 않도록 계획하여 결과물 평가를 실시하지 않았다. 다른 프로젝트 수업 과정에서의 관찰과 현장체험학습에서의 관찰 내용 중에 유의미한 내용을 생활기록부에 기록하도록 하였는데 프로젝트 수업 관련 내용은 교과특기사항에 기록하고 현장체험학습 관련 내용은 자율활동에 기록하였다.

(5) 수업계획서 작성

교사는 수업의 원활한 진행을 위해 프로젝트에 대한 전반적인 내용을 수업계획서로 작성하여 수업을 살펴보았다.

교사는 '화성'이라는 대주제를 제시하고 모둠은 학생들이 관심을 가지고 있는 교과를 중심으로 구성하도록 했다. 화성과 관련한 문항을 제작하여 현장체험학습의 활동 자료로 활용하기 위한 것이기 때문에 수업 중 나타날 수 있는, 교과 선정과 문항 제작의 내용적 문제점들을 고민하여 수업계획서를 작성했다.

특히 교사는 교과-융합 프로젝트를 진행하기 위해서는 반드시 다른 교과와 관련된 학습내용들을 탐색하는 과정을 거쳐야 원활한 수업을 진행할 수 있다. 그래서 교사는 화성과 관련하여 다른 교과의 탐색 과정을 통해 학생들이 제시할 예상 문항을 미리 만들어 보아야 한다. 그러기 위해 다른 교과 교사의 도움을 받는 것이 좋다.

1. 프로젝트 개요

주 제	임진왜란으로 조선을 바라보다.		
유 형	□ 주제 중심 프로젝트　　　□ 과제 중심 프로젝트 □ 문제 중심 프로젝트　　　☑ 교과 융합		
관 련 교 과	교과	학습내용	성취기준
	역사	VI-1. 붕당정치의 전개 와 탕평정치	9역05-06
기간 / 차시	4차시(프로젝트 수업) + 1차시(실행 및 평가)(총 5차시)		
대 상	중학교 3학년		
목적, 의도	① 정조의 개혁정치와 화성 건설의 의미를 설명할 수 있다. ② 다양한 교과를 통해 화성을 설명할 수 있다.		
활 동 방 법	① 다양한 교과로 화성과 관련된 문항을 제작한다. ② 제작된 문항은 현장체험활동 자료집으로 제작한다. ③ 현장체험활동 시 제작된 문항을 탐구하고 검증한다.		
학 습 질 문	① 화성은 어떻게 만들어 졌을까? ② 화성의 지리적 내용을 알아낼 수 있는 방법은 무엇일까? ③ 화성을 효과적으로 홍보하는 방법은 무엇일까?		
예상 결과물	문항, 자료집		
평가계획	① 활동 중 유의미한 내용은 생활기록부에 기록한다.		
공유 방법	자료집을 배포		
학습 지원 자료	① 관련 교과 교사의 지원　② 웹검색		
예상 문제점	① 다양한 교과로 화성을 학습할 수 있다. ② 자기주도적 현장체험학습을 실행한다.		
기 대 효 과	① 다양한 교과로 화성을 학습할 수 있다. ② 자기주도적 현장체험학습을 실행한다.		

2. 차시 계획

차시	활동내용	세 부 활 동	비고
1	준비 단계	오리엔테이션(수업 안내) 학습내용 환기 관심 교과로 모둠 구성	
2	실행 단계	자료조사 브레인스토밍 마인드맵 작성	
3	결과물 처리 단계	학습 질문 제작 학습 문항 제작	
4	마무리 단계	결과물 취합 답사자료집 제작	
5	학습활동	현장체험학습 실시 제작 문항 검증 평가	

3. 관련 교과 질문

학습주제 (대주제)	관련 교과	학습내용
화성	수학	화성의 면적구하기, 화성의 거리 측정, 현안의 방향 각도, 대포의 발사각도
	역사	세계문화유산, 화성성역의궤(반차도)
	과학	화성의 과학적 설계, 거중기의 무게와 힘의 원리(도르래)
	사회	화성의 지역 브랜드와 지역화 전략
	체육	화성 걷기를 통한 열량 소모
	미술	화성 관련 만화 그리기

03

프로젝트 수업의 샐행

(1) 1차시 준비 단계

1차시에는 질문을 통해 수업의 준비 단계로 전 시간에 배운 정조의 탕평정치와 화성에 대한 수업내용을 환기하였다.

교사는 "화성은 누가 건설했나요?"라는 질문을 했고 학생들은 "정조가 건설했어요."라고 대답했다. 다시 "왜 건설했나요?"라는 질문에 "정조의 아버지인 사도세자에 대한 효심으로 건설했어요."라고 대답하였고, 몇몇 학생들은 "사도세자가 뒤주에서 죽었어요.", "아버지 영조가 죽게 했어요."라는 대답을 했다. 이에 교사는 "맞아요. 사도세자에 대한 효심으로 건설했어요. 뿐만 아니라 그 당시의 과학과 기술을 하나로 모아 건설했어요. 오늘날로 말하면 스마트 시티라고 할 수 있어요."라는 설명에 한 학생이 "정약용이라는 실학자가 거중기를 사용해서 건설했어요."라고 답하였다.

교사는 다시 "화성은 오늘날 세계문화유산으로 등재되었는데 '화성성역의궤'라는 기록이 있어 등재가 가능하게 되었어요. '의궤'에 관련된 내용은 병인양요 때 배워요."라고 설명하였다.

이처럼 화성과 관련한 내용을 환기시키고 "화성을 다른 교과로 배울 수 있을까?"라는 프로젝트를 위한 질문하였다. 학생들은 서로를 바라보며 고민하는 중에 한 학생이 "거중기의 원리는 도르래의 원리를 적용해서 과학 시간에 배웠어요."라고 답하였고, 교사는 "그럼 화성과 관련된 내용 중에서 다른 교과에서 찾는 문제를 만드는 프로젝트 수업을 진행하기로 해요."라고 수업의 문을 열었다. 이를 통해 오리엔테이션을 통해 수업의 목적과 의도, 진행 과정, 모둠 구성 방법, 현장체험학습 시 문항을 검증한다는 내용을 구체적으로 설명하였다.

모둠 구성은 학생들의 적극적인 관심과 참여를 유도하기 위한 방법으로 관심 있는 교과를 중심으로 이루어지도록 하였다. 모둠을 구성하기 위해 칠판에 교과들을 적고 좋아하는 교과 밑에 본인의 이름을 적게 하였다. 교사는 모둠이 5개 교과로 구성된다고 설명하고, 합의를 통해 수학, 체육, 과학, 사회, 정보 총 5개 과목을 선정하여 모둠을 구성하였다. 이때 좋아하는 교과의 선택이 적은 경우 유사 교과를 선택하도록 하고 선택이 많은 교과는 양보하도록 지도하였다.

또한, 제작한 문항 중 탐구 과제로 적절한 문항은 현장체험학습 자료집에 넣어 과제로 사용하겠다고 공지하였다. 수업이 끝나기 전에 다음 시간은 도서관에서 진행할 것이라고 공지하고 도서관으로 오도록 안내하였다.

(2) 2차시 실행 단계

2차시는 실행 단계로 스마트폰과 도서관을 활용하여 화성과 관련 교과에 대한 자료를 검색하도록 하였다. 이후 모둠별로 검색한 내용과 교과 관련 내용을 바탕으로 브레인스토밍을 통해 다양한 정보를 기록하게 하고, 마인드맵을 작성하게 하여 학습 질문과 문항 제작의 여러 내용을 작성하게 하였다.

교사는 브레인스토밍과 마인드맵 내용이 많을수록 좋은 질문과 문항을 만들 수 있다고 설명하였다. 모둠을 순회하며 질문을 통해 더 많은 정보를 찾을 수 있도록 진행하였다. 일부의 학생은 인터넷 검색을 통해 직접 관련 문항을 찾는 모습을 보여주었지만, 대다수의 학생들은 어려워하였다.

이를 해결하기 위해 교사는 학생들에게 교과목의 특징이 무엇인지 생각해보도록 하고 이를 화성에 적용하도록 하였다. 우선 "체육 하면 건강이 먼저 생각될 것이고, 정보 하면 알림과 홍보, 과학 하면 측정, 수학 하면 계산이겠죠?"라는 질문을 통해 교과목이 주는 이미지를 연상하도록 하였고, 이를 화성과 연결하도록 지도하였다.

(3) 3차시 결과물 처리 단계

3차시는 결과물 처리 단계로 2차시에 진행된 검색된 정보를 바탕으로 가능한 많은 학습 질문을 만들게 하였고 완성된 학습 질문을 바탕으로 문항을 제작하도록 하였다.

활동 주제에 따른 학습 질문 및 문항 내용

	관련 교과	제시된 학습 질문들	문항 내용
1 모둠	수학	화성의 면적은 어떻게 계산할까?	모눈종이를 활용하여 화성의 면적 계산
		화성의 길이를 어떻게 계산할까?	걷기를 통한 화성의 길이 계산
2 모둠	체육	화성을 걸으면 얼마나 열량이 소모될까?	화성을 걸으면 소모되는 열량
3 모둠	과학	거중기를 사용하면 힘이 얼마나 적게 들까?	움직도르래를 사용하면 발생하는 힘의 변화
4 모둠	사회	화성 관련 관광 코스를 만들 수 있을까?	화성 관광 지도 그리기
5 모둠	정보	SNS로 화성을 어떻게 홍보할까?	화성 영상 제작 및 SNS 홍보

학생들은 문항 제작을 처음해보는 경우가 많아 어려움을 느꼈다. 문항 제작에는 학습 능력의 차이가 영향을 주었다. 학습 능력이 부족한 학생들이 문항을 만들지 못하고 주위를 맴돌거나 무임승차를 하는 모습이 보였다. 이런 학생들에게 교사는 "우선 관심이 있는 분야에서부터 출발하는 것이 좋아요."라고 이야기하였고, 한 학생이 "저의 꿈은 요리사예요."라고 대답하였다. 그래서 교사는 "그럼 화성 근처의 음식점 또는 맛집 지도를 만들어 홍보하는 방법도 있고, 자기 나름대로의 맛집을 평가하여 자료로 만드는 방법도 좋은 방법이에요. 이런 경우 많은 시간이 필요하니 우선 기본 경험이 있는 음식점을 중심으로 하고 추후 자주 방문하여 자료를 축적하는 것이 좋은 방법이에요."라고 설명해주었다.

수업을 마치고 몇몇 학생들은 관련 교과 선생님을 찾아가 질문하고 문항 제작에 대한 의견을 나누는 모습을 보여주며 문항을 완성해 갔다.

(4) 4차시 마무리 활동

4차시는 마무리 활동으로 제출된 문항에 대한 발표와 토의-토론을 통해 학습 가능성과 실행 가능성을 판단하는 수업으로 진행된다.

모둠별로 차이는 있지만 모두 문항을 제작해왔고 발표할 준비가 되어 있었다. 교사는 학생들에게 몇 가지 당부를 하였다. 우선 문항의 완성도가 어떠하던지 경청의 자세를 가지고 집중하여 듣고, 발표가 끝나면 격려와 응원의 박수를 보내도록 하였다. 제작된 문항이 학습 가능성과 실행 가능성에 적합하지 않아 현장체험학습 자료집에 수록되지 않더라도 이 수업이 끝나고 수정해서 제출해도 된다는 것을 강조하였다.

제작된 문항 중에 '아래에 제시된 화성성곽을 바탕으로 나만의 관광 지도를 그리시오.'라는 문항의 경우 토의-토론을 통해 더욱 구체적인 주제나 테마를 선정하여 관광 지도를 그리는 방법이 제시되어 수정되었다. 하지만 현장체험학습의 시간적, 공간적 제약으로 현장체험학습 자료집에는 수록되지 못했다. 그래도 제작된 문항에 대한 토의-토론을 통해 사용 목적과 시공간의 제약 등 다양한 제한점을 고려하는 방법을 학습하기도 하고 문항을 수정하는 과정을 경험하게 되었다.

교사의 생각으로는, 화성성곽 전체를 같이 걸으며 역사 이야기를 하고 제작된 문항을 검증하고 싶었지만, 현장체험학습의 특성상 시간적 제약 때문에 이에 적합한 몇 개의 문항을 선정하여 현장체험학습 자료집에 수록하였다. 자료집에서 역사와 관련된 내용은 교사가 작성하고, 선정된 문항으로 활동하도록 제작되었다.

선정된 문항들

화성 걷기를 통한 나의 건강 관리(체육)

화성의 전체 길이는 (   )km이다. 화성을 한 바퀴 도는 데 4,600걸음이라고 한다.
오늘날 건강 유지를 위해 10,000걸음(만 보 걷기)을 걸어야 한다고 하는데 만 보를 걸으면
300kcal(킬로칼로리)의 열량이 소비된다고 한다.
그렇다면 화성을 한 바퀴 돌면 얼마만큼의 열량을 소비하는가?

10,000걸음 : 4,600걸음 = 300kcal : (   )kcal

$$(\quad)kcal = \frac{4600걸음 \times 300kcal}{10,000걸음}$$

화성 걷기를 통한 화성 거리 측정(수학)

◎ 나의 한걸음의 거리(보폭)는? (   )cm
◎ 나의 걸음 횟수는? (   )보
◎ 화성의 거리는? 보폭 * 걸음횟수 = ?
※ 만약 일부분을 걸었다면 지도로 확인하여 총거리를 계산하시오.

거중기의 힘(과학)

도르래는 고정도르래와 움직도르래가 있다. 고정도르래는 당기는 힘과 길이가 변화가 없다.
움직도르래는 1개가 있으면 당기는 힘은 1/2이 들고 길이는 2배로 늘어난다.
그렇다면 돌의 무게가 100kg 일 때,
  ◎ 움직도르래가 1개일 때 당기는 무게는?
  ◎ 움직도르래가 2개일 때 당기는 무게는?
  ◎ 움직도르래가 3개일 때 당기는 무게는?
  ◎ 움직도르래가 4개일 때 당기는 무게는?

화성에 전시된 거중기의 도르래의 수를 기록하시오.
  ◎ 고정도르래 (   )개
  ◎ 움직도르래 (   )개
100kg의 돌을 움직일 때 밧줄이 10m 필요하다면 전시된 거중기로 400kg의 돌을 들어 올리려고 한다
면 몇 m의 밧줄이 필요한가? 또한 들어 올리는 무게는 얼마인가?
  ◎ 길이 (   )m
  ◎ 무게 (   )kg

(5) 5차시 학습활동 및 평가

지금까지 진행된 프로젝트 결과물이 수록된 자료집을 가지고 화성으로 현장체험활동을 실시하였다. 우리 학교는 현장체험학습을 학급별로 진행하고 있어 장소를 학생들이 직접 선정한다. 이번 프로젝트 수업을 통해 제작된 문항을 검증하기 위해 자연스럽게 장소를 선정하고 활동 자료집을 활용하여 학습을 진행할 수 있게 되어 유의미하였다. 아쉬운 점은 프로젝트를 진행한 모든 반이 참여하지 못한 것이다.

현장체험학습은 시간적 제약으로 인해 팔달문(남문)에서 출발하여 창룡문(동문)을 거쳐 장안문(북문)으로 도보로 이동하고 차량을 통해 화성행궁으로 이동하여 탐방하는 것을 계획하였다. 현장체험학습 전에 문항 검증을 위한 만보기와 필기구를 가져오도록 미리 공지하였고 자료집을 참고하여 모둠별로 활동하도록 안내하였다.

자연스럽게 모둠별로 문제를 풀고 궁금한 내용은 교사에게 질문하며 이동하였다. 화성의 둘레를 계산하는 모둠과 걷기를 통한 에너지 소비를 검증하는 모둠은 출발 전 스마트폰 애플리케이션 또는 만보기를 활용하였고, 화성행궁의 거중기의 경우 움직도르래 개수를 확인하고 제시된 조건에 따라 힘과 무게를 측정하였다.

현장체험학습을 마친 후 돌아오는 길에 학생들에게 소감을 물어보았고 학생들은 느낀 점을 이야기하였다.

홍○○ 학생은 "역사 수업 시간에 다른 교과를 공부할 수 있다는 것이 놀라왔어요. 이번 수업처럼 학습하면 좋을 것 같아요. 또 문제를 만들어 보니 공부하는 방법을 조금 알 것 같아요."

구○○ 학생은 "사실 선생님에게 질문하는 것이 어려웠지만 수업 때문에 찾아갔는데 선생님이 칭찬해줬어요."

이○○ 학생은 "내가 만든 문제를 직접 검증해보니 너무 좋았어요. 그리고 현장체험학습이 새로워서 좋았어요."

학생들의 느낀 점을 듣고 앞으로 현장체험학습을 프로젝트 과정을 거쳐 스스로 기획하고 운영할 것을 부탁하였고 학교 활동뿐만 아니라 모든 일에 자기 주도적으로 살아갈 것을 부탁하였다.

(6) 평가

프로젝트 수업을 마치고 관찰된 유의미한 내용을 생활기록부에 기록하였다. 유의미한 문항 제작의 경우 과목별 세부능력 및 특기사항에, 현장체험학습인 경우 자율활동에 기록하였다.

생활기록부 사례

생활기록부(교과특기사항) 기록 (예시)	
김○○	'화성'을 주제로 시행한 프로젝트 수업 '화성 프로젝트! 화성으로 배우다!'에서 과학에 관심이 많은 학생으로 모둠을 구성하여 거중기를 통해 도르래의 원리와 힘의 작용에 대한 문제를 제시하였으며, 조선 후기 실학의 의미를 생각해 봄.

생활기록부(자율활동) 기록 (예시)	
최○○	주제별 체험학습(201○.○○.○○.)으로 시행한 화성 역사 탐방에서 우리가 만든 '화성 프로젝트! 화성으로 배우다!' 답사 자료집을 가지고 화성을 통해 다양한 교과 수업에 적용하였으며 특히 건강에 관심이 있어 걷기와 열량 소모에 대해 실험하여 걷기에 대한 중요성을 인식함.

삶과 교육을 바꾸는
맘에드림 출판사 교육 도서

교사는 수업으로 성장한다

박현숙 지음 / 값 12,000원

그동안 교사는 수업에서 아이들을 만나지 못해왔다. 관계와 만남이 없는 성장의 결손을 낳았다. 그리하여 우리 아이들과 교사들은 모두 참 아프고 외로웠다. 이 책에서는 교사, 학생, 학부모, 지역사회가 공동체로서 서로 관계를 맺을 때에만 배움은 즐거운 활동으로서 모두가 성장하는 삶의 일부가 될 수 있음을 보여준다.

교사와 학부모가 함께 읽는 주제 통합 수업

김정안 외 지음 / 값 15,000원

'서울형 혁신학교'로 지정된 7개 혁신학교들이 지난 1~2년 동안 운영한 주제 중심 통합 교육과정과 수업 사례를 소개한 책이다. 이 학교들의 교육과정은 전국적으로 이루어지는 혁신학교들의 성과를 반영하였고, 자신의 지역사회의 실제 환경과 경험을 살려 실제 수업에 적용한 것이다.

수업 딜레마

이규철 지음 / 값 14,000원

이 책을 관통하는 키워드는 '사람'이다. 저자의 노하우를 전수하는 것이 아니라, 수업 속에서 딜레마에 맞닥뜨려 고통받고 있는 선생님들의 고민을 담고, 신념을 담고, 그것을 이겨내기 위한 한 분 한 분의 마음을 담고 있다. 이런 고민 속에 이 책을 집어든 나를 귀하게 여기며 다시 한 번 교사로 잘 살아보고 싶은 도전을 하게 한다.

엄선생의 학급운영 레시피

엄은남 지음 / 값 14,000원

34년 경력의 현직 교사가 쓴 학급운영의 생동감 넘치는 지침서. 초등학교에서 아이들은 문자와 숫자를 익히는 것보다 학교와 교실에서 낯설고 모험적인 사건을 겪으면서 더 많은 것을 배운다. 이 책은 초등학교에서 교과서 지식보다 더 중요한 역할을 하는 학교생활과 학급문화를 만드는 데 있어 담임교사의 역할을 다룬다. 교사와 아이들이 서로 존중하고 신뢰하는 관계를 어떻게 만들어야 하는지 구체적인 경험과 사례로 설명해준다.

수업 디자인
남경운, 서동석, 이경은 지음 / 값 15,000원

서울형 혁신학교의 대표적인 수업 혁신을 담은 이야기. 아이들이 서로 협력하면서 배우는 수업을 목표로 삼은 저자들은 범교과 수업모임을 통한 공동 수업설계를 대안으로 제시한다. 아이들은 교사의 설명을 통해 배우는 것이 아니라 서로 '옥신각신'하며 함께 문제에 도전할 때 수업에 몰입하고 배우게 된다. 이 책은 이러한 수업을 위해서 교사들이 교과를 넘어 어떻게 협력하고 수업을 연구해야 하는지 잘 보여준다.

땀샘 최진수의 초등 수업 백과
최진수 지음 / 값 21,000원

초등학교에서 20여 년간 아이들을 가르쳐온 저자가 초등학교 수업에 대해서 기록하고 연구하고 실천하며 쌓아온 경험을 바탕으로 초등학생들과 수업을 함께하는 방법을 담고 있다. 아이들의 학습 동기, 아이들이 수업에 참여하는 방법, 칠판과 공책을 사용하는 방법, 모둠 활동, 교과별 수업, 조사와 발표 등 초등학교 교사가 아이들을 가르칠 때 알아야 할 가장 기본적이면서도 가장 중요한 모든 것을 다루고 있다.

교실 속 비주얼씽킹
김해동 지음 / 값 14,500원

이 책은 비주얼씽킹 기본기부터 시작하여 교과별 수업, 생활교육, 학급운영 등에 비주얼씽킹을 응용하는 방법을 설명하고 있다. 특히 교사들이 초등학교 1학년부터 고등학교 3학년까지 국어, 수학, 영어, 과학, 사회 등 모든 교과 수업에 비주얼씽킹을 활용할 수 있도록 수업 지도안을 상세하면서도 간결하게 제시하고 있다. 또한 독자들이 책 내용에 대해 더욱 풍부한 이미지와 자료를 접할 수 있도록 저자의 블로그로 연결되는 QR코드를 담고 있다.

수업, 놀이로 날개를 달다
박현숙, 이응희 지음 / 값 13,500원

이 책은 교육계에서 최근 가장 중요한 과제로 삼고 있는, OECD의 여덟 가지 핵심 역량(DeSeCo)에 따라 여러 놀이들을 분류해서 설명하고 있다. "놀이에 내재된 긴장의 요소는 사람의 심성, 용기, 지구력, 총명함, 공정함 등을 시험하는 수단이 되므로" 그것은 학생들의 역량을 키우는 수단이 된다. 이 책의 저자들은 수업이 놀이를 만났을 때 어떻게 핵심 역량이 강화되는지 이야기하고 있다.

수업 코칭

이규철 지음 / 값 15,500원

가르치는 일을 함으로써 학생들의 배움을 돕는 교사들에게 수업은 시간적으로도 공간적으로도 학교에서 자신이 하는 일의 중심을 이룬다. 그래서 수업에 관한 고민은 교과를 가리지 않고 교사들에게 일반적으로 드러난다. 교사들은 공통의 문제로 씨름하게 된다. 최근에 그 공통의 문제를 교사들이 함께 풀어나가자는 흐름이 곳곳에서 일어나고 있다. 이 책은 그중에서도 '수업 코칭'이라는 하나의 흐름을 다룬다.

교사들이 함께 성장하는 수업

서동석, 남경운, 박미경, 서은지,
이경은, 전경아, 조윤성 지음 / 값 15,000원

이 책은 아이들의 배움에 중점을 둔 수업을 위해 구성한 교사 학습공동체로서, 서로 다른 여러 교과 교사들이 수업을 디자인하고 연구하는 '수업 모임'에 관해 다룬다. 수업 모임 교사들은 공동으로 교과 수업을 디자인하고, 참관하고, 발견한 내용을 공유하고 평가하는 피드백을 통해 수업을 개선해간다. 그리고 이러한 실천이 쌓여가면서 공개수업을 준비하는 방법과 절차는 더욱 명료해지고, 수업설계는 더욱 정교해진다.

땀샘 최진수의 초등 학급 운영

최진수 지음 / 값 19,000원

이 책의 저자는 학급운영의 출발은 아이들을 '가르치는 대상'에서 '존중받는 존재'로 바라보는 것에서 시작해야 한다고 이야기한다. 또한 아이들과 함께하면서 교사는 성장한다. 이러한 성장은 시간이 흐르고 경력이 쌓인다고 이뤄지는 것이 아니라 여러 가지 어려운 문제를 헤쳐나가며 교사 스스로 자신을 되돌아보고 성찰할 때 비로소 아이들과 함께하는 올바른 학급운영이 이루어진다고 말한다.

얘들아, 하브루타로 수업하자!

이성일 지음 / 값 13,500원

최근에는 공부 방식이 외우는 것에서 생각하는 것으로, 수업 방식은 교사 위주의 강의 수업에서 학생 위주의 참여 수업으로 많은 변화가 이루어지고 있다. 이는 4차 산업혁명 시대를 살아가야 할 학생들을 위해서는 당연한 것이다. 이 책 《얘들아, 하브루타로 수업하자!》는 학교 교실에서 실제로 질문하고, 토론하는 하브루타 참여 수업의 성과를 담은 책으로 하브루타 수업을 통하여 점점 성장해가는 아이들의 모습을 보여준다.

핵심 역량을 키우는 수업 놀이

나승빈 지음 / 값 21,500원

[월간 나승빈]으로 유명한 나승빈 선생님의 《핵심 역량을 키우는 수업 놀이》는 나승빈 선생님만의 스타일이 융합된 놀이책이다. 놀이 백과사전이라고 불러도 될 만한 이 책은 교실에 갇혀 넘치는 에너지를 발산하지 못하는 아이들과, 단순한 재미를 뛰어넘어 배움이 있는 수업을 고민하는 선생님을 위한 것이다. 본문에서는 수업 속에서 실천이 가능한 다양한 놀이를 제시하고 있다. 각각의 놀이들을 수업과 어떻게 연계할 수 있으며, 수업 놀이를 통해 어떤 역량을 키울 수 있는지 이야기한다.

교실 속 비주얼 씽킹 (실전편)

김해동 · 김화정 · 김영진 · 최시강,
노해은 · 임진묵 · 공세환 지음 / 값 17,500원

전 편이 교과별 수업, 생활교육, 학급운영 등에 비주얼씽킹을 응용하는 방법을 이론적으로 설명했다면, 《교실 속 비주얼씽킹 실전편》은 실제 초·중·고 학생을 대상으로 수업을 진행한 교사들의 활동지를 담았다.

수업 고민, 비우고 담다

김명숙 · 송주희 · 이소영 지음 / 값 15,500원

이 책은 수업하기의 열정을 잃지 않고 수업 보기를 드라마 보는 것만큼 재미있어 하는 3명의 교사가 수업 연구에 대한 이론적 체계가 아닌, 현장에서의 진솔한 실천 과정을 순도 높게 녹여낸 책이다. 이 속에는 수업에서 실패를 두려워하지 않는, 발랄한 아이들과 함께한 자신의 교실을 용기 있게 들여다보며 묵묵히 실천적 연구자로 살아가는 선생님들의 고민과 성장이 담겨 있다.

색카드 놀이 수학

정경혜 지음 / 값 16,500원

몸짓과 색카드로 초등학교 1학년부터 6학년까지 배우는 수와 연산을 익힐 수 있도록 가르치는 방법을 다룬다. 즉, 색카드, 수 놀이, 수 맵, 몸짓 춤, 스토리텔링, 놀이가 결합되어 아이들이 다양한 감각을 통해 몸으로 수학의 개념과 원리를 터득하게 하는 것이다. 놀이처럼 수학을 익히면서 개념과 원리를 터득해갈 때 아이들은 단순히 수학 지식을 배우는 것이 아니라 그것을 실제로 사용할 수 있는 지혜를 배운다.

처음부터 다시 시작하는 수업
민수연 지음 / 값 13,500원

1년 동안 아이들과 교사가 함께 행복한 교실을 만들어나간 기록들이 담겨 있다. 교육의 본질과 교사의 역할, 교육관과 인간 본성에 관한 철학적 고민부터 구체적 방법론, 아이들의 참여와 기쁨에 이르기까지 교육과 관련된 다양한 요소가 버무려져 마치 한 편의 드라마 같다.

영화 만들기로 창의융합 수업하기
박현숙·고들풀 지음 / 값 13,000원

창의융합 수업의 좋은 사례로서 아이들과 영화를 만든 이야기를 담았다. 시나리오, 콘티, 촬영, 편집과 상영까지 교과의 경계를 넘나드는 영화 만들기 수업 속에서 아이들은 다양한 역량을 발휘하며 훌쩍 성장한다. 학생들과 영화 동아리를 운영한 사례들도 담겨 더욱 깊이 있는 노하우를 얻을 수 있다.

톡?톡! 프로젝트 학습으로 배움을 두드리다
최미리나·이성준·김지원·조수지·심혜민 지음 / 값 19,500원

이 책은 학생들이 흥미를 느끼는 주제로 탐구 활동을 진행해 배움의 진정한 즐거움을 발견하고, 나아가 한층 더 깊은 탐구로 이어지는 선순환이 가능한 프로젝트 수업을 위한 거의 모든 것을 다룬다. 이 책을 통해 의미 있는 프로젝트 수업을 만들어갈 수 있는 다양한 아이디어를 얻을 수 있을 것이다.

주제와 감수성이 살아나는 공감 수업
김홍탁·강영아 지음 / 값 16,000원

교육의 본질은 수업이며, 학생들은 수업에서 삶을 배워야 한다. 저자들은 그 연결 고리를 '공감'으로부터 찾아냈다. 역사와 정치, 민주주의를 관통하는 주제가 살아 있는 수업, 타인과 사회를 공감하는 수업을 통해 아이들은 성숙한 민주시민으로 성장해나갈 것이다.

나쌤의 재미와 의미가 있는 수업
나승빈 지음 / 값 21,000원

이 책의 저자는 '재미'와 '의미'를 길잡이 삼아 수업의 길을 뚜벅뚜벅 걸어가고 있다. 책 속에서 제안하는 다양한 재미있는 활동들을 통해 학생들을 좀 더 적극적으로 배움의 세계로 초대하고, 학생들은 자유롭게 생각을 펼쳐나갈 것이다. 아울러 그러한 생각들은 깊이 있는 토론을 통해 의미 있게 확장해나갈 것이다.

하브루타로 교과 수업을 디자인하다
이성일 지음 / 값 14,500원

다양한 과목별 하브루타 수업 사례를 담은 책. 각 교과 수업에 활용할 수 있도록 한 하브루타 맞춤 수업 안내서다. 책 속에는 실재 교실에서 하브루타를 적용한 수업 사례들이 교과목 별로 실려 있다. 각 사례마다 상세한 절차와 활동지를 담아서 누구나 수업에 바로 적용하고 쉽게 따라할 수 있도록 했다.

하브루타 수업 디자인
김보연 · 교요나 · 신명 지음 / 값 16,000원

저자들은 이 책에서 하브루타를 하나의 유행이 아니라 시대의 흐름으로 보면서, 하브루타가 문화로 자리 잡아야 한다고 주장한다. 이 책은 질문과 대화가 인간의 모든 지적 활동에서 핵심적인 역할을 한다는 저자들의 믿음을 바탕으로 집필되었다. 아울러 학교생활뿐 아니라 가정에서도 하브루타를 실천하기 위한 재미있고 다양한 방법들을 제시한다.

독자 여러분의 소중한 원고를 기다립니다

맘에드림 출판사는 독자 여러분의 소중한 원고를 기다리고 있습니다. 원고가 있으신 분은 nurio1@naver.com으로 원고의 간단한 소개와 연락처를 보내주시면 빠른 시간에 검토하여 연락을 드리겠습니다.

"프로젝트
수업으로
배움에
답을 하다"